技术革新教育系列

垄上数字学校设计与建设实践

Design and Construction of Digital School
for Rural Areas

王继新　宗　敏　吴秀圆　侯晓鹏◎编著

科学出版社
北京

内 容 简 介

　　信息技术的快速发展与教育信息化的深入推进，为帮助偏远乡村地区教学点解决师资短缺、开不齐课、开不好课等问题，促进区域基础教育均衡发展创造了条件。信息化与基础教育均衡发展湖北省协同创新中心在利用信息化手段助力区域基础教育均衡发展方面进行了长期的探索，并取得了可喜的成效。本书从当前我国基础教育均衡发展的现实问题入手，对旨在解决教学点问题并促进区域基础教育均衡发展的垄上数字学校的建设缘起、整体构想、具体设计、技术实现与应用实践进行了阐述。

　　本书对信息化与区域基础教育均衡发展的理论研究与实践探索具有重要的借鉴意义。读者对象不仅包括教育信息化领域的研究人员，还包括教育管理人员、一线教师等。

图书在版编目（CIP）数据

垄上数字学校设计与建设实践 / 王继新等编著. —北京：科学出版社，2018.6
　　ISBN 978-7-03-056775-8

　　Ⅰ.①垄… Ⅱ.①王… Ⅲ.①中小学-计算机辅助教学-教学研究
Ⅳ.①G434

中国版本图书馆 CIP 数据核字（2018）第 047879 号

责任编辑：付　艳　崔文燕 / 责任校对：何艳萍
责任印制：张欣秀 / 封面设计：润一文化

联系电话：010-64033934
E-mail：edu_psy@mail.sciencep.com

科学出版社 出版
北京东黄城根北街 16 号
邮政编码：100717
http://www.sciencep.com
北京京华虎彩印刷有限公司 印刷
科学出版社发行　各地新华书店经销

*

2018 年 6 月第 一 版　开本：720×1000　B5
2018 年 6 月第一次印刷　印张：16 1/2
字数：296 000

定价：96.00 元

（如有印装质量问题，我社负责调换）

序

　　教育信息化的深入推进，为区域、城乡、校际深层次交互，优质资源共享乃至基础教育优质均衡发展创造了条件。近年来，"利用信息技术手段构建扩大优质教育资源的有效机制，缩小城乡、区域、校际的教育差距"不仅成为国家的战略决策，也成为教育界和社会各界广泛关注、积极响应、持续探索和推进的实践行为。华中师范大学王继新教授团队依托信息化与基础教育均衡发展湖北省协同创新中心，致力于信息技术助力教育精准扶贫和区域基础教育优质均衡发展的研究和应用推广，产生了系列的理论与实践成果。

　　几年来，王继新教授带领团队多次赴乌蒙山片区、武陵山片区、幕阜山和大别山片区，以及长白山片区等地进行调研，由北到南，涉及吉林省、河南省、湖北省、四川省、重庆市、云南省等地的 20 余个区县，分析那里的基础教育发展状况，帮助他们制定信息化与基础教育发展规划，依据规划在那里展开了一系列实验，形成了适应区域发展特点和需要的推进基础教育均衡发展模式。在研究实验的基础上，他们提出了"垄上数字学校"的概念，总结提炼了一系列实施方法，为全国特别是广大农村地区广泛运用信息技术，缩小教育差距、提高教育质量，办人民满意的教育，提供了可借鉴的经验和方法。

　　《垄上数字学校设计与建设实践》一书是王继新教授带领团队在实地调研、问题分析、整体设计与实施中形成的成果。书中关注解决教学点作为我国基础教育均衡发展"最后一公里"这一发展瓶颈，阐述了以信息技术帮助教学点解决"开不齐课、开不好课"问题的策略。该书介绍了实现区域基础教育均衡发展的"垄上数字学校"整体架构，包括基础数据开放平台、垄上数字学校的总校、分校和校园端。该书以湖北省咸安区为例，分享了垄上数字学校的建设实践及其效果。

　　王继新教授及其研究团队在基础教育均衡发展方面长期坚持不懈地研究探索，不断在不同类型的贫困地区进行实验，并积累了丰富的经验。该书展示了他们深入一线的创新实践，体现了他们的为民情怀、严谨的学风，以及在解决信息化与基础教育均衡发展这一现实问题上的系统方法与研究功力。阅读该书，读者可以对当前我国信息化促进基础教育均衡发展的最新探索有更加深入的理解。同时，该书也可以为更多地区信息化与基础教育均衡发展工作的开展提供借鉴。

谈松华

2018 年 3 月

前　言

　　基础教育均衡发展与教育公平是我国教育发展进程中的重要任务。《国家中长期教育改革和发展规划纲要（2010—2020 年）》提出"把促进公平作为国家基本教育政策"。十九大报告中也明确指出，推动城乡义务教育一体化发展，高度重视农村义务教育，办好学前教育、特殊教育和网络教育，普及高中阶段教育，努力让每个孩子都能享有公平而有质量的教育。但是，位于偏远乡村地区的教学点因其优质师资短缺，"开不齐课、开不好课"问题难以解决，而成为我国基础教育均衡发展的"最后一公里"。信息化的深入推进不仅为教育领域综合改革带来了无限可能，更为教育精准扶贫与区域基础教育均衡发展创造了条件。

　　信息化与基础教育均衡发展湖北省协同创新中心从 2013 年 6 月成立起，致力于面向目前基础教育均衡发展的重大问题，搭建"政府—高校—企业—中小学"协同创新的平台，整合多方研究资源，发挥参与单位的协同优势，开展信息化促进区域基础教育均衡发展的理论研究与实践探索，为湖北省乃至全国基础教育均衡发展工作服务。自协同创新中心建立起，中心的教授和研究生们长期奔走于教学一线，深入乌蒙山片区、武陵山片区、幕阜山和大别山片区，以及长白山片区等连片贫困地区进行调研，探索不同区域基础教育不均衡的表现及成因，寻求信息化促进区域基础教育均衡发展的有效方法与策略并展开实践探索。本书正是信息化促进区域基础教育均衡发展的理论研究与实践探索的经验总结之后的成果。

　　利用信息技术支持促进城乡互联，突破单纯数字教育资源共享的局限，实现城乡优质师资共享，可以帮助偏远乡村解决优质师资不足问题，开齐、开好英语、美术、音乐等薄弱课程。为此，我们尝试以信息技术为支撑，建立一个独立建制、分层管理、虚实结合的双轨数字学校，由地方政府和教育主管部门共同管理，以打破常规数字学校和传统学校建设与管理的模式。在这里，城市优秀教师面向教学点开展教学，实现城乡同上一节课，使偏远乡村地区的孩子也能够享有优质的教育服务。在具体实践中，我们以一个城市学校为中心，带动周围 M（1~3）个教学点，共同形成一个教学共同体，区域内 N 个教学共同体形成一个数字学校的区域分校，省域内多个分校共同构成数字学校的总校。在一个教学共同体内，中心学校主讲教师同时面向本地学生和对接教学点的学生进行授课，并实现本地与异地教师之间、学生之间、师生之间的实时互动，这是同步互动混合课堂的教学形式；此外，还包括同步互动专递课堂，即中心学校教师仅面向对接教学点的学生进行授课；多媒体课堂则是教师利用优质数字教育资源直接面向本地学生进行授课。

为了更好地探索双轨制数字学校模式，有效推动区域基础教育均衡发展，我们设计并开发了垄上数字学校平台，为城乡教师、学生、家长及区域教育管理者提供支持服务。垄上数字学校以云计算、大数据等技术为支撑，提供教学、学习、管理和教师专业发展等多项功能。具体设计包括基础数据开放平台、总校、分校和校园端。其中，基础数据开放平台是垄上数字学校底层数据服务平台，为前端各项服务的实现提供支持和保障；总校是对区域内所有分校进行统一管理、提供服务并向外界进行展示的窗口；分校是以区域（一般为县域）为单位的平台分站点，负责分校内所有中心学校和教学点的具体教育教学工作；校园端主要满足学校具体教育教学活动开展的需要，提供学校管理、教师教学、学生学习等功能，具体包括校园端管理后台、教师备课平台、教师授课平板和学生学习平板等。

以信息化手段促进区域基础教育均衡发展是目前国家和各级教育部门的一项重要任务。近年来，信息化与基础教育均衡发展协同创新中心在利用信息技术促进区域基础教育均衡发展与质量提升方面展开了一系列探索并取得了一定成效。接下来，我们期望整合高校、政府、企业、中小学的优势力量，进一步从政策与理论研究、环境与资源建设、实验与实践探索等方面展开探索，形成信息化促进基础教育优质均衡发展的有效模式、策略与方法，推动区域基础教育发展水平的整体提升。

本书的出版得到了 2016 年教育部科技司招标课题"教育信息化支持实现县域内教育均衡发展模式与政策研究"、华中师范大学"信息化与基础教育均衡发展智库"和"双轨数字学校系统研发"项目的资助。

目　　录

第一章 垄上数字学校建设的缘起

推动基础教育均衡发展，推进教育公平，是我国教育工作的重要任务，也是实现社会公平和构建和谐社会的重要基础。但是，就目前情况来看，城乡之间、区域之间和学校之间的差距仍然存在，实现基础教育均衡发展仍是一项长期而艰巨的任务。尤其是位于偏远农村地区的教学点和薄弱学校，普遍存在优质师资短缺的问题，开不齐课、开不好课的现象非常普遍，成为制约我国基础教育均衡发展的关键。在互联网等技术为各行业带来革命性变化的今天，我们也尝试利用技术手段来实现城乡的互联，通过建立虚实一体的数字学校来促进城市优质师资向教学点的引入，解决农村教学点师资不足的问题，帮助教学点和薄弱学校开齐、开好国家规定课程。

第一节 当前我国基础教育均衡发展面临的主要问题和出路

基础教育是提高整个国民素质的根本保障，更是国家发展与社会进步的奠基工程，对培养各级各类人才并实现创新型国家的建设具有先导性和基础性的作用。从某种意义上说，基础教育质量的高低，直接影响一个国家或民族的发展。目前，我国基础教育事业已取得了一定成就，但总体水平还不高，发展不平衡，教育公平的目标仍未根本达成。进入 21 世纪，基础教育面临着新的挑战，改革与发展的任务仍然十分艰巨。因此，在教育信息化逐步推进和教育改革走向深入的过程中，分析当前基础教育发展中存在的问题，对深化教育领域综合改革具有重要意义。

一、当前我国基础教育发展面临的主要问题

当前我国基础教育发展面临的问题主要有 3 个：①均衡问题，即区域之间、城乡之间、学校之间基础教育发展的差异仍然很大；②质量问题，表现为目前的学校教育仍然未能突破应试教育的局限，专注于学生读、写、算能力的培养，缺乏对当前社会所需的新型人才之创新能力、合作能力、问题解决能力、批判性思维能力等方面的关注；③教育生态问题，即教育信息化逐步深入尤其是"互联网+"时代到来的今天，学校面临着教育生态系统的整体性变革而非单纯的教学环境更新、教学资源丰富或教学活动多样。

（一）基础教育均衡发展问题

总体来说，基础教育就是在不同地区之间、城乡之间、学校之间及不同群体之间实现基础教育资源的均衡配置，使各级各类学校和教育机构在具体教育教学活动中为每一位受教育者提供均等的受教育机会和发展空间。它要求在不同区域、不同类型的教育机构和受教育群体之间，平等地分配教育资源，使受教育者能够获得平等的受教育机会和权利，从而实现德智体美的全面均衡发展。但是，基础教育均衡并不是指绝对均衡，而是在实现人力、物力和财力层面上追求有限教育资源的相对均衡配置，从而最大限度地为处于基础教育阶段的受教育者提供相对平等的受教育机会与条件。它是实现教育公平的基础，关系到当前和今后中国基础教育及教育体系发展的整体战略实现，因此一直是党和国家，以及各级教育部门关注的重点。总体来说，目前城乡之间、区域之间、学校之间的差距已经得到很大程度的改善，但仍然存在一系列亟待解决的问题。因此，要实现基础教育优质均衡发展，真正实现教育公平，仍然有很长的路要走，依然是我国未来很长一段时间内教育发展需要关注的重要内容。

1. 偏远农村地区的地理位置与自然条件制约着其基础教育均衡发展的步伐

基础教育均衡发展是一个理论问题，更是一个关系到整个教育体系发展的战略问题，是实现教育公平的关键。在这一过程中，偏远农村地区、少数民族地区等薄弱地区作为基础教育均衡发展问题解决的关键一直是国家和社会各界关注的焦点。为此，国家制定了一系列政策并采取了相应的措施。例如，《国家中长期教育改革和发展规划纲要（2010—2020 年）》中明确指出，要切实缩小校际差

距，着力解决择校问题。加快薄弱学校改造，着力提高师资水平。实行县（区）域内教师、校长交流制度。加快缩小城乡差距。建立城乡一体化义务教育发展机制，在财政拨款、学校建设、教师配置等方面向农村倾斜。但是，多数农村地区尤其是偏远的山区地带的经济条件较差，交通闭塞，很难吸纳新教师，优质师资短缺、教学设施落后等问题依然普遍。虽然农村中小学现代远程教育工程、教学点数字教育资源全覆盖等项目为这些地区输送了优质的数字教育资源，但是并未能完全解决这些地区教师年龄结构普遍偏大、学历水平与专业素质普遍偏低等问题，教师一人负责多门课程的现象依然常见。因此，农村偏远地区教育质量的提升仍然是我国基础教育均衡发展进程中的一个难题。

2. 教育信息化的推进既促进了优质资源共享又有加大城乡差距的风险

不可否认，教育信息化的深入推进有助于打破资源孤岛并实现优质教育资源的共建共享，为偏远农村地区及其他教育发展落后地区获取优质教育资源带来了可能。但是我们也必须认识到，教育信息化是一个耗时、耗力、耗财的巨大工程，不仅需要花费巨大的人力、物力、财力，更需要长期的有效维护与其他保障措施的支持。对于城市学校来说，其优越的地理位置、广泛的财政支持及师生的基础条件等都推动着教育信息化的深入及教育改革的不断探索。但是对于乡村学校来说，交通闭塞，能够获得的财力支持有限，即使能够完成基本的信息化基础设施建设，在教师课堂教学的有效利用和设备的长期维护方面也仍然存在很大困难。长此以往，城市学校信息化建设与应用工作得到逐步推进，农村薄弱学校却很难得到持续稳步发展。信息化的推进虽然为城乡优质数字教育资源的共享创造了可能，但很有可能造成城市学校更加先进、农村薄弱学校停滞不前的局面，影响了区域内基础教育均衡发展的实现。

3. 城镇化的推进为基础教育均衡发展带来了新的问题

我们知道，在近年来城镇化的进程中，大量人口从农村流向城市，这不仅带来了农村劳动力的转移，还导致了农村学生的大幅流动，进而出现城市生源剧增和农村生源骤减的极端化现象。对城市学校来说，学生的大量流入导致"超大规模""超大班额"的现象越来越明显，学生入学难问题日益严峻，学校数量不够、生均面积减小、教育资源不足等问题逐渐凸显，因此亟须不断扩充和新建学校来缓解农村学生入城造成的教育资源供不应求的压力，进而带来了城市学校基础设施建设、教育经费投入、师资和其他教育资源配置等多方面的问题。对农村学校来说，大量学生外流导致学生人数骤减，学校规模减小，很多完全小学改为小规模学校，很多原有的小规模学校逐渐合并、消失，"空心校"现象日益明显。撤点并校造成了农村校舍空置、资源浪费，这与城市学校学生人数骤增带来的压力形成了鲜明对比。因此，如何减轻城镇化进程中城市学校学生人数增长带来的压力，合理配置并有效利用教育资源，也成为区域基础教育均衡发展面临的一个重要问题。

（二）教育教学质量提升问题

面对社会快速发展和知识经济的到来，各行各业都在不断革新，信息化和经济全球化更为学校的人才培养提出了新要求。人们越来越意识到，教育不应该仅仅致力于帮助学生获得尽量多的知识，而需要将关注的重点转移到学习者获取知识的方法上，让他们能够在一生中都针对需要随时进行学习，自主修正和完善自身的知识体系，即实现终身学习。因此，联合国教科文组织在 20 世纪就提出教育要帮助学生"学会做人、学会做事、学会学习、学会与他人共同生活"的终身教育思想[①]。虽然到目前为止我国各级各类学校一直在尝试不同程度的课程改革，但是都未能摆脱应试教育的局限，导致从农业社会发展到工业社会再到现在的信息社会，3R（reading、writing、arithmetic，即读、写、算）能力一直是学校对学生培养的重点内容，因此很难培养出真正适应当今社会需要的综合型、创新型人才。一方面，在社会不断走向全球化、信息化并强调个性化的今天，培养具有较强创新能力、沟通能力、问题解决能力、合作能力的新型综合人才更加重要，这需要当前学校教育针对培养目标进行教学内容、方式、方法的调整。另一方面，面对未知的世界和持续变化的社会，人们必须学会适应事物的瞬息万变并及时调整自己，这使得终身学习能力、反思能力、应变能力等也成为新型人才必须具备的基本能力。

为适应社会发展对新型人才的需要并帮助学习者更好地适应未来生活，学校教育应该转变传统的 3R 培养模式，更加注重学生 4C 能力即强调批判性思考问题解决（critical thinking and problem solving）能力、有效沟通（effective communication）能力、团队共创（collaboration and building）能力、创造与创新（creativity and innovation）能力，和 ICT（information，communication，technology），

---

① 联合国教科文组织国际教育发展委员会. 学会生存：教育世界的今天和明天[M]. 北京：教育科学出版社，1996.

即信息、通信和技术能力的提升，以及科技应用能力的提高。传统教师讲授的接受式学习已经不能适应学生能力发展的需要，基于多样化学习资源和学习空间的自主学习、合作学习、探究性学习显得更加重要。因此，在技术发展更新学校教学环境、优化教育教学资源的同时，更应该促进教育教学模式和学生学习方式的转变，即利用教育信息化深入推进和新兴技术广泛应用的有利条件变革现有教育教学模式和方法。如何恰当使用现代科学技术，合理组织和安排教学活动，将重心逐渐由教师的教转向学生的学，进而实现人才培养模式从知识型人才和学习型人才向学习型人才与创造性人才的转变，是当前教育需要考虑的重要问题。

（三）教育教学生态重构问题

我们如果将课堂看成一个由教师、学生、课堂教学环境、教学资源等基本要素及他们之间的相互作用共同构成的微型生态系统[①]，那么整个教育体系就是一个更为宏观的生态系统。但是，无论是宏观生态系统还是微型生态系统，要保证正常的生态平衡不被破坏，就需要维持各要素之间的动态平衡。当前，教育信息化给传统的课堂教学环境带来了一系列的变化，使原有的课堂教学生态及整个教育生态都发生了结构性的变化，这就需要生态系统中各要素相互调整，以维持生态系统的动态平衡。但是，在教育这个特殊的生态系统当中，人是教育活动的主体，是整个系统中的核心要素。因此，在教育变革的过程中一定要考虑这一重要因素，即教育者和受教育者。从学生角度来说，新型的教育方式、方法、教学组织形式及教育资源的呈现形式等不仅要适应他们的认知特点与学习风格，更要适应他们的发展需要；从教师角度来说，教育的实施要在教师的能力范围之内，使他们能够实现对课堂教学的有效控制，以保证改革过程中教育教学活动的正常开展。因此，在进行教育变革的过程当中，既要考虑新兴技术、方法引入给教育教学带来的革命性变化，更要针对教师、学生及教育教学活动的实际需要进行适当调整，在维持系统动态平衡的过程中使其朝着应有的方向稳步前进。

从当前的教育发展来看，存在两种极端的情况：①在新兴技术和方法引入的过程中，忽视本地教师、学生的特点及其教育教学需要，直接照搬国外或其他地区的教育模式或方法，这必然会导致"水土不服"，导致课堂教学乃至整个教育系统的混乱。②人们认为一个传统的教育体系曾经历长时间的考验，面对新事物

---

① 张立新，徐飞飞. 论虚拟课堂的生态属性及其管理[J]. 中国电化教育，2014（2）：1-5.

的到来只需要做一些临时性的点滴改良和自动化的调整即可，不需要进行整体性的变革，但结果也总是让人失望，甚至招来各方面的批评或是对整个教育体系的怀疑。实际上，要维持课堂或教育体系这一大的生态系统的稳定发展就要保证其处于动态平衡状态，即构建共生、适度、和谐的教学环境，需求系统内各要素之间的平衡，以保证学生的长期稳定健康发展。无论新技术的引入还是教育教学改革的开展，都是为了促进教育教学活动的有效开展，都是以保证学生全面健康发展为基本原则和最终目的的。因此，在实施过程中要充分考虑当前学生的认知特点和教师课堂实施的有效把握，保证教育改革有效推动整个教育系统持续稳定向前发展。尤其是在云计算、大数据逐渐进入教育领域的今天，云端一体化学习环境的搭建、各类移动终端设备的应用逐渐打破了原有的课堂教学之时空局限，这时更应该充分考虑教师、学生及其他要素的特点及相互关系，在保证系统动态稳定发展的基础上推动教育领域的整体性变革。

二、基础教育均衡发展成为一项长期而艰巨的任务

教育公平是实现社会公平、构建和谐社会的重要基础。但就目前来看，我国城乡之间、区域之间、学校之间的教育差距仍然很大，基础教育均衡发展仍然有很长一段的路要走，因此成为我国教育发展的一项长期而艰巨的任务。《国家中长期教育改革和发展规划纲要（2010—2020 年）》中就指出，要把促进公平作为国家的基本教育政策，将均衡发展视为基础教育的战略性任务，并强调要建立健全基础教育均衡发展的保障机制[①]。

（一）基础教育均衡发展的主要内容

基础教育均衡包括多个层次的含义，既包括区域、城乡、学校之间的均衡，也包括区域内不同学生群体之间的均衡和学校内不同学科的均衡。从整个教育体系的宏观层面来说，基础教育均衡指的是区域之间、城乡之间、学校之间及各类教育机构之间教育资源配置的均衡。从学校和教师层面来说，主要是要求他们能够关注每一位儿童的潜能得到最大限度的发挥，即针对他们的自身特点为其设计和提供关注与人文关怀，促进每一位学生的身心健康成长。从学科发展来说，应

---

① 国家中长期教育改革和发展规划纲要工作小组办公室. 国家中长期教育改革和发展规划纲要[N]. 人民日报，2010-03-01，005.

该维持学校各个学科的均衡，保证学习者得到德智体美劳的全面发展。从学生个体发展来看，教育均衡指的是受教育者的权利与机会的均衡，指他们在德智体美都能得到均衡发展和全面进步。它的基本要求是在教育机构和教育群体之间，平等地分配教育资源，达到教育供给与教育需求之间的相对平衡，并最终落实到学习者对教育资源的分配和使用上。但是，教育均衡不等同于相等和相同，而是为受教育者提供相对平等的机会和条件，即保证处于偏远地区或其他不利地区的儿童能够获得国家和相关部门的同等对待和统筹规划，对薄弱学校来说能够获得相对合理的资源配置。①

从基础教育均衡发展的具体内容来说，它主要表现为教育的发展规模、办学条件、师资水平、经费投入等方面的相对平衡，即不同地区、城乡或学校之间的学生能够在硬件环境、师资水平、教学资源、经费比例等方面得到相对均衡的基本保障。①基础教育均衡发展表现为教育入学机会的平等，指的是政府及其所辖的学校能够为区域内每一位适龄儿童提供使他们身心得到全面健康发展的机会，这其中需要克服其家庭环境、民族文化、地理位置等方面的问题；②基础教育的均衡发展表现为教育环境的相对均衡，即保证不同地区、不同类型的学校能够提供相对稳定的教学环境和相对完善的基础设施，保证日常教育教学活动的顺利有效开展；③基础教育的均衡发展表现为教育资源的均衡，这其中包括师资力量和各类教育教学资源，尤其是教育信息化深入推进的今天，教师教学素质的整体提升以及优质数字教育资源的共享在基础教育均衡发展中变得越来越重要；④基础教育的均衡发展还表现为教育投入的相对均衡，这尤其关注保障为偏远的农村地区及民族地区等教学条件相对薄弱的学校提供充足而持久的资金支持，保证其教育教学活动的有序推进。总体来说，基础教育的均衡发展是一个循序渐进的过程，即需要从最基础层面的教育资源均衡逐渐向人的全面健康发展这一更高层次的均衡推进。

（二）基础教育均衡发展问题的战略意义

基础教育均衡发展作为我国当前和今后很长时间内教育发展的一项重要战略任务，一直是国家各相关部门关注的重点，也是国家制定有关教育政策、法律法规和各级政府、教育部门制定相关教育政策、法规需要体现的基本理念和遵循的重要原则。它强调要依法保障公民平等接受基础教育的权利和义务，通过资源的

① 李秉中. 教育均衡发展的制度化研究[D]. 上海：东北师范大学，2004.

均衡有效配置为适龄儿童提供相对均等的受教育机会和条件，并实现教育教学效果和学生发展的相对均衡。美国国民教育奠基人杰斐逊曾明确指出，衡量一个教育是否能够造福于一个国家或民族，关键是看它能不能使大多数人享受必要的教育，而不是看它能创造出多少杰出的人才[①]。也就是说，衡量一个国家教育好坏的核心是能否使国民素质得到普遍发展，而不仅仅是少数精英的培养，这就是基础教育的本质功能，其中关键是基础教育的均衡发展。在人们一直关注的教育公平这一重要话题中，基础教育的均衡发展就是一个重要方面，同时也是实现教育公平这一最终目标的关键。它对于进一步缩小城乡、区域、校际差距，促进基础教育尤其是农村地区的基础教育改革并从整体上提升我国基础教育质量具有重要意义。

1. 基础教育均衡发展是实现教育公平的关键

教育公平是教育均衡发展的理论基石，同时教育均衡尤其是基础教育阶段的均衡发展又是实现教育公平的重要手段和必要环节。因此，推进基础教育均衡发展，以相对均衡的份额分配教育经费及教育资源，达到不同地区之间教育供给与需求之间的相对平衡，是切实满足所有适龄儿童学习需求的关键，是实现教育公平和社会公平的基础，对一个地区及整个国家的经济发展与社会稳定具有重要意义。《国家中长期教育改革和发展规划纲要（2010—2020年）》中也明确指出："教育公平的关键是机会公平，基本要求是保障公民依法享有受教育的权利，重点是促进义务教育均衡发展和扶持困难群体，根本措施是合理配置教育资源，向农村地区、边远贫困地区和民族地区倾斜，加快缩小教育差距。"在现实社会中，社会成员本身所处的社会位置导致各种高低有序的社会层次现象，同样存在着不同阶层之间在社会结构中位置的变化，这也是促进社会不断发展的关键。而在这样一个开放的世界中，教育是促进处于弱势状态的人群逐渐向上流动的关键，因此成为弥合社会分化与差异的重要途径，也成为增进社会公平和促进社会和谐稳定的基础[②]。

2. 基础教育均衡发展是实现教育现代化的重要保证

教育现代化是用先进的教育思想和科学技术武装人们，使教育思想观念、教育内容、方法与手段，以及校舍与设备等逐步提升到世界先进水平，培养出适应国际经济竞争和综合国力竞争的新型劳动者和高素质人才的过程，具体包括教育

---

① 转引自：柳海民，周霖. 义务教育均衡发展的理论与对策研究[M]. 长春：东北师范大学出版社，2007：5.
② 孙启林，孔锴. 全球化视域下的基础教育均衡发展[J]. 比较教育研究，2005，26（12）：24-30.

观念的现代化、教育内容的现代化、教师队伍的现代化、教育装备的现代化和教育管理的现代化，其最终目的是实现人的现代化①。对于一个国家来说，基础教育作为提高各级各类人才和提高全体公民整体素质的基础性工程，其优质均衡发展对教育质量的整体提升和社会的不断进步都具有全局性的重要意义；对于作为个体的人来说，基础教育是其获得基本知识和技能的阶段，对其掌握适应社会发展和未来生活需要的各项技能具有重要意义，是塑造一个人的关键时期，因此获取优质的发展机会和发展环境意义深远。国际经验也表明，教育现代化的过程也是区域教育差距逐渐缩小的过程②。在推进教育领域综合改革和实现教育现代化的关键时期，能否保证受教育者的基本权利，让他们同等地享有接受高质量教育的机会尤为重要。

（三）基础教育均衡发展的主要影响因素

近年来，随着国家和各级政府对偏远薄弱地区教育的重视和教育政策的倾斜，并采取了农村现代远程教育工程、剥脱学校改造项目、教学点数字教育资源全覆盖项目一系列重大举措，基础教育在进一步缩小城乡、区域、学校之间的差距，促进基础教育的均衡发展方面已经取得显著成效。但是总体来说，仍然面临着很多现实的制约因素，影响着基础教育的均衡发展。因此，要突破现实条件的局限，首先要针对当前基础教育发展过程中的制约因素尤其是限制高水平均衡发展的因素进行深入分析。

1. 维持充足的经费投入与长效的保障机制

目前，由于各地经济发展水平的不平衡，以及语言、文化的多样化等，基础教育的投入和基础设施与环境建设仍存在很大差距。尽管近年来国家和各级政府强调要加强薄弱学校改造，推进义务教育阶段学校的标准化建设，建立健全义务教育均衡发展的保障机制，均衡配置师资、图书、设备、校舍等各项资源，也在很大程度上改善了现有学校的基本办学条件。很多偏远地区尤其是落后的农村地区虽然能够在硬件设施和环境建设上得到短时间的改善，但是很难得到长期的义务教育经费投入保障，并且学校缺乏完善的机制，各项设施无法得到有效的使用和维护，尤其是在信息化逐步推进的今天，这些薄弱学校的基础设施建设、维护与经费支持需要得到更多的关注。

---

① 王俊. 阳光灿烂：留守儿童成长教育读本[M]. 兰州：甘肃科学技术出版社，2015：174-175.
② 王斌泰. 着力推进基础教育均衡发展[J]. 求是，2003（19）：50-52.

2. 提高教师队伍整体水平与专业素养

教师素质是决定教育教学质量的关键因素，也是教育发展进程中需要解决的核心问题。因此，教师水平成为制约区域、城乡、校际基础教育均衡发展的一个重要原因。目前，城市学校由于硬件设施、地理位置和经济条件等方面的优势吸引了大批优秀教师，形成"优秀学校"学科带头人、骨干教师大量汇聚的局面，其师资力量雄厚并保持不断向前发展的态势。相比之下，偏远的山区和乡镇学校各方面条件相对较差，教师的整体水平发展相对薄弱，教师队伍年龄结构普遍偏大，学历水平偏低，知识结构较为单一，但是长期以来由于其客观条件的限制难以引入并保留优秀的教师。要缩小城乡、学校之间的差距，从整体上提升师资水平问题是关键，这对农村偏远地区薄弱学校来说一直都是一项很大的挑战。为此，国家采取了一系列措施，如支教、特岗教师计划、走教活动等，但都未能保持这些薄弱学校长久的优质稳定师资。因此，提高师资水平尤其是偏远薄弱学校教师队伍的整体水平的提升，仍然是我国基础教育均衡发展的一项艰巨任务。

除经费投入、保障机制，以及教师队伍的整体水平与专业素质之外，还有许多其他因素影响基础教育均衡发展与教育公平的实现，如地理位置、教育观念、民族文化等。因此，要从整体上提升我国基础教育的质量，一方面，要从宏观上进行整体规划和系统安排，形成自上而下的基础教育发展的完善体制，保障各项工作落到实处；另一方面，要针对地方教育发展的特点与实际需要进行具体安排，打破部分区域或学校教育发展滞后的局面，实现有限条件内基础教育的相对均衡和整体优质发展。

三、农村薄弱学校和教学点成为基础教育均衡发展的"最后一公里"

农村教学点作为一种位于偏远山区的小规模不完全学校，虽然其硬件设施相对简陋，办学条件相对较差，教师队伍相对薄弱，却是我国基础阶段的一种重要学校组织形式，为偏远农村地区的学生就近入学创造了条件。由于教学点本身条件的限制及其师资的不足，教学质量很难得以提升，成为我国基础教育均衡发展过程中必须需要解决一个的关键问题。

（一）农村教学点的概念及其产生背景

农村教学点是适应我国农村地区特别是人口较为稀少且居住相对分散的偏远

地区的教育发展而设置的小规模不完全学校[①]。它虽然区别于一般的乡镇完全小学和城市学校，但是我国学校教育的一种重要组织形式，为当地学生就近入学创造了条件。因此，作为一种小规模、办学条件相对较差、教学形式相对灵活的特殊学校组织形式，教学点在我国尤其是中西部偏远地区的义务教育体系中占据着举足轻重的地位。一般来说，教学点设置相对灵活，会根据学生的入学人数及其他现实情况做适当调整。尤其是近年来城镇化的推进导致农村进城务工和农村学生进城上学的现象越来越普遍，农村儿童数量急剧减少，很多教学点撤销，原有乡镇完全小学改为教学点。因此，我国教学点数量一直在发生变化。据统计，2004 年，我国农村教学点数量为 9.81 万所[②]，2013 年，教学点数量将为 8.28 万所，截至 2015 年底全国教学点数量为 9.30 万所[③]。但农村教学点一直是我国农村地区基础教育的重要场所。

与其他一般学校相比，教学点具有典型的特征，主要表现在以下方面：①教学点所处的地理位置一般较为偏远。一般情况下，偏远的农村或山区人口分布较为稀疏，学生人数较少，但是由于本身地理位置和现实条件的限制，学生不能前往距离较远的大规模学校学习，这种小规模学校满足了当地适龄儿童的入学需求。②教学点的规模普遍较小，农村教学点作为一种不完全小学，不能完全涵盖义务教育全学段，一般包括一个年级或几个低年级，且每个班的学生人数较少，多则二三十个，少则十几个甚至几个，且发展很不稳定。③教学点的教学形式较为灵活。多数教学点学生人数较少，教师数量也有限。一般情况下，一个老师负责一个班级的所有课程甚至几个年级的课程。因此，课程和教学活动的安排经常会针对实际情况进行适当调整，不存在固定的课程、固定的老师，甚至有很多教学点还存在复试课堂，即老师同时对两个年级的学生进行授课。④教学点的教学条件普遍较差。地处偏远的地区，办学规模小，得到的教育经费有限，教学设施一般比较落后。同时，教师年龄普遍偏大、学历水平普遍偏低也是教学点的主要特点之一。

（二）农村教学点在我国基础教育中的重要意义

虽然近年来农村人口的普遍减少尤其是城镇化推进过程中大量儿童进入城市上学，导致很多教学点撤销，但是对于许多偏远的农村地区来说，如果盲目撤点

---

① 范先佐，郭清扬，赵丹. 义务教育均衡发展与农村教学点的建设[J]. 教育研究，2011（9）：34-40.

② 赵丹. 农村教学点问题研究[D]. 武汉：华中师范大学，2008.

③ 邬志辉，秦玉友. 中国农村教育发展报告 2016[M]. 北京：北京师范大学出版社，2017：43.

并校会给那里的孩子带来上学远、上学难等新的问题。同时，由于农村地区就学儿童的大幅减少，很多原有的完全小学改为教学点。因此，为保证适龄儿童就近入学和接受正常的学校教育，教学点依然是我国农村尤其是偏远地区基础教育的重要组成部分。从这一方面来说，教学点对我国义务教育的普及和发展尤其是对经济欠发达地区的教育发展具有非常重要的作用。

1）教学点方便学生就近入学，为偏远地区适龄儿童提供了接受义务教育的宝贵机会。教学点一般设立在偏远地区，我国中西部偏远的农村更为普遍，这里山地、丘陵、高原占很大比重，地形比较复杂，环境恶劣，人口密度相对较低。考虑到儿童的上学条件和安全问题等，这些地区必须就近设立小规模学校，以保证他们在义务义务教育阶段享有平等的受教育机会。

2）降低偏远地区家庭的教育成本。对于偏远的农村地区来说，家庭条件一般相对较差，在教育上能投入的成本非常有限，因此将孩子送到外面的学校上学会给其家庭带来很大的经济负担。实际上，很多条件允许的家庭都选择将孩子送到异地学习，尤其是城镇化过程中很多进城打工的父母将孩子带到城市接受更好的教育，但是仍然不乏没有条件进城的孩子。要保证这些家庭的孩子能够在偏远地区同样接受平等的受教育机会，教学点就显得更加重要。

实际上，教学点作为一种特殊的教育方式不仅有助于解决偏远地区上学远和上学难的问题，还有助于缓解因此而导致的偏远地区学生辍学现象，保证基本的教育公平[①]。从这一方面来说，教学点有助于帮助偏远地区儿童在家庭条件允许范围内接受相对平等的受教育机会，这也是教育公平及社会公平的重要内容。因此，针对我国实际情况和教育发展的需要，必须正确认识教学点在整个教育体系尤其是农村义务教育阶段的重要位置，采取有效的措施保障各地教学点基本的硬件设施、师资力量及其他教育资源的充足，为偏远地区学生接受相对高质量的教育提供保障。

（三）农村教学点发展的瓶颈

教学点作为我国义务教育阶段的一种重要学校组织形式，为偏远地区学生就近入学创造了条件，对教育公平的实现具有重要意义。在我国整体教育水平逐渐得到提升的过程中，虽然国家和各级政府对教学点采取了一系列有效措施以改善其教学条件，但经费短缺、办学条件差、教师整体素质偏低、教师待遇普遍偏低

---

① 赵丹，王一涛. 教学点在农村学校布局中的地位探析——基于中西部六省的实证分析[J]. 教育科学，2008，24（1）：78-81.

等问题仍然非常突出，影响了教学点教学质量的提升。解决当前农村教学点发展存在的问题，破除影响其教学质量提升的瓶颈，对基础教育质量的整体提升和优质均衡发展具有重要意义。

1）在制约教学点教学质量提升的各项因素中，经费短缺是首要的。处于偏远地区的农村教学点一般缺乏独立的建制，隶属乡镇中心学校管理，其经费支出也需要向中心学校提出申请，然后由中心学校针对实际情况给予批复。但是，总体来说，乡镇学校本身的教育经费就非常有限，能为教学点提供的支持就更少了。虽然国家和各级政府部门采取了一系列措施将教育政策向农村薄弱学校倾斜，并采取了薄弱学校改造工程等一系列措施，为改善农村教学点的现实条件提供了大力支持，但是，要保证教育教学活动长期、有效的开展，仍需要持久的资金支持和一定的制度保障。

2）硬件设施简陋、教育资源短缺，导致办学条件较差，也影响了教学点的发展。它主要表现为两个层面：①从基础设施方面说，一般教学点都是由旧有学校的校舍、寺庙或其他村落闲置空间组成的，一般只有几间简陋的教室加上几张或几十张桌子和一块黑板，教学条件非常简陋；②从师资队伍方面说，多数教学点学生人数较少，因此所提供的教师数量也相对有限。一般情况下，一个教师需要带一个年级的所有课程甚至几个年级的课程，这对专业水平本来有限的农村教师来说非常困难。因此，除语文和数学课程外，其他课程很难正常开设，这也影响了学生的全面发展。

3）教师整体素质偏低也是影响教学点教学质量的关键。教学点由于其地理位置、经济条件等方面的限制，很难吸收到优秀的教师前来。因此一般由年龄较大的民办教师或代课教师承担授课任务，他们的学历普遍偏低，在教学活动实施方面存在很多限制。虽然近年来国家采取措施鼓励新教师走入农村教学点，但是由于现实条件和实际待遇等问题，很少有教师能够坚持下来，他们大多一两年后就会离开。因此，教学点教师结构单一、师资不足的问题一直未能得到根本解决。

第二节　农村教学点现状调查与问题分析

目前，位于偏远地区的农村教学点是我国基础教育均衡发展的薄弱环节，因此成为我国教育公平实现的重点，受到了社会各界的广泛关注。为更好地了解目前教学点的现实状况，我们选取了湖北省这一中部地区的教育大省作为研究对象，通过问卷、访谈等方法展开调研，分析当前湖北省教学点的基本情况和存在的问题，在此基础上探寻解决这些问题以帮助教学点提高教学质量的有效路径。

一、调查的目的、内容与方法

（一）调查的背景与目的

促进基础教育均衡发展最终实现教育公平，农村教学点建设是不可忽视的关键环节，这也受到了国家和社会各界的广泛关注。国务院下发的《国务院关于进一步加强农村教育工作的决定》中明确提出，实施农村中小学现代远程教育工程，促进城乡优质教育资源共享，提高农村教育质量和效益。"十二五"期间，根据《国务院办公厅关于规范农村义务教育学校布局调整的意见》和《教育部等九部门关于加快推进教育信息化当前几项重点工作的通知》要求，教育部组织制定并全面启动实施"教学点数字教育资源全覆盖"项目。这些措施都在很大程度上改善了教学点的办学条件，但是由于地理位置、经济基础等方面的现实条件制约，教学点制度不完善、优质师资短缺、开不齐课、开不好课等问题依然非常严峻。湖北省信息化与基础教育均衡发展协同创新中心的研究方向即为基础教育，目标为在以信息化手段促进基础教育均衡发展的理论体系的指导下，针对地方教育发展现状与实际需求开展区域教育信息资源的共建共享研究，探寻城乡网络教研与网络支教的有效途径，从重视信息化教学设施建设转向其教育教学应用，从而探索出利用信息技术促进区域基础教育优质均衡发展的有效模式，进而推动教育公平的实现。

为更好地了解当前基础教育发展的薄弱环节——教学点的实际情况，研究团队于 2014 年初在湖北省襄阳市、恩施市、孝感市等地的教学点展开了实地调研。本次调研的主要目的是了解制约我国基础教育均衡发展的农村教学点的实际发展情况，在此基础上探寻有效的解决办法，具体包括三个方面：①通过问卷调查了解湖北省各地教学点的实际开课情况，了解教学点的硬件设施尤其是信息化设施建设与使用情况，了解教学点的规模、教师、学生的数量和基本情况等，从整体上把握湖北省教学点的实际发展情况；②通过对数据的具体分析和访谈了解不同地区教学点的具体情况，并针对典型案例进行深入探访和分析，对教学点的现实发展状况形成准确把握；③从硬件设施建设、教师队伍、教学、管理、经费支持等方面分析当前教学点主要存在的问题和发展过程中遇到的瓶颈，进而分析突破瓶颈最终其帮助实现区域基础教育优质均衡发展的有效路径与方法。

（二）调查方法

为了从整体上了解湖北省农村教学点的基本发展情况，对不同地区的教学点发展实际进行准确把握，本次调查除大规模的问卷调查之外，还采取了访谈调查的方法，即通过问卷调查了解湖北省各地教学点的整体发展情况，通过访谈深入分析具体案例并了解其近两年的动态发展过程。

1. 问卷调查

作为一种常用的量化研究方法，问卷调查侧重于对事物发展状况、个人的意见、态度等方面的调查。在获取大量客观统计信息之后，对这些资料进行分析处理，最后利用数据分析全面、客观地反映事物的发展现状及其存在的问题。本次调查主要是通过问卷调查了解湖北省各地教学点的整体发展情况，对目前教学点进行基本定位，包括湖北省教学点整体信息、区域教学点的基本信息、教学点的办学规模、硬件设施配置、教师队伍建设情况和在校学生情况等客观信息及教师、学生、管理者等不同角色对教学点未来发展的期望与看法等。其中，由于现实条件的限制，在进行具体教学点的分析过程中，我们选取了湖北省部分市、县、乡镇进行。

2. 访谈调查

访谈法主要是通过与受访者的面对面交谈获取资料，针对访谈内容搜集客观、不带偏见的事实材料。在本次调查中，访谈法的使用主要目的有两个：一是从细节层面了解湖北省教学点的具体情况；二是通过访谈了解近年来区域内教学点的整体发展情况与趋势，从而更加准确地把握湖北省农村教学点的现实状况。具体访谈过程分两个阶段进行：首先，通过与地方教育主管部门领导的访谈了解区域内农村教学点的整体发展情况及其面临的困境，包括基础设施建设、经费投入、整体规划、教师队伍建设等方面；其次，选取某些地区教学点作为具体案例，与那里的老师和教学点负责人进行深度访谈，获取其实际发展情况的第一手资料，进而对湖北省农村教学点的整体发展现状与具体存在问题进行准确定位。

（三）调查对象的选择

湖北省是我国的教育大省，地处我国中部地区，山区面积较大，农村薄弱学校和教学点在我国基础教育阶段的比重很大。为了提高这些农村薄弱学校和教学点的教育教学水平，促进区域基础教育的均衡发展，无论在教育政策实施还是教育体制机制建设上，湖北省各级政府都进行了创新性的探索，同时成为全国进行义务教育均衡发展试点的省份之一。承担改革试点任务以来，各级教育部门和基层学校更是大胆探索，锐意改革，一些试点项目取得重要进展，义务教育均衡发展之势初步彰显。为了推进义务教育均衡发展，湖北省专门印发了《湖北省实施国家教育体制改革试点总体方案》，确定改革的总体目标和阶段目标，并健全了教学点工作推进机制，全面推进了体制、机制的创新。例如，探索出"联校走教""联片管理、连片办学""教育发展协作区""保育寄宿制学校建设"等创新型教学模式。自 2010 年加强农村教学点的建设以来，湖北省一直非常重视教学点的建设工作，并于 2013 年决定为每一个教学点配备一套远程教学设备；在师资上，为教学点研究制定全科教师培养方案，并制定单独培养计划。

湖北省教学点系列项目的实施和推进，使教学点的办学条件得到明显改善，但是教学点发展水平整体偏低、优质师资短缺、教学点教学质量不高等问题依然未能得到根本解决。因此，针对湖北省教学点的建设发展状况，进行教学点基本情况的调研和研究很有必要。鉴于此，湖北省信息化与基础教育均衡发展协同创新中心研究团队选取湖北省作为教学点现状调查的对象进行研究，并将湖北省恩施州、襄阳市、孝感市、通山县等教学点分布较多的地区作为重点研究对象进行了深入调研，从教学点基本建设情况、教学点教师基本情况、教学点学生基本情况、教学点信息化建设与应用情况、教学点管理与制度建设情况等方面把握和分析当前湖北省教学点发展现状和存在的问题。

（四）调查的主要内容

本次调查主要是从整体发展情况和具体建设与教学情况展开，即在把握湖北省教学点整体状况及发展现状的基础上对不同地区教学点的各方面具体发展情况进行深入分析。因此，在进行湖北省农村教学点现状调查的过程中，我们的研究内容具体包括四个方面：一是教学点的基本情况，包括湖北省全省教学点整体情况、各市区教学点建设情况等包括教学点规模、基础设施建设及应用情况、教育教学资源建设及应用情况，以及教学点近年来的变化情况等信息，主要是从整体上了解教学点实际建设的基本情况；二是教学点的师资配备情况，包括教学点任课教师和管理人员的数量、年龄、学历水平、知识结构、任教科目与数量、岗位性质等方面，主要是了解教学点师资队伍建设情况；三是教学点的学生情况，包括教学点各年级的学生人数、每个学生的家庭背景与经济条件等；四是教学点体制机制等相关保障机制的建设情况，包括教学点的经费投入、硬件设施的建设与维护、教学点日常运行与师生管理等方面。在这四个方面研究的基础上，从宏观和微观等不同层面分析湖北省不同地区农村教学点的发展实际，在此基础上探寻帮助教学点突破瓶颈的有效途径与方法，进而不断提升其教育教学质量。

二、调查调查结果的分析

为了在整体反映湖北省教学点基本情况的基础上对各地区教学点的具体建设情况进行详细把握，本次调查结果的分析主要分为两部分：一是湖北省教学点整体情况的分析，主要包括湖北省教学点基本情况、教学点信息化基础设施建设情况、教学点师资配置情况等；二是对襄阳市、恩施州、孝感市、通山县等教学点分布相对较多的地区进行具体分析，了解这些地区教学点的具体建设现状。

（一）湖北省教学点整体情况分析

1. 湖北省教学点基本情况

来自信息化与基础教育均衡发展湖北省协同创心中心于 2014 年初在湖北省各地进行实地调研获取的数据显示（下面数据如未特殊标明，均源于此），截至 2012 年，全省教学点总数约为 3 538 个，班级数为 11 273 个，学生 259 873 人，教师 21 789 人，参加"薄弱学校改造项目"（简称"薄改"）的班级数为 594 个，仅占 5.26%，如图 1-1 所示。总体来看，全省教学点基数仍然非常大，涉及学生人数众多，但是真正得到上级辅助和升级改造机会的仍然非常少。从教学点的分布情况来看，恩施州教学点 504 个，占到了全省教学点总数的 14.2%，其中 30 人以下的教学点就有 331 个；襄阳市可供调查组分析的教学点总数为 480 个，学生总数为 9 877 人，教师 2 345 人；孝感市教学点总数 195 个，教学点学生总数 11 361 人，教师 1 425 人；咸宁市咸安区可供调研组分析的实际教学点数位 30 个，学生 773 人，教师 45 人；通山县教学点总数 79 个，学生 5 081 人，教师 79 人。从这几组数据可以看出，各地区教学点的规模、数量和基本情况也存在很大差

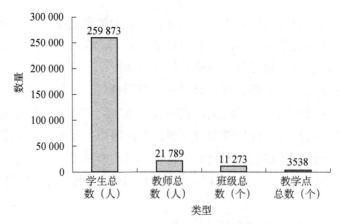

图 1-1　2012 年湖北省教学点基本信息

异。但就总体情况来看，目前湖北省整体教学点数量较多，教学点整体规模普遍偏小，平均每个教学点学生数量约为 73 人，教师数量极其有限，有些地方教师人数与教学点数量的比例甚至接近 1∶1。

2. 湖北省农村教学点信息化基础设施建设情况

2010 年，湖北省上报教育部"教学点数字教育资源全覆盖"项目的全省教学点总数为 1 832 个，即超过半数的农村教学点投入了此项目建设工作。根据调查组调研数据，恩施州参与"教学点数字教育资源全覆盖"项目的比例为 89.09%，孝感市参加"薄改"计划的教学点数与教学点总数的比例约为 30%，咸安区参加"薄改"计划的教学比例为 0，襄阳市参加"薄改"计划的教学点数与教学点总数的比例仅为 10%。[①]总体而言，湖北省参加"薄改"计划的区域情况不均衡，区域与区域之间的差距较大，参加"薄改"计划的教学点数比例整体偏低。

在参与项目的教学点中，也有部分区域根据其条件和环境，在此基础上进行了创新性的升级改造，如咸宁市教育局和电教馆以通山县作为试点，联合开发了"可视互动教学平台课堂"，一个中心小学课连接多个教学点进行同步教学和管理互动，截至 2013 年底正处于试教学阶段。除参加"教学点数字教育资源全覆盖"项目外，剩余大部分教学点仍旧使用"农远工程"项目所配备的设备和资源，但多数已存在老化问题，使用起来已有较大困难，因而在教学中并不常用或不使用。据湖北省电教馆副馆长张强介绍，参与建设的教学点中，截至 2013 年底约有 2/3 已实现网络接入。

---

① 此数据来自湖北省信息化与基础教育均衡发展协同创新中心于 2014 年所做的湖北省教学点基本情况调查。

3. 湖北省农村教学点的师资配置情况

在对湖北省教学点进行调查的过程中发现，农村教学点高龄教师比例占据很大一部分，属于教学的主要力量。截至 2013 年底，恩施州农村教学点 50 岁以上教师高达 70%，孝感市达 57.26%，咸安区的高达 68.89%。可见，湖北省教学点的教师老龄化显著，青黄不接的问题尤为严重。例如，咸安区坳下教学点，共有两名公办教师，年龄分别为 58 岁、59 岁，但 2014 年初调研时并未有年轻的教师接替他们的工作。为此，各县市采取了一系列措施鼓励年轻的师资力量到边远山区学校从教，如在走访咸安区高塆教学点时得知，该教学点为两位年轻教师改造宿舍环境，并为其配备电脑和宽带网络，加大教师扎根教学点的可能性。

在教师的学历分布上，咸安区大专以上学历的教师比例仅为 13.33%，孝感市大专以上学历的教师比例仅为 28.21%。可见，高学历的教师比例普遍偏小，从咸安区、通山县的人物访谈中可知，尽管通过省招的方式吸纳了部分高学历的年轻教师到教学点，但这些年轻教师身临其境后，毅然决然地离开了教学点。教学点艰苦的生活环境、较低的工资待遇无法留住优秀教师，这直接导致了教学点的师资水平总体偏低，这也是导致教学点课程难以开齐、开好的根本原因。

（二）湖北省典型区县市教学点基本情况

在基本了解湖北省教学点整体发展情况的基础上，为深入分析不同地区教学点的具体建设情况与存在问题，调研小组选取了恩施州、襄阳市、孝感市、通山县和咸安区等教学点分布较多的典型地区展开了进一步的分析。

1. 恩施州教学点现状调查

恩施州所辖八县市均为国家级贫困县，截至 2014 年，有 500 所义务教育阶段学校位于边远农村，占义务教育阶段学校总数的 70%，学生 155 880 名，占义务教育阶段学生总数的 43%。另有农村教学点 504 个，占全省农村教学点的 20%以上，其中 30 人以下的教学点 331 个，现有 8 420 名学生。

全州 449 个教学点实施了"教学点数字教育资源全覆盖"项目，并试点实施了三类同步课堂（城乡学校间"支教式"同步课堂、优质学校与教学点间"同体式"同步课堂、同类学校间"协作式"同步课堂）促进信息技术与教育教学的深度融合。

义务教育阶段尚有 258 所农村边远学校和 426 个教学点未接入互联网，有2 987 个班级没有"班班通"设施设备，约占全州班级总数的 30%。全州学生拥有计算机的比例严重偏低，初中仅为 27∶1，小学仅为 66∶1。恩施州实施"教学点数字教育资源全覆盖"项目的比例为 89.09%，还有 55 个教学点、277 个教学班没有配备设施设备。恩施州农村小学 46～60 岁的教师占 54.03%，农村中学 46～60 岁的教师占 22.53%，农村教学点 50 岁以上的教师高达 70%。

2. 襄阳市教学点现状调查

2014 年初，襄阳市可供调查组分析的教学点数总为 480 个，学生总人数为 23 368 人，教师人数为 2 345 人，参加"薄改"项目的教学点数为 43 个，其教学点基本信息如表 1-1 所示。从表中反映的情况可知，学生人数在 21～30 的教学点数最多，占襄阳市总教学点的比例为 14.38%；其中襄阳市可供调查组分析的教学点学生总数与教学点总数的比例约为 20∶1，教学点教师总人数与教学点总数的比例约为 5∶1，教学点学生与教师的比例约为 4∶1，参加"薄改"计划的教学点数与教学点总数的比例约为 1∶10。

表 1-1 2014 年初襄阳市教学点基本信息表

按教学点学生人数进行划分（人）	该区间的教学点数（个）	占总教学点比例（%）	该区间的学生人数（人）	占学生总数比例（%）	该区间的教师人数（人）	占教师总数比例（%）
1～10	61	12.71	384	1.64	99	4.22
11～20	64	13.33	990	4.24	151	6.44
21～30	69	14.38	1 770	7.57	214	9.13
31～40	61	12.71	2 146	9.18	224	9.55
41～50	52	10.83	2 336	10.00	258	11.00
51～60	40	8.33	2 222	9.51	200	8.53
61～70	26	5.42	1 708	7.31	129	5.50
71～80	18	3.75	1 355	5.80	97	4.14
81～90	19	3.96	1 627	6.96	123	5.25
91～100	21	4.38	2 004	8.58	114	4.86
101～120	23	4.79	2 517	10.77	163	6.95
121～200	19	3.96	2 816	12.05	494	21.07
>200	7	1.46	1 493	6.39	79	3.37
总数	480	100.00	23 368	100.00	2 345	100.00

3. 孝感市教学点现状调查

2014 年初，孝感市教学点具体信息如表 1-2 所示，教学点总数为 195 个，参加教学资源全覆盖的教学点数为 53 个，教学点学生人数为 11 361 人，教学点教师总人数为 1 425 人；其中一个教学点最多 230 个学生，18 个班。学生人数在 31～

40 的教学点数最多，占孝感市总教学点的比例为 13.85%。从整体来看，孝感市教学点学生总数与教学点总数的比例为 58∶1，教学点教师总人数与教学点总数的比例约为 7∶1，教学点学生与教师的比例约为 8∶1。

表 1-2 孝感市教学点基本信息表

按教学点学生人数进行划分	该区间的教学点数（个）	占总教学点比例（%）	该区间的学生人数（人）	占学生总数比例（%）
1～10	13	6.67	86	0.76
11～20	20	10.26	328	2.89
21～30	22	11.28	555	4.89
31～40	27	13.85	965	8.49
41～50	19	9.74	862	7.59
51～60	13	6.67	738	6.50
61～70	21	10.77	1 372	12.08
71～80	14	7.18	1 070	9.42
81～90	15	7.69	1 262	11.10
91～100	3	1.54	280	2.46
101～120	13	6.67	1 454	12.80
121～200	12	6.15	1 742	15.33
>200	3	1.54	647	5.69
合计	195	100.00	11 361	100.00

孝感市教学点教师总数为 2 345 人，其中一个教学点最少只有 1 名教师，最多 24 人。从孝感市的教师年龄分布情况可知：40 岁以下的教师比例为 10.67%，40～50 岁的教师比例 32.07%，50 岁以上的教师人数比例为 57.26%；从教师学历分布情况可知：学历在中专以下的教师比例为 1.68%，学历为中专的教师比例为 70.04%，大专以上的教师比例为 28.21%。具体情况如表 1-3 和表 1-4 所示。

表 1-3 孝感市教学点教师年龄分布表

年龄	40 岁以下	40～50 岁	50 岁以上
人数（人）	152	457	816
比例（%）	10.67	32.07	57.26

表 1-4 孝感市教学点教师学历情况分布表

学历	中专以下	中专	大专以上
人数（人）	24	998	402
比例（%）	1.68	70.04	28.21

4. 通山县教学点现状调查

据通山县教育局的统计数据，至 2013 年底，通山县教学点总数为 79 个，学生人数为 5 081 名，教师人数为 79 名。其 2011—2013 年教学点变化情况统计如表 1-5 所示。该区域课程开齐的教学点占所有教学点的比例约为 90.5%，包括语文、数学、英语、美术、音乐、思政、劳动、科学、体育、信息技术，但英语、美术、音乐、科学、体育和信息技术 6 门课程的开设较为困难。该区域的教学点曾使用"农远"工程资源进行教学；教学点数字教育资源全覆盖项目在该区域计划建设的教学点数目为 90 个（包含初小），并已全部建成，此项目已开展两期教师培训，共 198 名教师参与。在对通山县黄沙铺镇梅田完全小学管辖的 8 个教学点、柏树初小、新民初小，以及孟垅小学管辖的 3 个教学点分别进行的实地调研中发现，大部分教学点学生人数都在 10～25 人，有一年级和二年级，教师人数基本是 1～2 人，多数为代课教师，甚至某些教学点只有 5～8 个学生，一位老师，但却涵盖三到四个年级，教学条件，在课程的开设上仍然存在困难。以明水教学点为例。该教学点共有 12 名学生，其中一年级 10 人，二年级 2 人，只有一位代课教师、一间教室和一间教师宿舍，所开设的课程有语文、数学、音乐和思想品德；在与老师的访谈中获知，音乐课其实是不能正常教学的，老师在课上只能用跟唱的方式教孩子们唱一些简单的歌曲；这位老师不仅要负责两个年级的全部课程，每天还要为家远的孩子做午餐，工作压力和生活压力都很大。

表 1-5　2011—2013 年通山县教学点变化情况统计表　　（单位：个）

年度	教学点总个数	撤并教学点个数	恢复或新增教学点个数	教学点学生总数
2011	90	0	0	5 127
2012	80	13	3	5 065
2013	79	4	3	5 081

三、当前教学点存在的主要问题

在调研过程中了解到，湖北省一直重视教学点的建设工作，各级政府及教育主管部门为教学点教学问题做了诸多方面的努力与尝试。如湖北省健全了教学点工作推进机制，全面推进了体制机制的创新。咸安区为了吸引优秀师资，建立了适合自身发展的教师保障机制，将部分青年优秀教师吸纳到教学点任教。通山县为了解决教学点的开课难题，与企业联合开发，研究出了一套适合教学点教学的创新教学模式，利用信息技术手段基本解决了长期困扰通山县教学点"开齐课"难的问题。这些举措很大程度上改善了教学点的办学条件和整体教学水平。然而，湖北省农村教学点数量较大、教学点学生人数规模较大、优秀师资极度匮乏等问题仍然存在。

（一）教学点数量仍然较大，实际数量与上报数量差距较大

按照我国教育部的标准，非一到六年级的都是教学点的范畴。然而，由于一些客观原因，湖北省教学点数量不断变动。具体原因为：①湖北省很多地方把教学点归到中心小学后，就把教学点作为小学的派出机构，而不是作为一个独立的法人机构，这样在一定程度上使得湖北省教学点的上报数据偏少；②国家提倡集中优质资源办教育，从而撤并了很多教学点，教学点数量相对较少，但是最近又处于恢复中，因此数量又增加了一部分；③一些教学点本身的自然减员，有的学校从完小缩减至四年级或三年级，这样使得教学点的数量有所增加。此外，很多地区对教学点缺乏实际考察和充分了解，以至于各区域对教学点的界定模糊，并在教学点的统计上未完全遵照客观现实，再加上部分区域在上报过程中下级部门与上级部门之间的对接口径不一等问题，最终直接导致很多地区出现了少报、漏报、多报，甚至乱报的情况。所以，在这些情况下，湖北省的教学点统计呈现动态性的变化，目前实际存在的数量远比2010年上报教育部的数据多得多。

（二）教学点优秀师资极度匮乏，"开齐课、开好课"难实现

根据调研数据显示，首先，多数教学点的教师人数都是 1~2 人，其中代课教师人数占总教学点教师人数的比例较大；其次，教学点教师要身兼数职，有的老师不仅要负责两个年级的多门课程，还要负担学生的生活起居。可见，教学点生活条件非常艰苦，教师的工资待遇较低，很多无法维持最基本的生活需要，教师压力过大。这些原因直接导致了教学点教师流失严重，师资异常匮乏，频现教师招入难、留住教师更难的尴尬局面。

从调研结果情况看，教师学历为中专和大专的比例偏高，本科以上的教师微乎其微，从教师学历层级的构成上可看出，教学点的师资水平整体偏低。尽管在课程开设上基本符合国家义务教育段课程设置的基本要求，但实际上，很多课程的开设面临较大困境。例如，英语和艺体类的课程是很多教学点无法开设的，有的教学点即便开设也只能进行简单的授课，无法提高学生的审美情趣和人文素养，也很难达到促进学生身心健康、体魄强健的目的。教学点"开齐课、开好课"的目标在师资匮乏的情况下难以实现。

（三）教学点学生人数仍具规模，留守儿童比例较高

截至 2014 年的调查数据，湖北省教学点学生人数为 259 873 人，如此庞大的数据牵动着无数教育者的心。更值得关注的是，教学点留守儿童占学生总数的比例较高，很多儿童都是在家与爷爷奶奶一起生活。从访谈中可知，他们面对新鲜事物具有强烈的好奇心，他们希望获知更多的外界知识，他们非常想念爸爸妈妈。可见，教学点孩子的心理健康状态更应该受到重视。从访谈中了解到，由于教学点教学活动形式单一，每当教师呈现信息化教学设备时，学生都非常兴奋，他们渴望以此了解外面的世界。根据教学点学生情况的调研结果，教学点孩子很喜欢多媒体教学，他们能从中了解到很多书本以外的事物。

（四）教学点基础设施建设不均衡，管理水平和使用效率低下

教学点基础设施建设仍然不能满足教学点的发展需要，特别是贫困地区的基础设施建设尤为落后。基础设施的不平衡将进一步加大数字鸿沟，加大教育的不均衡性，不同类型的教育之间、区域之间、城乡之间的差距进一步拉大。教学点基础设施建设包括两部分：一部分是教学点教学环境基础设施建设；另一部分是教学点信息化基础设施建设。教学点教学环境基础设施建设主要包括教室建设、师生宿舍建设。根据不同区域反映的具体情况来看，教室、师生宿舍的数量基本能够保证，有的教学点还有空余；然而，值得注意的是，无论是哪一类房屋的硬件配置都过于简化，有的教学点教室的桌椅板凳过于陈旧，有的教学点房屋建设较为简陋。教学点信息化基础设施建设方面同样参差不齐，有的学校已经加入了"薄改"计划，有的教学点还是"农远工程"模式（关于"农远工程"模式详见 26 页）一，有的至今未列入任何信息化项目；另外，在宽带接入方面，由于部分地区教学点本身网络条件不具备，另一部分的"薄改"计划是去年下半年才开始实施，部分教育局还持观望态度，这些都导致了很多教学点未能接入宽带。以上这些情况都充分说明教学点基础设施建设不均衡现象显著，所配备的信息化设备仍然难以满足教育教学应用的需求。

第三节   农村教学点问题解决的路径探讨

目前，教育资源分配不均、学校硬件设施和师资力量存在差异等仍然是影响

我国基础教育均衡发展的关键问题，而由于农村教学点和薄弱学校师资短缺导致的开不齐课、开不好课等问题则是其中的重点和难点问题。技术的不断发展与教育信息化的逐步深入加大了城乡教育之间的差距，为基础教育均衡发展提出了新难题和挑战，同时带来了难得的机遇。因此，充分利用信息技术促进优质教育资源的共建共享，使边远地区的孩子共享优质教育服务，成为教育改革和转型的关键时期实现教育公平并从整体上提升教育质量的关键。为此，教育部实施了"教学点数字教育资源全覆盖"项目，即通过配送优质数字教育资源，实现利用信息技术帮助教学点开好国家规定课程，提高教育质量，促进基础教育均衡发展。但是总体来说，数字教育资源全覆盖将优质数字教育资源输送到教学点，促进了教学点开齐课，而如何改变教学点师资不足、家庭教育缺失等问题，从根本上促进教学点教育质量的提升，仍然是目前基础教育优质均衡发展的关键任务。

一、我国目前在解决基础教育均衡发展问题方面的主要措施

信息化的深入不仅改变了人们的生活，也给教育领域带来了巨大的变化，使教育资源的形式更加多样，促进了教与学方式的变革，促进了优质数字教育资源的共建共享，同样也为偏远地区获取优质资源创造了条件。但是，由于偏远农村地区经济发展状况、地方财政等方面的因素限制，农村基础设施落后，信息化推进困难，教学水平提高也受到阻碍。为此，国家采取了一系列措施改善农村薄弱学校和教学点的基础设施建设，推进农村基础教育信息化，为那里的教师和学生输送优质的数字教育资源，帮助教师更好地开展教育教学活动，不断提高农村偏远地区基础教育的整体水平。

（一）农村中小学现代远程教育工程

农村中小学现代远程教育工程是国家针对农村中小学基础教育相对薄弱的现状而开展的一项具有长远发展意义的重要工程，其目的是通过信息技术手段将优质资源输送到中西部农村偏远地区，促进区域之间、城乡之间、学校之间优质教育资源的共享，不断提升农村中小学的教育水平与教育质量，逐渐缩小教育差距，促进基础教育的均衡发展，努力实现教育公平。

1. 开展背景

我国人口众多、地域广阔，不同地区之间、城乡之间经济发展存在不平衡现象，教育发展也存在很大差异。尤其对中西部地区来说，其地理位置、自然环境、经济条件和交通状况相对较差，教育发展受到很大制约。教育是整个社会的一个重要子系统，因此，实现教育公平对促进整个社会公平的实现具有重要意义。一直以来，国家和各级教育部门都将促进教育资源的均衡配置、推进基础教育均衡发展最终实现教育公平作为重要任务，并采取了一系列措施提高偏远地区薄弱学校的办学水平。尤其是信息技术迅速发展并广泛应用于教育领域之后，教育资源的形式更加多样，资源孤岛逐渐被打破，基于互联网和各类平台的资源共享变得越来越普遍。在这一背景下，受农村经济发展状况、地方财政、教育投入等方面的制约，多数农村薄弱学校仍然将课本与教师讲授作为学生获取知识的唯一途径，制约着教育质量的提升。为了促进城乡之间、区域之间和学校之间优质教育资源的共享，提高农村义务教育质量进而提升我国整体的教育水平，国务院于 2003 年 9 月召开了全国农村教育工作会议，并在下发的《国务院关于进一步加强农村教育工作的决定》中明确提出要实施"农村中小学现代远程教育工程"（简称"农远工程"），促进优质教育资源共享，提高农村地区的教育质量。

2. 具体措施

"农远工程"计划投资近百亿元资金，争取在 5 年左右的时间为全国约 11 万个农村教学点配备教学光盘播放设备和成套教学光盘，向这些教学点的约 510 万山村小学生提供优质教学资源，解决师资短缺和教学质量不高的问题；使全国 38.4 万所农村小学初步建成卫星教学收视点，基本满足农村 8142 万名小学生对优质教育教学资源的需求；使全国 3.75 万所农村初中基本具备计算机教室，使 3109 万名农村初中在校生能够逐步与城镇初中生一样，享受优质教育教学资源，接受信息技术教育。[①]这也是"农远工程"的三种模式，具体措施为：①教学光盘播放点，即对农村学校布局需要明确保留的教学点配备 34 寸彩色电视机、DVD 播放机和成套教学光盘，通过播放教学光盘对那里的学生进行授课。②卫星教学收视点，为乡镇中心小学和乡村完全小学配备卫星接收系统、电视机、计算机、DVD 播放机和 1～6 年级所需的教学光盘，实现基于中国教育卫星宽带的

---

① 王继新. 黄涛. "农远工程"百校五年发展状况调查与绩效研究[M] 武汉：华中师范大学出版社，2014：1.

大量优质资源快速传输，帮助农村乡村学校获取更多的优质资源，不断提高教学效果。③计算机教室，为农村初级中学配备卫星接收系统、教学光盘播放设备、网络计算机教室和多媒体教室，为学生提供进行网络环境下学习所需支持。其中，模式二具备模式一的功能，模式三则具备模式一和模式二的所有功能。

3. 实施效果

为保证"农远工程"的顺利有效实施，教育部、国家发展和改革委、财政部成立了专门的"农村中小学现代远程教育工程部际协调小组"，研究制定试点工作的规划和实施方案并对相关工作进行部署、实施和监督。各省（自治州、直辖市）、市（州）也成立了相应的工作小组实施和监督工程的实施。同时，相关部门在各地区进行了省、市、县和学校四季培训，以满足"农远工程"对教学实施人员和设备管理人员的要求，提高"农远工程"对教学效果的改进作用。此外，为提供更加多样化的优质资源，教育部和文化部还联合推进了"全国文化信息共享工程"，将大量爱国主义教育影片、电子图书、文艺戏剧节目等资源以卫星播放和光盘等形式传播到农村。经过五年来国家和各级政府的共同努力，"农远工程"效果显著，农村地区薄弱学校的基础设施建设得到很大改善，课堂教学资源更加丰富，教学形式更加多样化，在转变教学方式和提高教学质量上取得了重大突破。但是，"农远工程"在实施过程中也遇到了一些问题，比如需要充分发挥学校的监管与激励作用，需加强培训工作的针对性、层次性和可操作性，拓宽工程支持资金的来源渠道，充分利用各种资源建立与区域、学校相适应的本土化资源等，从而使"农远工程"更好地惠及广大乡镇和农村学校（教学点），不断提升我国基础教育的整体水平。

（二）教学点数字教育资源全覆盖

教学点作为保证偏远农村地区适龄儿童就近入学的重要组织机构，是我国基础教育的重要组成部分，但是这些教学点多分布在大山深处、戈壁、海岛、草原等交通不便、地理环境相对恶劣的地方，办学条件相对落后，师资力量薄弱，因此成为我国基础教育发展最为薄弱的环节，一直牵动着国家和社会各界的心。信息技术的发展与教育信息化的推进为帮助农村教学点改进现有教育教学水平提供了难得的机遇，使这些位于偏远地区的小规模学校获得优质数字教育资源成为可能。

1. 实施背景

教育信息化的深入使不同地区进行教育教学资源的共建共享成为可能，这也为改进农村教学点教学水平落后、优质师资不足、教学资源短缺的现状创造了条件。因此，为促进区域、城乡、校际优质教育资源共享，实现基础教育均衡发展，教育部积极贯彻落实党的十八大精神和全国教育信息化工作电视电话会议精神，并根据《国务院办公厅关于规范农村义务教育学校布局调整的意见》和《教育部等九部门关于加快推进教育信息化当前几项重点工作的通知》要求组织制定了"教学点数字教育资源全覆盖"启动实施方案并全面进行了实施。该项目的主要目标是在 2012 年和 2013 年两年为农村义务教育学校布局调整中确定需要保留和恢复的教学点配备数字教育资源接收和播放设备，配送优质数字教育资源，并以县域为单位的同时发挥中心学校的作用，组织教学点有效利用资源开展教育教学活动，通过信息技术帮助农村教学点开齐、开好国家规定课程，使农村偏远地区儿童能够就近接受良好教育，促进城乡之间、区域之间、学校之间教育均衡发展，从整体上提高我国基础教育的质量。①

2. 具体措施

"教学点数字教育资源全覆盖"项目以开齐、开好国家规定的课程为目标，支持各地农村教学点建设硬件基础设施以接收数字教育资源并开展教学，然后通过卫星传输方式将优质数字教育资源输送到教学点。条件较好的地区可以在中央支持的基础上进一步增加投入以提高设备和资源应用水平。具备网络接入点条件的地区可以针对当地留守儿童家庭教育与亲情关照需要配备摄像头，并利用网络建立亲子热线，帮助他们实现与外出打工父母之间的面对面交流，促进农村留守儿童的身心健康成长。为保证项目的顺利实施，教育部负责对项目进行统筹协调并制定总体推进方案，安排项目实施进度，对整个项目的执行过程进行实时指导和监督检查；各省（市、区、县）则需要依据项目总体方案并针对本区域的现状及教育发展需要制定具体的实施方案并展开相关工作，包括统一组织相关硬件基础设施建设工作、组织教学点教师进行信息技术应用能力培训、提供适合区域内教学点实际需要的数字教育资源、组织技术人员做好基础设施的后期管理与维护工作等。项目技术方案中明确指出，要考虑农村教学点的经济条件、设备的维护

---

① 教育部. 教育部关于全面启动实施"教学点数字教育资源全覆盖"项目的通知[EB/OL].（2012-11-19）[2017-03-11] http://www.moe.gov.cn/srcsite/A16/s3342/201211/t20121119_144800.html.

与管理以及教师信息技术应用水平等方面，遵循易用性与实用性相结合、稳定性与安全性相结合以及标准化与可扩展性相结合等原则建设，①同时，为保证数字教育资源的有效利用，教育部专门组建了"教学点专题网站"和呼叫中心热线电话，为教学点老师提供在线咨询和答疑，帮助他们更好地应用数字教育资源开展教育教学工作。

3. 实施效果

教学点数字教育资源全覆盖项目自 2012 年 11 月启动至 2014 年 1 月底仅一年多的时间里，除西部地区部分教学点因电力保障不足、教学点迁移调整等原因暂未实施外，全国 5.8 万个实施项目的教学点中已有 5.78 万个完成设计招标工作，5.17 万个教学点完成了设备的安装与调试，实现了利用卫星或网络接收并应用数字教育资源的目标。②2014 年 11 月，全国 6.36 万个教学点完成了"教学点数字教育资源全覆盖"项目建设任务，实现设备配备、资源配送和教学应用的"三到位"。③在基础设施建设完成之后，项目的重点转向数字教育资源在教学点的有效应用以提高其教育教学质量。目前，"教学点数字教育资源全覆盖"项目在继续推进，即保证通过卫星和互联网等方式持续为农村教学点提供优质数字教育资源。总体来说，"教学点数字教育资源全覆盖"项目在推动农村教学点信息化建设的基础上实现了区域、城乡、学校之间优质数字教育资源的共享，在帮助教学点提高教育教学水平进而促进我国基础教育均衡发展上发挥着巨大作用。

二、"互联网+"教学点：技术促进区域基础教育优质均衡发展

教学点作为我国农村教育的重要组成部分一直是基础教育均衡发展过程中的重点和难点。为从整体上提升我国基础教育质量，国家和各级政府采取了包括农村中小学现代远程教育工程、教学点数字教育资源全覆盖项目等措施，在很大程度上促进了优质教育教学资源向农村教学点的输送，改善了教学点的教育教学水平和教学质量。但要真正解决农村教学点问题还有很长的一段路要走，尤其是真正解决师资短缺这一制约教学点教育教学质量提升的根本问题。

---

① "教学点数字教育资源全覆盖"项目技术方案（基本方案）[EB/OL].（2013-06-19）[2017-03-11] http://jxd.eduyun.cn/cms/jxds/xmdt/20130619/343.html.

② 教育. 全国 5.78 万个教学点享受优质教育资源[EB/OL].（2014-03-06）[2017-03-11] http://jxd.eduyun.cn/cms/jxds/xmdt/20140306/513.html.

③ 赵秀红. 全国 6.4 万个教学点数字教育资源全覆盖[N]. 中国教育报，2015-03-25，004.

（一）优质均衡：优质师资成为提升教学点教育教学质量的根本

基础教育均衡发展是一个漫长循序渐进的过程。尤其对于地理位置、自然环境、交通条件等方面相对恶劣的农村教学点来说更是如此。教学点是经过地方经济发展情况和教育教学需要逐渐形成的，其发展受硬件设施建设、师资队伍、经费投入、管理制度以及本身所处地理位置等方面的影响和限制，因此很难通过短时间的建设工程完全达到其他普通学校的水平，这也决定了农村教学点发展及整个基础教育均衡发展过程的长期性。在这一过程中，我们需要针对不同阶段的需要进行不断探索，逐步提升我国基础教育的整体水平。首先，基础教育均衡需要达到的是权利的均衡，即实行九年义务教育，让处于不同地区的适龄儿童都能得到平等的受教育机会，实现人人有权利、有机会接受基础教育，这是基础教育均衡发展的第一阶段。在这一阶段中，农村教学点起到了关键性的作用。其次，地方本身的地理位置和经济发展水平会对教育造成很大影响，这也就导致区域、城乡、学校之间的必然差异。因此，每一位儿童在平等地获得受教育机会之后，需要考虑资源均衡的问题，这也是解决由择校难、名校热导致的城镇学校"超大规模""超大班额"及农村学校规模缩小、合并、撤销问题的关键，农村现代远教育工程、教学点数字教育资源全覆盖项目等就是这一阶段的重要举措。不可否认，优质的教育资源会在很大程度上提升教学点的教育质量，却不能成为改进教育质量的充分条件，基础教育均衡发展的最终目的是促进教育教学质量的均衡，实现不同地区、学校儿童的全面健康成长。

在基本实现优质数字教育资源面向偏远农村教学点共享的今天，要促进更高水平的均衡就必须考虑优质师资短缺这一制约教学点发展的根本性问题。原因在于，虽然优质的数字教育资源可以帮助教学点开齐国家规定的相关课程，但对学科教学素养普遍偏低（尤其是英语、美术、音乐等薄弱学科）的农村教学点来说，仅靠优质的数字教育资源是不能从根本上解决问题的。因此，要解决农村教学点问题，归根结底需要解决优质师资短缺的问题。一方面，在农村教学点没有能力开设的课程上，仅靠播放数字教育资源虽然能够开齐课，但是离达到开好课的目标存在很大差距；另一方面，多数农村教学点虽然在国家和地方政府的资助下基本完成了信息化基础设施的建设和教师信息技术培训，但教师整体信息化水平普遍较低，在利用信息化设备上仍然存在很大困难，时间长了就会导致信息化教学设备限制或教学效果难以彰显。因此，在基本实现权利均衡和教学资源均衡的今天，要真正促进教育教学质量的均衡提升，最终实现我国基础教育的优质均衡发展，仍然有很长的一段路要走，其关键就是优质师资短缺这一根本性问题的解决。

（二）"互联网+"教学点：促进城乡优质师资共享

农村中小学现代远程教育工程、教学点数字教育资源全覆盖项目等虽然能够基本实现优质数字教育资源向农村教学点的输送，在很大程度上提升教学点教学质量，但并没有从根本上解决其优质师资不足的问题。近年来，城市教师下乡支教、特岗教师计划等举措虽然也在一定程度上缓解了教学点师资短缺问题，但是由于其相对不佳的现实条件，往往很难保证这些教师长期留在教学点进行授课。面对复杂的现实状况，基础教育优质均衡发展的突破口究竟在哪里值得每一个人考虑。实际上，在各项新兴技术得到迅速发展并在教育领域广泛应用的今天，我们能够通过信息技术和网络技术等手段实现区域、城乡、学校之间优质数字教育资源的共享，那能否实现优质师资的共享呢？

1）通过互联网促进城乡互联，实现城市学校优质师资面向教学点共享。师资短缺一直是制约农村教学点教育质量提升的瓶颈，也是最难解决的问题。在过去一段时间内，有些地区尝试通过鼓励城镇教师通过"走教"的方式定时进入农村教学点帮助他们开展薄弱课程的教学活动，但是由于交通、天气等客观原因及其他主观原因很难长期维持稳定。在目前实现优质数字教育资源面向教学点共享的今天，基于互联网的同步互动直播技术逐渐成为现实，视频会议系统也进入普遍应用阶段，我们可以尝试通过互联网实现城市学校与农村教学点的互联互通，即通过光纤接入和直录播、互动服务中心设备等基础设施的建设实现异地不同班级的互联，使城市学校优秀教师可以同时面对中心校学生和教学点学生上课，这样可以实现城乡优质数字教育资源的共享，最主要的是为教学点学生提供了面对面接受教育的机会，他们不仅可以接收中心校老师的教学信息，还能够与老师和中心校的同学进行实时沟通和交流，真正实现城乡学生同上一堂课。与原来英语、音乐、美术等薄弱课程中教学点老师单纯播放数字教育资源的单一形式相比，城乡课堂的实时互联可以帮助教学点学生在学习过程中与老师进行实时互动，不仅可以提高他们的学习积极性，还可以提高他们的注意力，从而改进教学效果。

2）通过城乡互联促进城乡教师、学生的相互交流与共同成长。利用互联网实现城市中心校与农村教学点最终目的，而是促进农村教学点教师的专业发展和教育教学水平提升。实际上，在教师利用互联网面向城市本地学生和异地教学点学生进行授课的过程中，是需要教学点老师辅助和密切配合的，因此城乡教师之间的实时沟通是必不可少的。在统一组织的短期培训过程中，教师能够获得一定的理论知识和操作技能，但真正实现这些所学内容的有效应用还需要教师在实际教育教学过程中进行不断摸索。对于本身就缺乏足够培训机会的教学点教师来说，在缺乏足够指导的情况下很难将所学内容有效应用于改进教育教学的实践当中。城市中心校长期面向教学点开展教学活动则为教学点教师在亲身参与中获取大量隐性经验知识创造了难得的机会，使他们能够在观摩、参与及其与主讲老师的交流讨论中不断提高自身的教育教学技能。同时，对于学生来说，城乡异地班级的互联互通还可以实现城乡学生之间的互动，帮助教学点学生交到城里的朋友，不仅可以提高他们的学习兴趣，同时在与城市学生的交流过程中，教学点学生也可以学到更多知识，进而促进他们的身心健康成长。

基础教育均衡发展是一个需要经历多阶段的漫长过程，权力均衡和优质数字教育资源的均衡是基础，其最终目标是教育教学质量的整体提升。面对教学点自身地理位置、经济状况、教育投入等方面的限制，我们可以考虑运用"互联网+"的思维实现技术支持下城市学校优质师资面向教学点的共享，在城乡课堂的互联互通中帮助教学点学生提高学习效果，同时促进城乡教师之间、学生之间的及时沟通与相互学习，进而在长时间的教学活动中帮助农村教学点教师实现自身的专业发展，并不断提升教学点的教育教学质量。

第二章　垄上数字学校建设构想

如何帮助农村教学点和薄弱学校开齐、开好国家规定课程，从整体上促进区域义务教育均衡发展，一直都是教育领域的重点研究课题。这其中，解决教学点由于师资短缺导致的开不齐课、开不好课问题成为关键。在"互联网+"逐步促进各行各业深入变革的今天，我们可以尝试利用技术手段来实现城乡的互联，在现有实体教学点和城市中心学校的基础上通过建立数字学校来实现虚实的有机结合，促进城市优质师资向教学点的引入，解决农村教学点师资不足的问题，帮助教学点和薄弱学校开齐、开好国家规定课程。同时，通过数字学校帮助城乡教师和城乡学生之间建立牵手关系，促进他们共同成长。此外，还可以通过数字学校实现学校与家庭的互联，促进家庭教育与学校教育的有机结合。因此，数字学校应该从学校、教师、学生、家长等多个层面展开探索，帮助教学点不断提升教育教学质量，真正促进区域内基础教育的优质均衡发展。

第一节　垄上数字学校的整体构想

要解决目前新农村基础教育面临的问题，就应该让处于不同层次和不同群体的儿童都能平等地享有接受优质教育资源的机会，真正实现教育公平。[①]因此，面对农村优质师资短缺的现状，通过教学模式与方法创新、全媒体适切性资源建设等方面的探索来寻找信息化促进农村教学点开齐课、开好课的有效方法，从根本上解决义务教育均衡发展问题，是解决城乡义务教育失衡的有效途径，同时也是促进基础教育优质均衡发展的关键。为此，垄上数字学校以通过互联网手段促

---

① 陈海东. 信息技术促进教育优质均衡发展：内涵、案例与对策[J]. 中国电化教育，2010（12）：35-38.

进虚拟学校与实体学校有机结合构想实现的第一步就是要进行体制机制的创新，保障数字学校的正常运行与作用的有效发挥；在此基础上探索适合城乡同步互联需要的教学模式与方法，建设适合区域教育教学需要的全媒体适切性资源，并加强城乡师生、生生的牵手和家校亲子桥的建设，从多个层面促进教学点教育教学水平的整体提升，促进教学点学生的全面健康成长。

一、整体架构：虚实结合的数字学校构想

垄上数字学校建设的总体目标是以信息技术为支撑，实现城市优秀教师面向教学点开展全科教学，实现城乡学生同上一节课，保证偏远农村地区的孩子能够共享优质的教育服务。因此，我们以一个城市学校为中心，带动周围 M（1~3）个教学点，形成一个教学共同体。在一个教学共同体内，中心校主讲教师可以同时面向本地学生及其对接教学点学生进行上课，并实现本地与异地师生、生生之间的互动。从教师层面来说，城市中心校教师和农村教学点教师也可以通过线上、线下两种方式进行实时沟通，以促进其共同发展。一个区域内的 N 个教学共同体构成一所数字学校。在这里，并不是教学点所有的课程都是由中心校的老师讲授的，而是采取多媒体课堂教学、同步互动混合课堂和同步互动专递课堂有机结合的方式，即本地实体课堂教学与异地虚拟课堂教学的双轨并进，因此可以称之为双轨数字学校。

二、独立建制和分层管理的体制创新

垄上数字学校作为一所由地方政府和教育主管部门建立和管理的虚实结合学校，采取独立建制和分层管理的方式，摒弃了常规数字学校和传统学校的建设与管理模式。在这里，理事会是决策层，具体的管理职能则由校长执行。同时，数字学校设有 5 个部门分别管理学校内部的不同事务，具体如图 2-1 所示。

（一）教务管理部

教务管理部主要负责管理，以及教学设备的使用和维护。职位设置包括教务管理办公室主任和一般工作人员。其中，教育管理办公室主任可以由区域教育管理人员或信息化管理人员兼任，一般工作人员则可以选择区域信息化办公室、教研室或电教办的人员兼任。

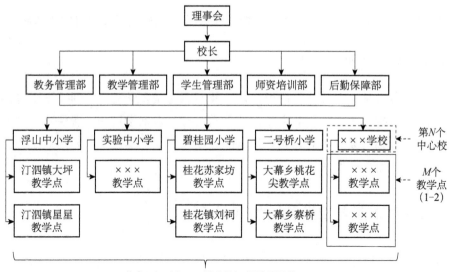

图 2-1 垄上数字学校的整体架构

（二）教学管理部

教学管理部主要负责学校的教学应用与评估工作，如课程设置、课表安排、教师教学组织、课程资源的开发、教师教学考核等。该部门主要设教学管理部主任和一般工作人员。其中，主任一般由区域教育局领导人员兼任，一般工作人员可以由中心校的校长和各教学点的负责人或优秀教师兼任。

（三）学生管理部

学生管理部主要负责数字学校的学生管理工作，如学生学习管理、学生成长记录、贫困生资助和学业评价等。该部门设主任和一般工作人员。其中，主任由区域教育管理人员兼任，一般工作人员负责学校（教学点）学生的具体管理工作，由中心校或教学点的教师负责。

（四）师资培训部

师资培训部主要负责对数字学校内中心校和教学点的教师进行设备使用、教学应用的培训。该部门的设置是保证日常教学有效开展并不断提升城乡教师信息化教学能力的关键。设置的职务包括主任和一般工作人员，其中，主任负责所有教师培训或相关工作的整体规划，一般工作人员则负责教师具体问题的解决。

（五）后勤保障部

后勤保障部是垄上数字学校保持常态并不断为城乡学校、教师、学生提供服务的前提和基础，主要负责数字学校的正常运行，包括学校的经费保障、技术支持等。中心校则需要承担对相应教学点的直播与互动教学任务，并与教学点共同负责具体运行和管理工作。

三、多方协同与应用导向的机制创新

为保证垄上数字学校日常教学、学习、教研、管理等各项工作的顺利进行，不仅需要体制创新，还需要机制创新作为保障。

（一）协同创新机制

要充分发挥政府、企业、高校和中小学等不同部门的优势力量，建立"政府为主导，师范院校、企业、运营商共同参与"的协同创新机制，形成政府投入与企业建设运营相结合、高等师范教育与一线教学融合、网络教学与日常教学融合、网络信息化服务与课堂服务融合的具体机制，为教育信息化提供良好环境，以实现数字化资源在教学点的高度共享和优质教学信息的高效流动。

（二）应用导向机制

充分利用信息技术并整合教育产业、科研力量，以区域义务教育优质均衡发展需求为基准，紧紧围绕教学点"开齐课、开好课"所需要的服务开展各种教学应用的设计与开发。

（三）技术支持机制

良好的技术支持是保证同步互动混合课堂、同步互动专递课堂、多媒体课堂等教学活动正常进行的前提和基础。因此，数字学校还需要形成完善的技术支持机制，即整合现有市场力量做好硬件维护、软件使用和网络通信技术等方面的服务工作。

第二节　垄上数字学校建设的理论基础与技术支持

作为探索以技术手段帮助实现区域基础教育均衡发展的垄上数字学校，不仅需要考虑优质数字教育资源的共享，更重要的是通过互联网等技术实现城乡之间的互联互通，真正将城市学校优质师资引入农村教学点，进而帮助教学点开齐、开好国家规定课程。这一过程不仅需要双轨教学论、非线性学习理论和实践共同体等理论的支撑，还需要大规模并发状态下的云计算技术、云视频技术和数据挖掘技术等技术层面的支持。

一、垄上数字学校的理论基础

垄上数字学校的建设是以在信息技术迅速发展并广泛应用于教育领域的背景下为探索利用技术手段帮助教学点开齐、开好国家规定课程为目的展开的，其最终目标是实现区域基础教育的优质均衡发展。在这一过程中，平台的整体架构、教育教学资源的设计、教育教学模式的创新等都是以一定理论为支撑的，其中主要包括双轨教学理论、非线性学习理论、实践共同体理论等。

（一）双轨教学理论

在传统的教育教学实践当中，教学的主要方面基本上是围绕着教师、课堂和书本这三个中心展开的。但是，近年来随着信息技术在教育教学中的深入应用及人们教育教学观念的转变，传统以教师、课堂和书本为中心的观点逐渐被"以经验为中心、以活动为中心、以学生为中心"的新"三个中心"所取代。当前人们越来越关注发生在课堂以外的教育教学活动，越来越强调除教材以外的其他数字化学习资源对学习者的重要意义。这其中，人们对教师、学生、媒体、环境之间相互关系的认识也在发生变化，双轨教学就是在这一背景下为研究信息化环境下教学关系、师生关系、教的技术与学的技术之间的关系等进行新的理论探究与实践的活动，以探究信息化环境下帮助学习者达到最佳学习状态的有效途径。双轨教学理论主要包括三个方面。①教与学的关系。双轨教学试图从对象性活动理论和意义活动理论的辩证统一出发来探讨教与学的关系，认为教学活动是以教与学之间的"对话"为基础的，教师的价值引导和学生的自主建构是辩证统一的关系。②教学过程中的师生关系。双轨教学主张将教与学视为一种以意义建构和生成为目标的"对话"，这也促进了一种新的师生关系的建立，即强调教师和学生之间的民主、平等和情感交融，是一种"我"与"你"的平等对话关系，而不再是教师与学生之间的"主导"与"主体"关系。③教的技术与学的技术之间的关系。从传统的以教为中心转向以学为中心，使得作为"教的技术"的教育技术逐渐开始向"学的技术"转变。①

在双轨教学中，教与学之间是相互作用的对话关系，教师与学生之间也是一种平等的对话关系，为之提供支持的教育、技术与空间之间的交互关系更为错综复杂。在这里，与学习者获取知识相关的教学空间、学习空间、生活空间及教育机构之间存在的关联、相交和相互影响的关系。在支持学习者学习的教学、空间和技术这三个关键维度对双轨教学中的空间环境进行考察的过程中，始终是以学习者的中心地位为基础的。也就是说，学习空间的设计需要关注的重点是促进学习者的创造性学习。与传统的接受式学习相比，双轨教学更加强调平等的交互。垄上数字学校建设的一个核心目标就是将城市学校的优质师资引入教学点，实现城乡班级同上一节课。但是，这不仅仅是城市中心校教师直接全盘代替农村教学点的师资，也不仅仅是农村教学点的学生直接听取教学点老师的授课内容，而需要在资源、空间的支持下实现城乡学校的密切配合、城乡教师的平等对话及异地学生与主讲教师之间的实时交互。因此，这一平台并不仅仅是为教师和学生提供优质的数字资源并实现城市中心校向教学点的引入，更重要的是构建实时的交互空间，实现城乡教师、学生之间基于平台的实时互动与平等对话。

（二）非线性学习理论

教育作为一个社会子系统，教育教学活动的理念、内容与方式反映着浓厚的社会背景和人类生产生活方式。近代以来的课程设置与教学安排是近代科学的机械论和工业大生产作用下的产物，因此具有典型的时代特色。在这种传统的工业流水线生产观念影响下，教育教学成为一个严密的逻辑推理和演绎叙述过程，它

---

① 杨宗凯，刘三娅. 双轨教学论：数字化环境下的教育教学创新研究[M]. 北京：高等教育出版社，2014：2-12.

由简单到复杂，由低级到高级，环环相扣，呈线性展开，具有显著的工业流水线式的线性化和标准化特点。[①]但是，随着信息技术、网络技术、移动技术等新兴技术的迅速发展，人们的工作方式、生活方式和学习方式也在发生变化。对伴随各类移动设备成长起来的儿童来说更是如此。他们喜欢通过移动设备及其各类应用程序进行交互，浏览学习内容，通过多种途径获取多样化的学习内容，而不仅仅是教师的课堂讲授与教材知识。同时，他们随时随地针对自己的需要进行学习的现象也变得越来越普遍，而不仅限于教师的课堂顺序性讲授，具有典型的非线性特点。实际上，学习并不是一个绝对封闭、线性和可预测的确定性系统，具有高度的复杂性、个性化、动态性和非线性等特点。从这一层面来说，绝对意义上的线性学习是不存在的，尤其是在新兴技术迅速发展并得到广泛应用的今天，学习的这种非线性和复杂性变得更为明显。

非线性学习是以非线性科学的思想为指导，以教育认知与神经科学为基石，以现代信息科学与技术为支撑，以复杂领域知识的习得为主要目标的一种新型学习形态。它的特点主要体现在五个方面：①学习时间的碎片性。传统以教师、课堂和书本为中心的授课具有时间上的统一性和集中性，导致学生一般只能在规定的时间进行学习。非线性学习则强调学习的高度个性化和碎片化，即主张打破传统学习实践的线性特征，让学习者从自身实际出发随时随地展开学习。②学习空间的多样性。新兴技术迅速应用为学习营造了一个具有高度整合性的全新空间，实现了虚拟和现实两个世界的融通，尤其是以非线性方式呈现信息的超媒体技术更为学习者自定步调、自选学习内容与形式进行个性化学习创造了条件。③学习内容的离散性。与传统情况下学习内容严格按照教学大纲和教材进行顺序呈现的做法不同，非线性学习强调学习内容在整个学习空间与知识空间中的分布式特征，强调学习者对内容选择的自主性与灵活性，他们可从任意一点进入这些内容并展开学习。④拖拉式的信息传递。它是指与教师讲解、学生被动接受的传统教学相比，更加强调学习者利用信息技术手段对学习内容的主动获取，这是一种拖拉式的信息传递过程。⑤知识建构的主动性。与基于行为主义的传统教学所重视的对学习内容的机械重复和强化训练不同，基于建构主义理论的非线性学习更加重视学习者内部心理过程的主动建构。[②]在这一现实背景下，搭建基于云计算、云存储的泛在化教学与学习平台显得尤为重要。在这

① 王继新. 非线性学习：数字化时代的学习创新[M]. 北京：高等教育出版社，2012：1-2.

② 王继新. 非线性学习：数字化时代的学习创新[M]. 北京：高等教育出版社，2012：2-3.

一现实情况与理论支持下，垄上数字学校应该充分考虑新时期教师教学和学生学习的实际需要，建设真正适合当前教育理念和教育教学的泛在化、非线性教学与学习平台。

（三）实践共同体理论

实践共同体是将拥有相似经验、相同兴趣爱好和共同目标追求的多个个体或集体组合在一起进行活动，使他们在活动参与中实现个体知识和共同体知识的建构，促进他们隐性经验知识的习得。[①]实际上，由德国社会学家、哲学家滕尼斯（Ferdinand Tonnies）于 1887 年在《共同体与社会》中首次将共同体的概念引入社会学领域，以此来强调人与人之间共同的精神意识、紧密关系以及对"共同体"的归属感和认同感。[②]后来，杜威将"共同体"的概念引入教育领域，并在其《民主主义与教育》一书中指出了共同体内部的共同了解，包括目的、知识、希望和信仰等。1991 年，莱芙（Jean Lave）和温格（Etienne Wenger）在《情境学习：合法的边缘性参与》（*Situated Learning：Legitimate Peripheral Participation*）中首次提出了"实践共同体"概念，用以表达"基于认识的社会结构"[③]。1998年，Wenger 在《实践共同体：学习、意义和身份》（*Communities of Practice：Learning，Meaning and Identity*）一书中对这一概念又进行了详细阐述，强调了合作学习与知识共享的重要意义，并对其关于实践共同体的理解进行了阐述，即"包含了一系列个体共享的、相互明确的实践和信念以及对长时间追求共同利益的理解[④]"。总体来说，作为一种社会实践性的理论，实践共同体注重让多个个体在系统化的活动参与和问题解决中实现对相关内容的认识、理解与共享。因此，它不仅仅是多个个体为某个目标而简单组织起来解决问题即解散的，更为重要的是他们在共同的活动参与和问题解决中逐渐获得身份认同，从合法的边缘性参与者逐渐向核心的活动主导者转变，进而在协商与合作中获得知识并促进探究活动的逐步深入。

---

① Stamps D. Communities of practice：learning is social，training is irrelevant? [J]. Training，1997，34（2）：39.

② 郑葳，李芒. 学习共同体及其生成[J]. 当代教育科学，2007，36（4）：57-62.

③ J. 莱夫 E. 温格. 情境学习：合法的边缘性参与[M]. 王文静译，上海：华东师大出版社，2004：1-3.

④ Wenger E. Communities of Practice：Learning，Meaning，and Identity [M]. New York：Cambridge University Press，1998.

实践共同体的特点主要体现在三个方面。①共同体内部成员拥有共同的目标和愿景，这是共同体组建的前提和基础，同时也是保证共同体活动顺利开展和不断发展的关键。②以真实的问题解决为基础，即将知识的习得与能力的发展与个体的实践活动紧密结合，使他们在问题解决的亲身参与中不断提高问题解决能力而不仅仅是积累知识。③个体在真实的活动参与中逐渐获得身份认同，即让个体在活动参与中找到自己在共同体中的关键位置与作用，从而将边缘的参与者逐渐向核心的主导者转变，不断提升共同体的凝聚力与向心力，促进共同体活动的深入有效开展。实际上，垄上数字学校的建设表面上是将城市的优秀师资引入农村教学点，帮助那里开齐、开好国家规定课程，但更重要的是建立城市中心学校和教学点之间的共同体，使他们为实现区域基础教育质量提升这一共同目标而共同探索。这其中，以同步课堂为单位的城市中心校和农村教学点组成一个共同体，他们为提高同步课堂效果这一目标而不断进行实践探索。在共同体活动的开展过程中，城市中心学校和农村教学点的教育领导者与一线教师会针对课堂教学的需要进行实时沟通，以解决课堂教学中遇到的各种问题，逐渐提高教学效果，真正帮助教学点开齐、开好国家规定课程，进而促进区域内基础教育质量的整体提升。

二、垄上数字学校的技术支持

垄上数字学校主要是依托信息技术手段聚合优质教师资源和数字化信息资源，实现城乡学校的互联和区域内优质数字教育资源的适配推送，从而为城乡教师、学生的教学、学习、科研、管理等活动提供有效支持，这其中需要的关键支持技术主要包括云视频技术、大规模并发状态下的云计算技术、数据挖掘技术和适配推送技术等。

（一）大规模并发状态下的云计算技术

近年来，随着社交网络、电子商务、在线视频等新一代大规模互联网技术的迅速发展和广泛应用，其数据存储量大、业务增长速度快等特点为信息处理和软硬件维护带来了很大挑战。在这一现实需求下，谷歌、亚马逊等公司于 2006 年提出了"云计算"的构想，以期利用互联网实现随时随地、按需、便捷地访问共享资源。作为信息产业的巨大创新思路和成果，云计算模式一经提出就得到了工商界和学术界的热切关注。总体来说，云计算在借鉴传统分布式计算思想的基础上，采用计算机集群构成数据中心，并以服务的形式交付给用户，使他们可以按需购买云计算资源。相比之下，云计算更加强调大规模资源池的分享，即通过分享提高资源重复率并利用规模经济降低运行成本。[①]总体来说，云计算融合并发展了分布式计算、互联网技术、大规模资源管理等技术，具备弹性服务、资源池化、按需服务、服务可计费和泛在接入等特点，为用户随时随地获取所需资源提供了便利。

为维持垄上数字学校大量用户同时访问，需要对系统性能提出很高的要求。如果通过提升硬件和软件的吞吐量来维持和改善系统的性能，遇到诸多并发用户时就会出现问题。因此，需要保证系统具备灵活的扩展性能，即易于扩展。在云环境中，这样的可扩展性通常是通过两种方式完成的。①纵向扩展，也叫向上扩展，即淘汰已经不能满足需求的硬件设备、采购更高性能的硬件设备，从而提升系统的负载能力，其系统运算能力和实际吞吐量增长如图 2-2 所示。②横向扩展，也叫向外扩展，即采购新的设备并与现有设备仪器提供更强的负载能力，其横向扩展系统运算能力和实际吞吐量增长如图 2-3 所示。整体来说，在云基础架构中，一般请求都不是消耗大量 CPU 资源的任务，因此通过垂直扩展就可以应对很多临时、突发的应用请求高峰。如果需求持续增长就需要水平扩展和负载均衡来恢复并维持峰值时的性能表现。

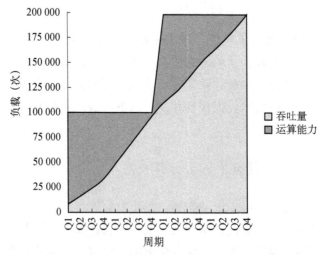

图2-2 向上扩展系统运算能力与实际吞吐量增长图

---

① 罗军舟，金嘉晖，宋爱波，等. 云计算：体系架构与关键技术[J]. 通信学报，2011，32（7）：3-21.

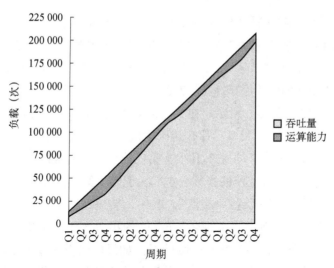

图 2-3　横向扩展系统运算能力与实际吞吐量增长图

（二）云视频技术

云计算作为一种不可阻挡的发展趋势成为基于网络的教育教学活动开展的重要依托，为人们随时随地开展教学与学习活动并进行资源共享创造了条件。但是，随着基于网络的教育教学活动变得越来越普遍，人们的需求越来越多，基于网络的面对面实时交互、数字化资源的实时获取与应用等变得越来越重要，这其中就需要视频服务技术的提升，基于云计算的视频技术的发展与升级也变得越来越迫切。云视频技术是基于云计算技术搭建的视频服务平台，提供包括视频的上传、存储、转码、发布、播放、统计、互动等在内的综合视频应用服务，为用户提供更为便捷、优质的体验。对于垄上数字学校来说，其核心任务是实现城乡之间的互联，这其中包括城乡教师的网络教研、城乡学生的网络交互、城乡课堂的实时对接，都离不开云视频技术的支持。首先，要保证城乡教师之间、学生之间和师生之间的实时互动的顺利展开，需要清晰的视频播放和流畅的多方互动；其次，为满足不同用户在网络条件存在差异的情况下顺利使用平台进行学习，需要提供多种清晰度的视频播放；最后，提供完善的用户播放数据统计服务，以实现基于这一平台的教学、学习行为之大数据分析与精准服务。

为保证城乡教师、学生利用现有网络条件顺利开展教学和学习活动，垄上数字学校教育云平台的建设应该充分利用云视频技术，提供多种清晰度、多种转码率、切片、加密、水印的转码技术。该视频技术提供的视频清晰度类型分为 3

种。①流畅画质，其清晰度分为 240P（240 千字节/秒），360P（440 千字节/秒），480P（640 千字节/秒）3 种；②标准画质，其清晰度分为 360P（440 千字节/秒），480P（640 千字节/秒），720P（1000 千字节/秒）3 种；③精细画质，其清晰度分为 480P（640 千字节/秒），720P（1000 千字节/秒），1080P（1500 千字节/秒）3 种，具体如表 2-1 所示。在进行视频的应用过程中，如果上传的视频分辨率小于第二档分辨率的 85%，那么转码生成即为"标清"；如果上传的视频分辨率大于等于第二档分辨率的 85%且小于第三档分辨率的 85%，那么转码生成即为"标清""高清"；如果上传的视频分辨率大于等于第三档分辨率的 85%，那么转码生成即为"标清""高清""超清"。其中，转码过程中的分辨率比例会根据原视频的比例自动转码为 4：3 或者 16：9 的相应比例。在视频的转码吞吐量上，平台需要根据系统监控获得转码吞吐量，如果转码量超过负载，管理就可以通过增加转码服务器以提高系统的整体处理能力，通过这种设计的教育云平台每天的视频转码率可达到 480G，大大超过单台服务器（CPU 2.4G×20，内存32G，硬盘 500G）的标准每天吞吐量（40G）。同时，云视频转码采用动态码率技术，为之提供一定范围的选择空间，保证视频的画面质量。

表 2-1　云视频转码清晰度

流畅（适合 PPT 讲解）			
清晰度	分辨率	视频码率（千字节/秒）	帧
标清（16：9）	240P（427×240）	240	15
高清（16：9）	360P（640×360）	440	25
超清（16：9）	480P（853×480）	640	25
标清（4：3）	240P（320×240）	240	15
高清（4：3）	360P（480×360）	440	25
超清（4：3）	480P（640×480）	640	25
标准（适合屏幕录制、摄像头拍摄）			
清晰度	分辨率	视频码率（千字节/秒）	帧
标清（16：9）	360P（640×360）	440	25
高清（16：9）	480P（853×480）	640	25
超清（16：9）	720P（1280×720）	1 000	25
标清（4：3）	360P（480×360）	440	25
高清（4：3）	480P（640×480）	640	25
超清（4：3）	720P（960×720）	1 000	25

续表

精细（适合动态电影）			
清晰度	分辨率	视频码率（千字节/秒）	帧
标清（16∶9）	480P（853×480）	640	25
高清（16∶9）	720P（1280×720）	1 000	25
超清（16∶9）	1080P（1920×1080）	1 500	25
标清（4∶3）	480P（640×480）	640	25
高清（4∶3）	720P（960×720）	1 000	25
超清（4∶3）	1080P（1440×1080）	1 500	25

（三）数据挖掘技术

信息时代的到来虽然为人们获取海量资源创造了条件，但也为有效信息的筛选和提取带来了很大困难。同时，对各类平台的后台管理人员及资源与服务的提供者来说，他们面对大量需求各异的用户，也面临着管理和服务方面的巨大压力。在这一背景下，人们迫切希望对海量数据进行实时分析，发现并抓取隐藏在其中的有用信息，进而对其进行深度的分析与有效应用。数据挖掘作为数据库研究中的一个新兴领域，它融合了数据库系统、机器学习、人工智能、模式识别、统计学和数据可视化等领域的理论和技术，[①]实现了从大量、不完全、有噪声、模糊的、随机的大量实际应用数据中提取隐含其中但又具有潜在价值的信息，即实现了数据库中的知识发现。[②]总体来说，数据挖掘的过程一般可以分为五步。第一，数据选择，即在熟悉数据使用领域和价值意义的情况下根据用户要求从数据库中提取与数据挖掘相关的数据。第二，数据的预处理与转换，即从前期抓取的相关数据集合中取出明显错误和冗余的数据，然后将其转换为能够进行数据分析的有效形式。第三，针对数据挖掘的目的和任务要求建立恰当的数据分析模型，然后通过一定方法将其表达为易于理解的形式。第四，模式解释与知识发现，即对发现的模型进行解释和评估，在确定解释的有效性之后对发现的知识进行具体解释。[③]数据挖掘产生于应用，因此应该面向应用。即在进行数据挖掘的第五，应该能够把获取的有价值信息进行应用。

---

① 王光宏，蒋平. 数据挖掘综述[J]. 同济大学学报（自然科学版），2004，32（2）：246-252.

② 化柏林. 数据挖掘与知识发现关系探析[J]. 情报理论与实践，2008，31（4）：507-510.

③ 赵丹群. 数据挖掘：原理、方法及其应用[J]. 现代图书情报技术，2000，16（6）：41-44.

在垄上数字学校的建设过程中，要完成的基本任务是实现城乡之间的互联互通以实现城市中心校优质资源面向农村偏远地区教学点的共享，并通过优质数字教育资源的汇聚与供给帮助中心校和教学点不断提升教学和学习效果。总体来说，该平台需要服务于区域内的大量不同需求的用户，其中包括教育管理者、城乡教师、城乡学生等。同时，在同一类用户当中，由于个体知识基础、教学与学习需求、兴趣爱好等方面的差异，其需求也是不一样的。因此，在提供基本的教学和学习服务基础上，需要平台针对用户需求进行不断优化，不断提升他们的学习与教学体验。首先，对不同等级的教育管理者来说，应该针对他们的管理需要为之提供区域内教学与学习的整体数据和不同类型用户的发展信息；其次，对城乡教师来说，不仅需要针对他们教育教学活动开展的需要为之推送最为匹配的数字化教学资源，还应该通过对他们在线研修或资源检索的过程进行数据挖掘，以了解其对自身专业发展的需求，在此基础上为他们提供相应的支持服务；最后，对学习者来说，应该针对城乡学生的学习过程记录和平台行为信息的挖掘为他们提供精准的学习服务。因此，对垄上数字学校的建设来说，数据挖掘技术的应用不仅可以不断完善平台，更能在用户行为数据抓取与分析的基础上为他们提供精准的服务，进而从教学、学习、科研和管理等方面促进城乡基础教育质量的整体提升。

第三节　垄上数字学校的建设目标与服务对象

垄上数字学校的建设主要是为在原有实体课堂教学的基础上，通过网络互联实现城市学校课堂与农村教学点同年级课堂的同步互联，在城乡教师、教育管理者等相关人员的共同努力下帮助农村教学点开齐、开好国家规定课程。为实现这一目标，垄上数字学校不仅要为城乡教师和学生提供教学与学习活动开展的空间与资源，还需要为相关行政人员和教育管理者提供监督与管理功能，以保证区域内教育教学活动顺利有效开展。

一、垄上数字学校的建设目标与核心任务

垄上数字学校建设的最终目标是帮助教学点开齐、开好国家规定课程，进而

实现区域内基础教育的优质均衡发展。为此，垄上数字学校需要在课堂教学、教师发展和优质资源共享等方面达到相应的目标，即实现城市优质资源面向教学点共享，帮助教学点开齐国家规定课程；组织开展城乡教师研修活动，使他们在长期的经验交流、谈论与问题解决中实现相互学习和共同成长；针对不同教师、学生的用户需求为之推送个性化的数字化学习资源及其他服务，提高他们教学与学习活动的效果。

（一）实现城市优质师资面向教学点的共享

位于偏远地区的农村教学点一般都存在经费支持不够、硬件设施、师资力量不足等问题。总体来说，硬件设施和经费支持等问题在国家和各级政府的高度重视下已经得到很大改善，但是教学点师资短缺问题却一直未能得到根本解决。主要原因在于，教学点多处于偏远农村地区，其地理位置、生活环境、经济条件、发展空间等都相对处于劣势，因此很难留住优秀的师资。这也是导致多年来国家和各级政府采取多项措施鼓励优秀年轻教师深入教学点，但是却没有根本解决这里教师短缺的问题。同时，农村教学点人数相对偏少，如果为一个十余人的班级配备全部课程教师也会造成很大程度的资源浪费。因此，优质师资短缺也成为当前制约其教学质量提升的关键。一方面，教学点本地民办教师和代课教师占了很大比重，教师整体年龄偏大，学历水平与信息技术应用水平不高，参与培训和实现自身专业发展的机会极其有限，这影响了他们的教学效果，尤其是教育信息化逐步深入与教育改革稳步推进的今天，他们的课堂教学也显得更加力不从心；另一方面，教学点师资短缺，大部分教师同时兼任一个甚至多个年级的多门课程，这为他们带来了很大压力。因此，要提升农村教学点的整体教育教学水平，师资问题不可忽视。

考虑到教学点本身的现实情况及其师资短缺的关键问题，我们尝试通过技术手段实现城市优质师资面向教学点的共享，即通过网络实现其面向教学点学生的同步授课，这不但可以满足教学点对优质师资的需求，而且不会改变城市学校教师现有工作与生活环境，还会在一定程度上促进他们专业的不断发展。建设教育云平台，实现城市学校与农村教学点的互联，可以使城市优秀教师同时面向本地学生和教学点学生开展教学活动，将城市学校的优秀师资通过网络引入农村教学点，帮助他们开齐、开好国家规定课程，尤其是解决英语、美术、音乐等师资短缺的薄弱课程教学问题。这是目前帮助教学点解决师资短缺问题的突破口，对帮助教学点不断提升教育教学质量具有战略性意义。因此，通过平台建设、软硬件环境支持等实现城乡优质师资共享，有效填补农村教学点和薄弱学校的教师人才洼地，帮助教学点开齐、开好国家规定课程并从整体上提升其教育教学质量，对区域基础教育优质均衡发展具有重要意义，是垄上数字学校建设的核心目标。

（二）在城乡教研活动中促进城乡教师的共同成长

城市中心学校与农村教学点的互联可以实现城市学校优质师资面向教学点的共享，进而帮助教学点开齐、开好英语、音乐、美术等薄弱课程。但这仅仅是面对当前农村教学点师资短缺尤其是薄弱课程无法正常展开而采取的措施，并不意味着城市学校教师完全代替农村教学点教师。语文、数学等课程仍然需要教学点教师自身来完成。但总体来说，教学点教师年龄普遍偏大、学历水平普遍偏低，他们的信息技术应用水平也非常有限，虽然能够开展语文、数学等课程，却不能满足当前教育信息化深入与教育领域综合改革的需要。同时，由于交通闭塞、经济条件有限，他们得到专业发展的机会非常有限。因此，除通过城乡互联解决教学点开不齐课这一关键问题之外，还需要不断提升教学点原有教师的专业素质与信息化教学能力，从而帮助他们实现自身专业的不断发展及教育教学能力的逐步提高，从整体上提升教学点的教育教学质量。

在进行垄上数字学校的建设过程中，需要充分考虑农村教学点原有教师的专业发展这一实际需求，提供教师研修学习与进行互动交流的空间，从而帮助他们不断提升教育教学能力，提高教学效果。一方面，城乡同步互动课堂的开展需要中心校主讲教师与教学点辅助教师的共同努力，为保证课堂的有效开展需要他们进行实时沟通。我们可以充分利用这一机会通过平台建设方便城乡教师之间的交互，使他们在互动交流与问题解决的过程中实现相互学习与共同成长。另一方面，城乡的互联在促进中心校课堂与教学点课堂同步互动的同时，也可以提供城乡教师同步互动教研空间，即基于网络定期开展中心校教师与教学点教师的共同备课与研讨活动，促进他们共同进步。同时，提供网络在线研修服务，为教师尤其是教学点教师提供充足的研修机会，帮助他们不断提升教学技能。

（三）促进区域优质数字教育资源的共享与适配推送

优质的教学资源是教师有效开展教学的关键。因此，共建共享优质资源，让教学点获得急需的稀缺课程和优质资源，并通过共建共享方式扩大优质教育资源的覆盖面，实现区域内教育资源的合理配置，对促进区域基础教育优质均衡发展具有重要意义。同时，对伴随各类移动设备和新兴技术成长起来的新一代学习者来说，他们更加倾向于从多信息源中获得信息，喜欢在情境化、趣味性的学习空间中学习，而不是传统教学中教师的直接讲授与枯燥的课本学习。尤其是在教育信息化深入推进的今天，各类数字化教学资源的产生与迅速更新为丰富教师的课堂教学创造了条件。在这一教育整体发展背景与实际需求下，垄上数字学校在建设过程中需要提供优质的数字教育资源，帮助教师更好地开展教育教学活动，同时可以促进学生自主学习活动的开展。但是，考虑到不同地区教育发展的差异，平台中数字资源的供给应该充分考虑当前区域基础教育发展的特点及城乡教师、学生的实际需要，建设更加符合区域教学与学习活动开展需要的优质本地数字教育资源库。

优质数字教育资源供给的最终目的是帮助教师尤其是农村教学点教师丰富教学内容与形式，更好地开展教学活动。因此，就目前网络技术迅速发展和教育信息化逐步深入的现实发展情况来看，数字资源的数量在迅速增长，内容、形式不断丰富，这也为教师和学生的检索与获取带来了很大困难。因此，优质资源的供给并不是重点，还需要针对不同用户的实际需求为其及时推送最为恰当的数字资源满足其教学和学校所需。也就是说，在进行垄上数字学校的建设过程中，不仅要汇聚优质数字教育资源，还要鼓励区域教师参与到资源的制作工作中，建设适合区域教育教学需要的优质数字教育资源库。同时，应通过平台中不同教师和学生用户的基本信息与行为数据分析其实际需求，建立数字教育资源与不同用户之间的匹配关系，进而针对他们的实际需要为其推送个性化的教学资源，满足不同用户的实际需求，促进区域基础教育质量的整体提升。

（四）帮助教育管理者进行教育监测与宏观决策

作为一个促进区域基础教育均衡发展的综合性教育云平台，垄上数字学校需要为教师提供教学准备、教学实施、教学管理等形式的服务，支持多种课堂形式的教学活动开展，满足城市中心校与农村教学点的实时互动，是实体学校与虚拟学校的有机结合，其中，涉及教师教学、学生学习、教师备课和教研等各项活动，为保证各项活动的有序进行，教育管理者的整体规划、科学规范的制定及相关人员的实时监督与维护是必不可少的。同时，教育云平台将教学、学习、专业发展等活动搬到网上，在为教育管理者监督与管理工作带来更大压力的同时，也为他们实时了解不同学校、教师、学生的发展情况创造了条件，因此为他们的科学决策提供了重要依据。

因此，除优质师资共享、城乡教师发展及优质资源共享之外，垄上数字学校还应帮助教育管理者进行教育监测与宏观决策。一方面，它为实现虚拟学校与实体学校的有机结合，保证城乡课堂教学活动的有序开展，需要为相关人员提供教育管理与实时监测服务，即使他们能够对城乡教学、教研活动的开展进行整体规划和系统安排并通过平台进行监督与管理。另一方面，它通过平台的数据挖掘与大数据分析帮助教育管理者实时了解不同学校（教学点）教师与学生的实际发展情况及教与学活动的开展情况，进而对区域基础教育均衡发展情况进行精准定位，以此为依据制定科学的教育决策。

二、垄上数字学校的服务对象

垄上数字学校是借助信息技术帮助教学点开齐、开好国家规定课程而建设的，其最终目的是促进区域基础教育的整体提升。因此，它需要充分利用当前城市学校的优秀师资，实现城乡互联，建成虚实结合的数字学校，为区域内城乡学校教师和学生提供教学、学习、研修、管理等各项功能。总体来说，垄上数字学校的服务对象主要包括教师（包括城镇学校教师和农村教学点教师）、学生（城镇学生和教学点学生）和教育管理者（包括城乡学校教育管理者和区域教育行政人员）三类。

（一）教师

教师是课堂教学的主要实施者，是影响区域基础教育质量的关键。在教育信息化逐步普及与教育改革向纵深方向发展的今天，他们不仅要掌握基本的学科内容知识、教学法知识和学科专业知识，更需要将三者相整合的知识并提升自身信息技术与学科课程整合的能力，进而有效应用现代教育技术改进教育教学效果。尤其对发展相对落后、教学水平相对薄弱的偏远农村教学点教师来说，其专业发展与课堂教学改革探索变得更加重要。垄上数字学校的建设是为了实现城乡课堂的互联互通、城乡教师的实时互动、区域内部的优质资源共享等，最终促进区域基础教育质量的整体提升。在这一过程中，必须考虑教师这一重要服务对象的特点和实际需求，包括城市中心学校教师和农村薄弱学校与教学点教师。总体来说，中心学校教师拥有更多的发展机会和更加完备的教学硬件设施，他们在进行课堂教学的相关的教育教学改革探索上具有更加有利的条件。农村教学点教师在自身发展和外界支持方面则相对较弱。因此，数字学校在通过城乡互联实现城市学校优秀师资面向教学点共享的同时，还需要为教师尤其是教学点教师提供充足的资源、环境和技术支持，促进他们专业知识的积累与专业技能的提升，进而逐渐改善教学效果。

考虑到城乡教师的不同特点、需求及区域基础教育均衡发展的总体需要，垄上数字学校需要为教师提供的服务与支持主要体现在四个方面。①满足城乡同步互动课堂的开展需要。垄上数字学校帮助教学点开齐开好国家规定课程的一个重要举措就是通过同步互动课堂实现城市学校优秀师资面向教学点共享。因此，为保证这一课堂教学活动的顺利开展并形成常态，不仅需要相应的硬件设施与资源支持，还应该保证本地主讲教师与教学点辅助教师之间的充分沟通。②通过课前、课中、课后的多方面支持满足本地课堂教学的需要。同步互动课堂只是为解决教学点英语、音乐、美术等薄弱课程师资不足而开展的，并不是中心校和教学点课堂教学的全部。因此，除同步互动课堂之外，中心校教师和教学点教师的本地课堂教学需要也是垄上数字学校需要考虑的一个重要方面，即提供备课、师生交互、作业发布与评阅及优质数字教育资源等服务，帮助他们更好地利用现代信息技术开展本地课堂教学。③通过网络研修丰富教师专业发展的途径。面对当前不断丰富的课堂教学内容与形式、持续更新的现代教育技术，需要教师不断提高自身的专业素养。④为满足教师专业发展的需要，垄上数字学校还需要为教师提供网络教研的空间，打破传统教师培训的局限，拓宽他们的知识积累与技能提升的时间与空间，这对于缺乏足够培训机会的教学点教师来说更加重要。同时，为促进区域内部教师的共同发展，还需要平台支持教师的实时交互，促进区域内教师实践共同体的建立并促进他们不断成长。

（二）学生

学生是课堂教学的主体，他们身心的全面健康发展是区域基础教育均衡发展的关键。因此，在进行垄上数字学校建设的过程中，不仅需要考虑教师这一课堂教学的主要实施者，还不能忽视学生这一教育对象的认知特点、知识基础与实际发展需要。在各类新兴技术迅速发展并融入人们工作、生活、学习的今天，个体的学习方式和认知风格也在发生变化。不论是城市学校的学生还是偏远教学点的学生，他们的生活中都或多或少地会受手机、电脑及其他数码设备的影响，接触的信息更加丰富，个性特征、思维方式、行为倾向等都在发生变化，自我探究的能力和探究热情不断增强。面对被称为"数字原住民"的新一代学习者来说，传统单一的讲授式课堂已经不再适应他们的学习需要，需要提供更加多样丰富的教学内容、更加多样化的教学组织方式，以提高他们的学习兴趣和积极性。同时，考虑到他们倾向于利用网络和各种设备进行交互和娱乐活动，更加喜欢趣味化、情境化和自主化的学习空间，习惯通过电脑、手机等设备获取学习资源并开展学习活动。就目前学校教育教学实际与学生发展需求来看，虽然课堂教学仍然是学生获取知识和得到发展的主渠道，但是课外的自主探究、合作学习等活动也变得越来越重要。

在建设垄上数字学校的过程中，除满足基本的教育教学需要之外，还应该充分考虑当前学习者的学习风格与认知特点，在此基础上为他们提供更为丰富的学习资源，创造更为多样化、个性化的自主学习空间。首先，提供多样化的学习资源供学生自主学习与合作学习的需要。即提供在线课程、教学视频、课程讲义、教学课件等多种类型的学习资源，并针对学生的学习进度、知识基础、认知风格等为之推送最为匹配的学习资源供他们使用，在降低他们资源获取难度的同时提高其学习的效率。其次，为拓展课堂教学的时空，促进学生自主学习活动的有效开展，还需要考虑为他们提供专门的在线学习空间，为他们的自主学习提供适当引导和帮助，提供在线笔记、在线作业等方便他们随时进行学习，同时还需要提供在线交互功能，使他们能够随时随地与同学、老师展开讨论，及时解决遇到的疑难问题。此外，为了促进学生的身心全面健康发展，还需要为学生提供与家长进行交流的空间，这对处于农村与父母相隔两地的留守儿童来说尤为重要。总体来说，除对传统课堂教学活动开展的支持外，个性化的学习服务与对学习者身心健康发展的关注也是垄上数字学校需要考虑的重要问题。

（三）教育管理者

作为一个区域内独立建制、分层管理的虚实结合学校，垄上数字学校的正常运行离不开教育管理人员的参与，这也是其主要服务对象之一。但是由于数字学校具有分层结构的特点，其管理人员的责任与权利也需要进行分类，其管理责任与权限也存在很大差异。第一，对一所学校的教育管理者来说，他们需要获取的是本校教学、教务、教研等方面的信息，实时了解本校各项核心业务的发展情况可以为他们的教育决策提供依据。第二，对于城乡教学互联所形成的教学联合体来说，要保证单位联合体内教学活动的持续有效推进，需要专门的管理人员对中心校和教学点的相关工作进行实时监督和恰当安排，这也是垄上数字学校服务的第二类教育管理人员，即教学联合体管理人员。第三，对区域内多个教学联合体组成的独立建制的数字学校来说，其教学、教务、管理、相关活动组织等工作也变得更加重要，这就需要提供区域内分校管理员服务。第四，多个区域分校共同形成以省为单位的总校，需要专门的人员对其进行整体规划和统一管理与监督，这就是总校管理员。因此，包括学校管理员、联合体管理人员、分校管理人员和总校管理人员在内的多层次教育管理者也是垄上数字学校的重要服务对象。

垄上数字学校所具有独立建制、分层管理的特点，针对不同类型、不同权限教育管理人员应提供相对应的服务。①学校管理人员，包括中心校管理人员和教学点管理人员，其主要责任为本校教育教学活动的组织与管理，因此要为他们提供包括本校教务、教学、科研等方面的管理服务，同时通过数据挖掘与大数据分析为他们的教育决策提供支持。②联合体管理人员，他们负责的是单位联合体内所属中心学校与对接教学点之间同步互动课堂教学活动的有效开展，因此需要我们提供联合体的课程安排、教学监控、信息管理等服务，以方便他们更好地安排教学活动并进行监督与管理工作。③分校管理人员，他们负责区域内多个教学联合体的教学、教务、教研、管理等工作，其中包括单个实体学校（或教学点）的发展，也包括城乡教学联合体的发展。针对这一需求，应该为他们提供监督和管理区域内教育教学活动有效开展的相应服务，同时还要通过区域学校教育教学发展的大量数据为他们提供科学决策的支持。④总校管理人员。与分校管理人员不同，总校管理人员负责更大范围内的教育教学整体规划，因此应该满足他们针对其内部不同地区教育教学需要建立相应的分校或进行适当的学校组织与教育教学活动调整等工作的需要。

第三章 垄上数字学校的整体架构

垄上数字学校的整体架构需要考虑两方面的内容：一是在分析其建设背景、核心任务、服务对象、理论基础与现有技术支持的基础上确定平台的总体技术架构及其具体设计须遵循的原则与基本要求；二是针对平台建设总体目标与任务确定其核心功能，进而设计出平台的总体功能架构。

第一节 垄上数字学校的总体架构

垄上数字学校的基本定位是服务区域基础教育阶段的各类学校及其教师与学生，即需要同时为区域内大量不同需求的教师、学生和教育管理者提供服务。建立在这一实际需求基础上，我们确立了数字学校建设的整体架构，即以云计算和大数据为支撑，实现城乡不同学校（教学点）之间的互联互通，并形成集教学、学习、教研、管理于一体的区域基础教育公共服务体系。

一、教育云及其基本架构

云计算是随着计算、存储及通信技术的快速发展而出现的一种崭新的基础资源共享的商业计算模式。它以互联网为中心，通过构建一个或多个由大量普通网络设备连接构成的数据中心来存储海量数据，向上层的服务和应用提供快速、便捷、安全、可靠、透明的计算服务和数据存储服务。在云计算中，数据中心是基础，它不仅可以维持企业的各项业务操作，还可以为服务提供商和内容提供商提供相应的资源与服务。

（一）云计算的主要特点与优势

云计算作为一个为用户提供共享基础资源、可配置的计算模型，为用户实时访问网络、存储、计算等资源提供了方便。云计算提供商会以数据中心为基础向用户提供各种层次的服务。在云服务中，虽然它是将海量数据存储到一个数据中心的多个节点甚至不同数据中心的节点上，但是其数据的位置和组织方式则是对用户透明的。因此，用户只需要通过服务商提供的一套简便数据使用接口就可以向数据中心存储或提取数据。总体来说，云计算具有超大规模、高可扩展性、高可靠性、按需服务、虚拟化和价格低廉等特点，在满足当前海量数据存储的需求上具有明显优势。[①]

1. 超大规模

云计算的云端是由成千上万甚至更多服务器组成的集群，具有超大空间和超快速度。与单个设备的有限能力相比，云计算可以为用户使用网络提供更多的可能，这其中不仅包括超大的数据存储与管理空间，还包括强大的计算能力。它将提供商的资源池化，以便以多的用户租用模式被所有用户使用，并根据不同用户的需求对包括存储、内存、处理、带宽和虚拟机等在内的不同物理资源和虚拟资源进行动态分配与再分配。这种服务方式和资源分配方式决定了云服务的弹性与大规模性，使用户可以在任意时间和任意地点采用多终端登录云计算系统进行计算服务，为服务数量与方式的拓展带来了更多的可能。

2. 虚拟化

云计算将软件、硬件等 IT 资源抽象成标准化的虚拟资源并放在云计算平台中进行统一管理，保证了资源的无缝扩展。云计算的虚拟化技术通过在一个服务器上部署多个虚拟机和应用来提高资源的利用率，使一个服务器过载时可以将其迁移到其他服务器。这样，用户就可以随时随地通过任意终端获取所需要的应用服务。它并不是一个可形状化的实体，也不具有固定位置。从这一层面上来说，云计算实际上是服务器虚拟化技术与基础设施即服务两者的有机结合，其核心就是某一或几个数据中心的计算资源虚拟化之后，向用户提供以租用计算资源为形式的服务。[②]

① 王意洁，孙伟东，周松，等. 云计算环境下的分布存储关键技术[J]. 软件学报，2012，23（4）：962-986.
② 涂云杰. 云背景下数据库安全性与数据库完整性研究[M]. 北京：中国水利水电出版社，2014：3-5.

3. 数据可靠性和扩展性

传统情况下一般通过冗余的磁盘预留的方式实现，这种方法可以在一定程度上保证足够的存储空间，但却很难满足逐渐拓展的应用需求。相比之下，云计算的服务是以数据中心为基础的，它具有较高的可靠性和安全性，避免了用户在数据丢失与病毒入侵等情况的发生。同时，云计算具有很好的扩展性。它可以极大地扩展其子节点，甚至可以再促使大量节点同时处理不同的应用，支持近乎无限的并发用户。因此，在用户的系统规模发生变化时，云的规模也可以实现动态和可伸缩的扩展，这不仅可以避免用户访问量少时的资源浪费，又不会造成用户骤增时的系统瘫痪。

4. 数据共享

云计算所建设的数据中心实现了数据的集中存储和处理，这大大节约了商业成本。尤其是在当前需求不断增大的情况下，数据中心可以实现向集中大规模共享平台的推进，实现动态扩容与自动部署服务。对于传统的数据中心来说，其基础架构都是相互孤立的，并没有实现统一与整合，这不仅造成了资源孤岛，而且浪费了大量的人力和物力。云计算以数据中心为基础，它可以支撑大量的用户群体和多种客户端融入一个共享平台。这样一来，用户只需要连接互联网就可以同时访问和使用同一份数据。[①]云计算通过集群应用、网格应用、分布式处理等实现了网络中设备的集中管理与协调工作，将终端设备与庞大的数据中心相连接，使用户通过统一、标准的应用接口登录并获取资源，突破了原有资源孤立的局面，实现了数据与应用的共享。

（二）云计算的基本架构

云计算是继分布式计算、网格计算、对等计算之后的一种新的计算模式，它以资源租用、应用托管、服务外包为核心，迅速成为计算机技术发展的热点。它是通过整合分布式资源，构建应对多种服务要求的计算环境，满足用户定制化需求，并可通过网络访问相应的服务资源的一种计算服务模型。总体来说，云计算的核心服务通常可以分为基础设施即服务、平台即服务和软件即服务，从而提供硬件基础设施部署服务、云计算应用程序运行环境及基于云计算基础平台所开发的应用程序的服务，使用户可以随时随地通过智能手机、笔记本电脑等不同设备

---

① 解相吾. 物联网技术基础[M]. 北京：清华大学出版社，2014：158-159.

进行访问并寻求服务，减轻了本地服务器的负荷。

1. 基础设施即服务

基础设施即服务（infrastructure-as-a-service，IaaS），即将简单操作系统和存储功能作为一项服务来提供。它是一个纯粹的技术组件，经常是一个服务的部署，对用户提供处理、存储、网络以及基础计算资源的一种能力，是最底层的云计算系统。云基础设施使运行操作系统有多种选择，在定制堆栈的服务器上按需配置，为用户提供底层的、接近于直接操作硬件资源的服务接口。这样用户就可以方便灵活地获得计算资源、网络资源和存储资源。但是，基础设施云不提供除计算和存储等基本功能以外的其他应用类型的假设，因此需要用户进行大量的工作来设计和实现自己的应用。在虚拟化技术的支持下，基础设施即服务层可以实现硬件资源的按需配置并提供个性化的基础设施服务。这一层主要关注两个问题：一是如何建设低成本、高效能的数据中心；二是如何拓展虚拟化技术，实现弹性、可靠的基础设施服务。[①]

2. 平台即服务

平台即服务（platform-as-a-service，PaaS），即将软件研发的平台作为一种服务，以软件即服务的模式提交给用户。主要是通过云平台提供一个环境，由开发者在上面创建和部署应用，而不必考虑其应用所使用的处理器或内存大小。平台云为用户提供一个托管的平台，使用户可以将他们所开发和运营的应用托管到上面去。但是，这个应用的开发和部署必须遵守该平台在语言、编程框架、数据存储模型等方面特定的规则和限制。例如，Google App Engine 主要提供 Web 应用运行的环境，并且一旦用户应用被开发和部署完成，所涉及的动态资源调整等其他管理工作都将由该平台层负责。[②]平台即服务层主要是为上层应用提供简单、可靠的分布式变成框架，同时需要基于底层的资源信息调度作业、管理数据，屏蔽底层系统的复杂性。

3. 软件即服务

软件即服务（software-as-a-service，SaaS），即将整个应用作为一项服务来提供。用户可以运用供应商在云基础设施上所提供的应用并借助各类终端设备通过一个 Web 浏览器进行访问。这是一个独立的应用能力，不需要用户对云端的基础

---

① 罗军舟，金嘉晖，宋爱波，等. 云计算：体系架构与关键技术[J]. 通信学报，2011，32（7）：3-21.
② 陈文选. 云计算和现代远程教育[M]. 成都：电子科技大学出版社，2011：27-28.

设施、网络、服务器、存储和操作系统等进行管理和控制，但是可以针对需求优先接受用户指定的应用配置。[①]一般应用停留在云堆栈的顶部，用户最终是通过 Web 门户访问这一层来获得服务的。因此，越来越多的消费者逐渐从在本地计算上安装程序转向提供相同功能的在线软件服务，[②]这也大大减轻了本地计算机的负荷。应用云一般都表现为开发完成的软件，只需要进行一些定制就可以交付，因此可以为用户提供直接所需要的应用。近年来，随着 Web 服务、Ajax、Mashup、HTML5 等技术的逐渐成熟与标准化，SaaS 的应用得到了迅速发展。

二、垄上数字学校的系统架构

为满足区域内不同类型用户的需求，垄上数字学校需要充分利用云计算的特点与优势，在此基础上针对区域基础教育均衡发展的建设目标需要进行整体的教育云系统设计，从而方便、快捷地满足服务区域内不同用户的实际需要。

（一）垄上数字学校的系统架构

垄上数字学校需要同时为区域内大量教师、学生、教育管理者甚至学生家长等不同用户提供相应的服务，这对平台的稳定性、可扩展性、便捷性、资源的共享等都提出了较高的要求。因此，以现有的云计算、大数据核心技术为支撑，形成不同服务的集中管理与统一规划是非常重要的。在这一背景下，垄上数字学校的建设需要考虑教学、学习、科研和管理等核心服务的集成，形成区域内的教育公共服务云平台。按照目前标准的云计算业务，我们将垄上数字学校教育云划分为设施即服务、平台即服务和软件即服务三层，它们的具体内容及其相互关系具体如图 3-1 所示。

在垄上数字学校教育云中，基础设施即服务层，是最底层的云计算系统，提供简单的操作系统和存储功能的服务。它主要包括基础资源和云资源两大类。其中，基础资源包括基础设施和合作伙伴自由设备，云资源则包括计算资源、存储资源和网络资源等。平台即服务主要是教育云的平台服务，主要包括用于基础数据处理基础数据交换中心，以及满足不同用户基本服务的总校管理平台、分校管理平台、用户中心，以及数据中心和资源中心。从整体来看，包括测试平台、数

---

① 刘黎明，杨晶. 云计算应用基础[M]. 成都：西南交通大学出版社，2015：10-11.

② 布亚. 云计算：原理与范畴[M]. 李红军，译，北京：机械工业出版社，2013：9-10.

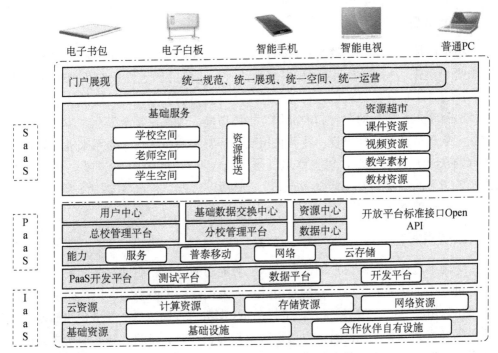

图 3-1 垄上数字学校教育云的技术架构

据平台和开发平台在内的 PaaS 开发平台是抽象统一核心平台，形成了平台、产品、组件、源代码，供产品线复用。总体来说，教育云平台是以 PaaS 开发平台为基础，通过配置与扩展开放平台、汇总教育需求，实施教育云平台相应服务。位于最顶层的是软件即服务，即将开发的软件作为服务提供交给用户使用。它主要是在基础服务层面为教师空间、学校空间和学生空间提供资源推送服务。其中，推送的资源主要包括课件资源、视频资源、教学素材和教材资源等多种类型。为更好地满足不同用户在不同环境下的使用，垄上数字学校同时支持电子书包、电子白板、智能手机、智能电视、普通 PC 等不同终端设备的随时随地接入与使用。

（二）垄上数字学校技术设计的基本原则

总体来说，垄上数字学校教育云平台是一个基于互联网并服务区域内基础教育阶段不同用户需求的大型应用平台。在设计原则上，除了必须遵从通用的软件开发设计规范以外，还需要重点考虑互联网应用的特性，在稳定性、易用性、可伸缩性、可扩展性和安全性等方面遵守更为严格的原则。

1. 稳定性

稳定性是垄上数字学校教育云平台最重要的性能要求，一个不稳定的平台是无法吸引挑剔的用户的。因此在系统设计时，系统的稳定性放在平台设计的首位。在进行平台开发过程中，可以选择采用目前市场上主流的、成熟的框架和技术，选择稳定、成熟的平台和产品作为支撑环境，保证在整个平台在基础上的稳定性。从平台开发本身来说，需要采用敏捷开发和快速迭代等体系来进行教育云平台的快速升级与更新，以更好地满足区域内不同用户的实际需要。在部署上面，云平台的搭建需要支持全 SaaS 的云计算环境部署，也要支持公有云、私有云、混合云部署。

2. 易用性

考虑到区域内不同用户的信息技术应用能力的限制，在进行垄上数字学校的设计过程中，还需要考虑平台的易用性：一方面，要考虑校园端用户的易用性，此时可以给予 SaaS 架构的平台，通过 SaaS 服务进行快速的平台搭建和部署，这可以保证极高的易用性；另一方面，对于教师、学生、管理者等终端用户来说，需要以全互联网思维进行产品设计，保证用户界面的简洁、清晰，降低用户的外在认知负荷，提高他们的感知易用性。同时，考虑当前用户多终端应用的现实需要，云平台也应该同时支持普通台式电脑、平板电脑、智能手机等多种终端的正常使用。

3. 可伸缩性与可扩展性

传统的服务器加存储模式导致系统的计算性能、存储性能、网络吞吐量、并发量等都是相对固定的。在实际应用中，要么资源冗余，要么资源不足，并且很难进行及时调整，这不仅影响了用户体验，也会造成很大程度的资源浪费。可伸缩性是基于云计算环境的互联网应用的特性之一，在进行垄上数字学校建设的过程中也应该考虑到这一点，实现对资源的灵活配置，这不仅可以保证区域内大量用户的同时访问，提高资源的利用效率。同时，通过全模块化的体系结构，在中间件和分层架构的基础上，支持功能模块动态插入、支持系统规模动态扩展，满足系统快速成长的基本要求。同时，也可以在保证通用功能相对固定和清晰的基础上为不同用户提供个性化的功能。

4. 开放性与安全性

基于平台的服务性和业界的开放式标准，需要对垄上数字学校中的各种网络协议、网关接口、数据接口形式等进行统一规划，使其实现与第三方平台的开放对接，不断拓展平台的服务功能，更好地满足用户不断变化的需求。同时，要保证平台为区域内教师、学生和教育管理者持续有效地提供服务，就需要保证平台本身的安全性。一方面，应使软件平台本身对课程资源进行防下载、防盗链等专有技术开发，保证用户使用资源的安全；另一方面，应基于云计算技术提供相应的安全措施，保证系统支撑环境具有更高的安全性。

（三）垄上数字学校技术设计的基本要求

垄上数字学校需要同时服务于区域内的教师、学生、管理者等，使其可能随时随地通过各类设备登录系统并展开各项活动。因此，为保证平台的正常需要，其操作系统需要支持多进程和多线程的技术，支持多用户的应用，同时保证操作系统的安全性、稳定性和可靠性。因此，我们可以选择使用当前主流的操作系统，保证系统具有相对较高的稳定性与安全性。此外，为提高用户体验，平台在进行界面设计与软件开发过程中也要遵循一定的原则。

1. 界面设计的规范性要求

为提高用户的感知易用性和感知有用性，垄上数字学校在界面规范上应该遵循统一的界面布局，保持统一风格。一是视觉风格的统一，即无论在 Web 端页面还是 APP 端软件都需重视整个平台视觉上的统一。通过全方位的设计把平台定位为风格统一的信息来源，而不是一系列风格迥异的页面或窗口。二是界面的简洁明了，即保证 Web 页面各 APP 端软件界面的简洁明了，避免使用生僻或歧义的使用定义或帮助，同时保证功能操作的简便性。三是浏览器的兼容性，在 IE8 及以上相关版本、Chrome、Safari、Firefox、Opera，以及其他国内主流浏览器（360 极速浏览器、QQ 浏览器、搜狗浏览器等）下，最大限度地保持页面的完整性和美观。对一些非 IE 浏览器所无法浏览到的特殊效果，在页面的下方做出相应的说明。四是快速浏览，即在 Web 方式下严格控制页面的大小，同时减小图形文件，确保所有图形化提供的信息在用户访问平台而没有图形元素的时候可以用文本形式访问读取。

2. 平台软件开发的基本要求

平台软件要服务区域内的不同类型的用户，需要保证其有效性、有用性和易用性。一是遵循易操作性、实用性、高效性和安全性的原则，满足区域内大量用户的正常使用。二是采用分层的模块化结构，保证软件每一层每一个模块之间的低耦合性以及每一层每一个模块内部的高内聚性。三是使用户数据与运行程序相分离，确保任何合法用户数据的添加、删除和修改都不会引起运行程序的变更，保证其他用户的正常使用。四是保证软件良好的容错性，能够识别软件运行中的错误陷阱并且能够从错误中自动恢复。同时，在出现错误时，应保证系统能够把错误限制在某一层某一模块内，以免影响到系统其他层其他模块的正常运行。五是保证软件良好的可维护性，一方面，在系统出现故障时，开发人员要能迅速从系统的表现、日志等查出问题产生的原因并提出解决方案；另一方面，软件要能方便进行更新和升级，如果升级失败能够迅速恢复到原来的运行程序，以免影响软件的正常使用。六是软件运行故障的监视功能和较强的容错能力。如果软件出现死循环等重大故障，其应能自动再启动，并做出即时故障报告信息。

第二节　垄上数字学校的功能结构

垄上数字学校是为促进区域基础教育优质均衡发展而建设的，其主要任务是服务区域内基础教育阶段的各类学校、学生、教师和教育管理者，尤其要为偏远教学点的开齐课、开好课提供有效支持。因此，在进行平台建设之前，首先需要确定其核心功能，在此基础上针对垄上数字学校的功能定位及其分层管理和不同用户的实际需求确定其总体的功能架构，明确主要功能模块及其相互关系，从整体上对垄上数字学校进行描述。

一、垄上数字学校的核心功能设计

作为一个服务于区域基础教育的综合化教育云平台，垄上数字学校的出发点是通过互联网将城市学校的优秀师资输送到教学点，帮助他们开齐、开好国家规定课程，同时在对区域内基础教育阶段相关人员的综合服务中促进其教育教学质量的整体提升。因此，垄上数字学校首先要提供的是教学和学习这两大核心功能。在此基础上，为促进区域内教师教育教学质量的整体提升，还需要为他们提供更多专业发展的机会。同时，为保证这一虚实结合学校的正常运行及整个区域内基础教育工作的有序推进，教育管理功能也是不可或缺的。

（一）教学功能

教学功能是垄上数字学校最为核心的功能，也是实现区域基础教育优质均衡发展的出发点和落脚点。原因在于，面对当前农村教学点师资短缺且难以解决的现实问题，我们尝试通过技术手段实现城市中心学校与农村教学点的互联，从而帮助农村教学共享来自城市学校的优质师资，其中同步互动课堂（包括同步互动混合课堂和同步互动专递课堂）就是重要举措，需要垄上数字学校为其常态化开展提供支持。此外，无论是农村教学点还是城市中心学校，其本地教师的课堂教学依然是教育教学活动开展的主要形式。因此，垄上数字学校可以为其提供资源和环境支持，帮助他们更好地开展信息化环境下的教育教学活动，不断提高教学质量。

1. 同步互动课堂同步教学

无论是同步互动混合课堂还是同步互动专递课堂，其实质都是通过现代信息技术手段将城市中心学校与农村教学点连接到一起，使中心学校主讲教师可以同时面向本地课堂与对接教学点课堂展开教学活动，或者只针对异地教学点学生开展教学活动，实现主讲教师与异地教学点学生之间的实时交互，从而帮助教学点开齐、开好英语、音乐、美术等薄弱课程。但是，要使同步互动课堂作为一种常态的教学形式持续有效开展，需要垄上数字学校提供多方面的支持与保障。第一，提供稳定的教育云服务，保证中心校主讲教师可以通过互联网顺利开展工作，维持城乡之间的良好沟通与实时互动。第二，同步互动课堂的教育者有受教育者分处不同的地方，要使主讲教师实时了解学生尤其是异地教学点学生的发展情况与实际需求，需要他们随时与学生及教学点辅助老师进行沟通，这就需要垄上数字学校为之提供专门的服务，方便他们之间的交互。第三，城乡同步互动课堂的开展涉及中心校和教学点的统一教学安排，因此需要教育管理者进行统一规划，尤其对区域内多个中心校和教学点互联所形成的区域分校来说，其统一管理、安排与规划变得更加重要，这也是平台需要考虑的重要内容。因此，作为以帮助教学点开齐、开好国家课程为出发点最终促进区域基础教育质量整体提升的垄上数字学校来说，对同步互动课堂教学的支持是非常重要的。

2. 多媒体课堂教学

同步互动课堂作为帮助教学点作为帮助农村教学点开齐、开好英语、美术、音乐等薄弱课程而采取的措施，只是区域基础教育阶段的一种教学形式。此外，城乡教师的本地课堂教学仍然是其教育教学活动开展的主要形式。因此，要从整体上提升区域基础教育质量，对本地课堂教学的支持也是垄上数字学校建设的重要方面。尤其是教育信息化深入推进与教育领域综合改革的今天，帮助教师实现信息技术与学科课程的有效融合变得越来越迫切。首先，应该针对教师课前备课工作的需要为之提供相应的支持，一方面，针对教师的不同水平提供一键式备课、进阶式备课等不同备课形式供他们选择；另一方面，提供多样化的教学元素（包括文字、图片、视频、音频）供教师进行编辑和使用。其次，在课堂教学过程中，提供专门的教师授课平板与学生学习平板，使他们实现资源的实时推送与课堂教学活动中的交互，同时可以帮助教师实时了解学习者的学习情况。此外，在课后，需要针对当前教育教学情况及学生自主学习需要为教师提供在线布置作业服务，帮助教师通过网络进行作业的布置、批改与辅导答疑，从而拓展教育教学活动的时空，同时可以促进师生、生生之间的交互，提高学生的自主学习效果。

（二）学习功能

教育是一种培养人的社会活动，其最终目的是促进受教育者的全面发展，区域基础教育也是如此。垄上数字学校作为一个服务于区域基础教育领域的综合化教育云平台，其核心应该是促进区域内学生的全面健康发展。总体来说，课堂教学是教育教学活动开展的主渠道，但并不是儿童发展的全部。尤其是在信息技术、网络技术、移动技术等新兴技术得到快速发展和广泛应用的今天，学习者获取知识的渠道也在不断拓宽，他们的学习方式也在发生很大变化，这使得基于学习者实际需求的个性化支持服务越来越重要。因此，在提供基本的课堂教学功能外，垄上数字学校还需要为学生的多样化学习提供支持，在适应当前学习者需求的基础上促进他们的全面健康发展。

1. 自主学习

除教师的课堂讲授之外，学生的自主学习也是一个重要部分。尤其是在强调学习者个性化发展的今天，这一点变得越来越重要。教育云平台的建设可以为不同用户提供多样化的服务，学生的自主学习也是不可忽视的一个方面。总体来说，自主学习功能主要是针对不同学习者的知识基础、认知风格、学习需要和兴趣爱好等提供多样化的学习支持服务以满足他们的个性化学习需求。从学习者自身的发展来说，他们可以根据课程知识点列表，自主选择学习内容，自定学习步调；从教育者角度来讲，他们需要根据学生的学习情况和问题，为其提供个性化的答疑辅导；从平台服务本身来讲，它可以通过对学习者浏览记录的数据挖掘，为之推送关联性较强的学习资料。同时，平台还可以提供自适应测试、个性化评价与智能诊断等，对学生的学习情况给予实时反馈，并提供实时跟踪服务。也就是说，为学习者自主学习提供的支持不仅涉及学习者本身，还包括个性化学习资源的推送、自适应测试提供，以及对他们与老师、同学进行实时交互的支持等。

2. 混合学习

混合学习是相对于一般情况下单纯教师讲授式课堂而言的，它既包括学习方式方法的混合，也包括学习环境的混合。尤其是在强调个性化、多样化的今天，混合学习也越来越受到人们的关注。因此，垄上数字学校作为服务区域基础教育的云平台，应该为学生的混合学习提供支持，尤其是应尝试"互联网+"背景下传统的实体课堂与网络学习的有机结合，以实现课堂学习活动与在线学习活动的无缝对接，促进学习者在课堂、网络与自身生活和实践的有机整合中实现身心全面健康发展。鉴于当前基础教育改革和学生发展需要，平台建设过程中应该充分考虑如何在不同的时间为不同学习者提供适当的学习内容和学习支撑，使他们通过以课堂教授形式为主的内容学习、以自主在线学习形式为主的专题学习、以任务为导向的社会实践活动等不同的方式和方法完成相应的学习任务，达到最佳的学习效果，促进区域基础教育质量的整体提升。

3. 移动学习

移动学习是一种在个人移动设备支持下能够在任何时间、任何地点发生的学习，是当前学生重要的学习形式之一。尤其是对于伴随新兴技术和各类移动设备成长起来的新一代学习者来说，他们已经将移动设备的应用作为其生活的一个重要组成部分，习惯通过这些设备进行沟通、交流和娱乐。虽然目前很多教师和家长更加担心的仍然是这些设备会影响儿童的学习和身心发展，但是，移动技术的应用已经成为一个必然趋势。因此，与其采取完全消极的手段拒绝儿童使用移动设备并担心其带来负面影响，或者在不采取措施的状态下任他们无组织、无约束地自然发展，倒不如通过适当的引导将其变为促进儿童学习和推动他们身心健康发展的有效工具，这也是云平台对学习者移动学习支持的关键。基于这一现实需求，我们需要设计适合基础教育阶段儿童移动学习需要的移动终端，使他们能够根据自己的需要在任何时间和地点通过移动设备与无线通信网络获取消息、阅读资料、进行测试并与教师、同学等进行实时交流等，实现随时随地的学习。

（三）教师专业发展功能

促进教师的专业发展，使他们适应不断变化的教育教学需要，是提升基础教育质量的重要保证。尤其是在教育改革不断推进和教育信息化逐步深入的今天，学校教育对教师提出的要求越来越高，教师的专业发展也变得越来越重要。对于区域基础教育阶段的教师尤其是偏远教学点的教师来说，为他们的专业发展提供有效支持，也是垄上数字学校建设过程中需要考虑的一项重要功能。

1. 在线培训

总体来说，教师传统实体环境下的集中培训机会非常有限，形式也相对单一，很难满足他们对于不断变化的教育教学的现实需要。尤其对偏远农村教学点的教师来说，他们自身原有的教育教学能力相对较低，能够参与统一培训或其他研修活动的机会又极其有限，这也影响了他们专业的发展，不利于教学点教育教学质量的提升。作为服务区域基础教育均衡发展的云平台，垄上数字学校需要考虑到这一点，利用现有的信息技术支持为教师提供专门的网络研修空间，使他们通过网络参与统一研修活动或针对自身需要选择学习内容并进行自主学习，帮助他们拓展专业发展的渠道。在这一过程中，可以通过数据挖掘和大数据分析确定不同教师的知识基础与学习需求，在此基础上为其推送优良的个性化学习资源，帮助他们更好地开展自主研修活动。

2. 网络教研

我们的认识通常内隐于我们行动的模式中，潜在于我们处理事务的感受里，即认识存在于行动之中。[①]对于教师来说，他们应用新兴技术处理日常的教育教学工作也是依赖于内隐的行动中认识，而不是单纯的显性知识掌握。因此，单纯以知识讲授为主的教师培训活动只能让他们掌握基本的知识，很难将其直接转化为教学技能。如果在此基础上为教师提供交流与问题解决的机会，可以让他们通过合作探究更好地促进个体知识的意义建构。总体来说，目前城乡基础教育发展不均衡的一个很重要原因是师资的不均衡。因此，在提供充足的教师培训基础上，通过教育云平台创建教师网络教研空间，促进区域内不同学校、不同基础、不同经验教师之间的交流与问题探究，可以促进他们问题解决能力的提升与隐性

---

① 唐纳德·舍恩. 反映的实践者：专业工作者如何在行动中思考[M]. 夏林清，译. 北京：教育科学出版社，2007：40.

经验知识的积累与习得，从而实现区域内城乡教师的共同发展。

（四）管理功能

有效的教育管理是保证教育教学活动顺利开展的前提和基础，是影响区域基础教育质量的关键因素之一。尤其对于独立建制、虚实结合的垄上数字学校来说，它不仅涉及实体学校教育教学业务的管理，而且涉及基于网络虚拟空间的教育教学活动的管理，还涉及教学点、中心校、区域分校和省级总校等不同等级的管理者，因此更应该对管理功能进行整体规划。

1. 学校基本业务管理

学校的基本业务管理包括对教师、学生、课程、资源、课题、资金等基本信息的管理，也包括对教学、学习、科研、后勤服务等核心业务的实时监督与统一管理。对垄上数字学校提供的学校基本业务管理来说，其应该考虑两个方面的关键内容：一是对于一个传统实体学校的教育管理者来说，应该让他们实时了解本校教学、学习、科研等核心业务的发展情况，并进行统一规划与管理；二是对基于城乡教学共同体形成的区域数字学校来说，不仅要为他们提供其所辖范围内的中心校、教学点的管理功能，而且要特别关注他们对于城乡互联情况下教育教学活动开展的有效管理，包括同步互动混合课堂、同步互动专递课堂、教师的同步教研等活动，从而促进实体学校与虚拟学校的有机结合，保证区域基础教育阶段教育教学活动的顺利开展。

2. 科学教育决策制定

垄上数字学校的建设不是服务于某一所城市中心学校或农村教学点，也不是服务于他们联合所组成的一个教学共同体，而是区域内基础教育阶段的所有学校（教学点），其最终目的是区域基础教育的均衡发展。因此，除了提供具体层面的学校业务管理与信息管理之外，垄上数字学校在建设时还应该考虑对教育管理者科学决策的有效支持。从学校发展的角度来讲，它应该通过平台记录学校每天的各项业务发展情况，使教育领导者实时了解其学校的整体发展情况，进而针对学校发展和学生成长需要进行教育教学规划的调整和相关政策的制定。从区域教育管理者来说，它应该为他们提供区域内所有学校的整体发展情况，以及不同类型学校的具体发展及其动态变化过程，在此基础上对相关教育规划与政策的实施情况进行准确把握，从而不断调整教育教学安排，不断提升区域内基础教育的整体质量。

二、垄上数字学校的总体功能架构

为实现区域基础教育优质均衡发展的目标，垄上数字学校的主要服务对象应该是区域内基础教育阶段的学生、教师和教育管理者，其功能主要包括教学、学习、管理和教师专业发展等。因此，在进行整体规划与功能分析的基础上，我们需要确定垄上数字学校的总体功能架构，主要包括基础开放平台、总校、分校和校园端四个部分。

（一）垄上数字学校的基础开放平台

垄上数字学校的基础开放平台是在总校、分校和校园端的分层架构基础上为实现数据的统一管理而设计的。它为整个平台提供基础数据服务，可以实现平台用户信息、资源等数据的集中管理，主要包括用户中心、基础数据交换中心和资源中心三个模块。基础数据开放平台通过用户中心把平台涉及的不同用户信息和各类应用集中在一起，实现了对用户的规范化管理和统一服务。在这一支持下，用户可以通过单点登录的方式访问平台中自身权限范围内的任意内容，而不需要进行多次登录和信息验证，既可以保证平台的数据安全，又保证了用户操作的简洁性。基础数据交换中心主要是数据的基础交换，是数据的一个接口平台。在实际的应用过程中，一个学校可能会用到多个不同厂商的平台及其资源，他们的数据显示是存在差异的。这时，基础数据交换中心就可以作为数据的对接接口实现多个平台中应用数据的汇总，便于后期的数据分析。除了普通的接口之外，这里还提供了教材目录的接口，即统一提供目前中小学所使用的各类教材版本目录供教师和学生进行提取和使用，避免了教材目录的重复建设。资源中心相当于一个云端的数字教育资源库，即为区域内不同类型、不同需求的教师、学生、学校（教学点）提供相应的资源。在这里，为更好地满足不同用户的实际需求，我们通过数据挖掘与统计分析实现了不同用户行为分析与适配推送，即针对他们的实际需要为其提供最为匹配的数字资源，提高用户的资源应用效率。

（二）垄上数字学校总校

总校是垄上数字学校以省为单位对外展示基础教育均衡发展相关内容的综合化门户系统，同时服务于相关省级教育管理者，使他们通过平台进行区域内基础教育的总体规划与具体教育教学安排。从基本的信息展示来看，主要包括省级垄上数字学校的整体信息，涉及基本介绍、组织机构、规章制度、工作动态、通知公告等；从总校的管理服务来看，主要是为省级教育管理者提供对各地区分校进行监督和统一管理的服务，包括门户管理、数据分析和开通分校等服务，这也是总校的核心功能。首先，针对区域管理者需要提供门户管理服务，使他们可以根据自身需求对校园端的模块内容进行自定义安排。其次，为帮助总校管理人员更好地进行区域基础教育整体规划并对相关工作进行统一监督和管理，需要为他们提供数据挖掘与分析服务并对分析结果予以可视化呈现，帮助教育者实时了解区域内教育教学活动的开展情况，进行过程性监测和阶段性分析，进而更好地规划区域内基础教育的相关工作。最后，对于垄上数字学校来说，不论是总校还是分校，都是为区别于实体学校而独立建制的，这就需要总校管理者针对区域基础教育发展实际进行总体规划和具体安排。因此，总校平台还需要为管理者提供分校操作功能，包括分校的开通、基本内容的设置、信息管理和权限设置等，从而保证区域内各分校教育教学活动的顺利开展。

（三）垄上数字学校分校

垄上数字学校的分校主要是由区域内多个教学共同体组成的，是一个虚实结合、独立建制的学校，拥有独立的管理机构与运行机制。以咸安区为例，针对本区域内农村教学点师资短缺的问题，咸安区建立了连接城市中心校与农村教学点的教学共同体，区域多个共同体共同构成咸安数字学校。在数字学校中，为维持数字学校内各项教育教学活动的有序开展，需要建立包括教务管理、学生管理、教学管理、师资培训、后勤保障等在内的规范化管理部门与机制，使其成为传统实体学校的有效补充，共同促进区域基础教育的优质均衡发展。基于这一现实需要，在进行垄上数字学校的分校平台建设过程中，其不仅需要提供基本的门户展示和信息发布服务，更为重要的是对区域内教育教学活动的监督与管理，其中包括对单个教学共同体的管理、对分校内多个教学共同体的管理、教师研修活动的安排等内容。从一个教学共同体的角度来说，中心校负责本校和对接教学点的互动教学任务，并负责相关具体管理与协调工作；从整个分校的管理来看，应该对区域内所有教学联合体的工作进行具体安排、统一管理和监督，在虚拟学校与实体学校的有效结合中促进区域基础教育阶段教育教学活动的有效开展，进而逐步提升其教学效果，促进区域内城乡儿童的身心健康成长。

（四）垄上数字学校校园端

垄上数字学校的校园端主要负责教育教学活动的实施，包括教育管理、课堂教学、学生学习、教师专业发展等具体功能，是微观层面维持学校教育教学活动有序开展的关键。从课堂教学这一核心服务来说，应该为教师提供集课前备课、课中授课与交互及课后辅导答疑的一体化服务，其中既包括同步互动课堂教学活动的开展，也城乡教师本地课堂教学活动的开展。从学生学习角度说，应支持学生利用现代信息技术设备获取教师提供的学习资源并进行课前预习，在课中与主讲教师（包括本地主讲教师和异地主讲教师）进行互动，参与课堂活动或进行自主练习等，课下进行复习、作业、总结、反思，或者与老师、同学进行交流讨论。从教师专业发展方面来说，应该针对区域不同学校教师的实际发展情况建立不同学校之间的实践共同体，在此基础上以同步互动混合课堂、同步互动专递课堂或其他主题展开教研活动，使他们在合作探究与问题解决中促进城乡教师的共同成长。同时，应提供不同类型的教师专业发展资源，并通过数据分析确定不同教师的实际需要，在此基础上为他们推送个性化的学习资源。从教育管理者来看，应该通过后台对整个学校的教务和教学工作进行统一管理，同时通过数据分析实时了解学校核心业务的发展情况并采取适当的干预措施，保证学校各项教育教学活动的有效开展。

第四章　基础数据开放平台设计

基础数据开放平台是垄上数字学校的底层数据服务平台，其建设主要目的与核心功能就是为垄上数字学校的总校、区域分校和校园端等提供基本信息管理、用户使用权限管理、资源管理、统一标准与开放接口服务等方面的支持，以实现对平台各项基础数据的统一规划、管理与存储，不仅能够保证平台各项业务的正常运行与稳步推进，还可以在很大程度上提高用户操作的便捷性与安全性。

第一节　用户管理中心设计

用户管理中心作为对垄上数字学校中涉及的不同用户进行统一管理与服务的专门平台，其主要目的是保证用户信息安全，规范用户行为，方便用户操作。总体来说，该平台主要涉及用户管理中心总体设计和用户管理中心功能模块设计。

一、用户管理中心总体设计

（一）用户管理中心整体定位

随着新兴技术的发展和教育信息化的逐步深入，各类教育应用的建设与使用已经变得越来越频繁。但是就目前的各类数字校园应用系统建设来说，不同身份认证的弊端仍然存在，导致用户必须记住登录不同应用系统所需的多个用户名和密码，这会为他们带来很大的困扰，同时影响了对应用系统的统一规范化管理。因此，在进行垄上数字学校教育云平台的过程中，考虑到不同应用系统整合的复杂性及用户使用的便捷性，我们设计搭建了用户中心，即以登录服务和认证服务为基础的统一用户管理、授权管理和身份认证体系，将平台中的组织信息和不同用户信息进行统一存储、分级授权和集中身份认证，这不仅可以规范用户应用系统的用户认证方式，提高平台的安全性能，还可以在很大程度上降低用户的操作难度，进而提升用户体验。

用户管理中心对应用系统和平台用户信息与访问权限的统一管理与控制可以在规范数据管理的基础上实现全部应用的单点登录。在用户经过统一应用门户登录后，系统会依据他们的角色与权限完成对其身份的一次性认证，确定他们的授权访问的具体信息和内容。当用户从一个功能或模块进入另一个功能或模块时，系统就会自动为他们匹配与自身权限相对应的活动空间、信息资源、功能模块及教与学的相关工具。同时，将用户基本信息、操作权限与角色进行统一管理，在学校工作人员的职位发生调级、调职等方面的变更或学校体制改革与组织机构变动后，用户管理中心就会依据个体职位的变化或学校组织的调整及时完成用户身份、权限、访问控制等在各系统之间的变更与协调同步，在确保平台各类数据安全的基础上完成对用户的统一服务，同时可以在很大程度上降低应用系统的开发、维护及后期迭代升级的成本。

（二）用户管理中心功能结构

为实现对垄上数字学校教育云平台中所有用户和应用的统一规范化管理，用户管理中心主要设计了统一用户管理、统一身份认证管理、授权访问控制、应用权限管里、角色管理和组织机构及用户组的维护等。其中，统一用户管理是对平台中所有用户基础信息的综合设置与管理，主要包括用户的统一规范命名、分组、授权管理、存储、信息维护，向各应用系统提供用户属性，提供 Web 服务接口，提供权威基础数据等；统一身份认证是以统一身份管理为基础，为平台涉及的所有应用系统提供统一的认证方式和认证策略，以最简便、可靠的方式识别用户身份的合法性；授权访问控制主要是对学校全局资源所做的访问控制，保证不同应用系统访问控制策略的统一性；应用权限管理是对平台中所提供服务进行的统一管理，即通过将平台中不同的应用系统进行统一身份认证与服务权限管理，实现对平台中所有应用系统管理的一体化与标准化；角色管理主要是通过赋予不同的角色来确定角色所拥有的访问权限，在此基础上实现对平台中用户行为的统一设置与规范管理；组织机构及用户组的维护则是进行用户身份认证和权限设定的基础，各模块具体内容如图 4-1 所示。

总体来说，用户管理中心设计与开发的核心就是实现对垄上数字学校教育云平台中所有用户和应用系统的统一规范化管理，提高平台的安全性，方便用户操作和使用。首先，对用户的统一管理与访问控制可以提高平台管理的科学性与规范性。垄上数字学校是一个分层管理、多用户参与的综合化复杂平台，它不仅涉及区域内大量不同角色的用户，还包括为不同用户提供服务的多个应用系统，因此只有对其进行统一规范化管理才能保证平台的稳定性和服务的有序性。其次，对用户的统一管理与访问控制可以降低用户操作的复杂性，提高用户体验。对于垄上数字学校这一综合化教育服务平台来说，涉及服务不同用户的多个应用系统，如果在用户统一管理的基础上实现其与应用系统之间的相互管理，就可以使他们在一次登录之后访问平台中不同的应用系统并进行相应的教学、学习或管理活动，而不需要进行多次登录和验证。最后，对用户的统一管理与访问控制可以提高平台的整体安全性。不论是对于一个学校还是一个服务平台来说，数据都是其业务稳步推进及核心竞争力发挥的关键，对平台中不同用户的权限管理与访问控制也是在保证核心数据安全的基础上为不同用户提供的相应服务。因此，对用户的统一管理可以实现用户角色、身份认证和访问权限的一体化管理，保证组织机构、平台及用户个体数据的安全性。

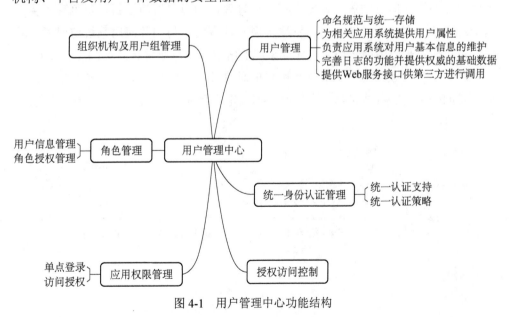

图 4-1　用户管理中心功能结构

二、用户管理中心功能模块设计

针对平台标准化、统一化管理的实际需求及用户管理中心本身的功能设定，其具体功能模块主要包括六个部分，即统一用户管理模块、统一身份认证管理模块、授权访问控制模块、应用权限管理模块、角色管理模块和组织机构及用户组的维护。

（一）用户管理模块

目前学校建设的系统一般拥有独立的用户管理功能，其认证方式多种多样，用户信息的格式、命名和存储方式等也缺乏统一的规范。在这样的情况下，当用户使用多个应用系统时，其或者使用多套用户管理规范，或者从后台同步用户信息。但是，用户信息的同步更新会大大增加系统的复杂性，增加系统管理成本，并且影响平台的安全稳定性，也不易于维护。统一用户管理就是为解决这一问题而设计的。它的核心任务就是统一存储平台中所有应用系统的用户信息，负责完成应用系统对用户访问的全部相关操作，同时将授权等操作赋予各操作系统自主完成，即形成统一存储、分布授权的有机结合。一方面，统一用户管理需要实现对平台中各类用户信息的统一设置、存储与管理，为用户访问控制、角色管理奠定基础；另一方面，通过统一用户管理实现其基本信息与相关应用系统访问权限的关联，实现对平台中用户信息与应用系统的统一管理，具体模块如图4-2所示。

统一用户管理中心作为对平台用户信息进行规范管理和统一存储的空间，需要具备的基本功能具体包括五个方面。①确定平台统一规范，对用户基本信息进

图4-2　统一用户管理模块

注：此图为网页截图，旨在示意，因此对于图中出现的标点等问题未做修改，全书同。

行规范化命名和统一存储，保证用户 ID 的全局唯一性。用户 ID 就如同一个人的身份证，它应该成为平台中区分和标识不同个体的唯一依据。当然，在安全性要求较高的环境中，还可以绑定个人数字证书（digital certificate），以进一步提高用访问的安全性。②向平台中涉及的各类应用系统提供用户属性的详细列表，包括用户名、姓名、性别、电话、角色等基本属性。当然，各应用系统可以根据实际需要选择其中的部分属性或全部属性。③负责各应用系统对用户基本信息进行的增加、删除、修改和查询等基本操作，实现对用户信息的统一管理。同时，要保留用户管理的基本功能，包括用户分组、用户授权等。④为保证对平台的系统监测，提高平台的安全性与用户操作的规范化，应该提供完善的日志功能，从而详细记录并保存各应用系统对用户管理信息的所有操作。同时，为校园身份认证及授权管理平台提供权威的基础数据，保证用户访问和相关操作的有效性与合法性，提高整个平台的安全性。⑤为方便用户操作及其对各类应用程序的使用，应该提供明确的 Web 服务接口，供第三方调用。

（二）统一身份认证管理模块

在不同用户基于平台开展活动的过程中，信息的安全性、完整性等是基础，这就需要以先进的信息加密技术与规范的认证策略作为支持。身份认证就是两个主体相互表明身份。它是安全管理中最基本的部分，是访问控制策略实施的基础。一般情况下身份认证包括两种，它可以是用户通过用户名和密码进行身份认证并进入系统，也可以是通过主机与主机之间或者进程与进程之间的双向验证进行。但总体来说，平台的用户身份认证与授权管理平台都是以统一用户管理中心的相关操作为基础的，进而对所有应用系统提供统一的认证方式和认证策略，以识别用户身份的合法性。统一用户认证应支持多种认证方式，一是用户名/密码认证，这是最基本的认证方式；二是 PKI/CA 数字证书认证，即通过数字证书的方式对用户身份进行认证；三是 IP 地址认证，即限制用户只能从指定的 IP 地址或者 IP 地址段去访问相关的系统；四是时间段认证，即限制用户只能在某个指定的时间段对系统进行访问。这几种方式一般采用模块化的设计，这样管理员就可以灵活地进行装载和卸载，同时还能够按照用户的要求便捷地扩展新的认证模块。其中，数字证书的使用可以帮助我们把证书持有者的公钥与用户身份紧密联系起来，以实现身份的确认，是安全级别较高的认证方法。因此，我们可以通过数字证书认证保证平台的信息安全与用户的正常使用。但是，在通过数字证书认证中心发放证书时，首先需要确定用户公钥所属的特定实体，并通过使用数字加密和数字签名技术保证数据在传输过程中的机密性、完整性和有效性。

（三）授权访问控制模块

总体来说，目前学校同时运行着多种应用系统，它们可能具有访问控制的能力，但相互之间存在着访问控制策略与方法的差异。因此，对一个校园管理系统来说，应该对学校全局资源进行系统化的访问控制，这就需要统一的访问控制策略。因此，在垄上数字学校的建设中，为保证对多种应用系统的一体化管理与访问控制，需要提供统一的访问控制策略，以建立统一的校园身份认证与授权管理平台的访问机制。同时，为了适应教育云平台对大规模用户和海量数据资源的管理并加强校园身份认证和访问控制，校园身份认证及授权管理平台采用了基于角色的访问控制（role-based access control，RBAC）策略。和基于用户和组的概念模型的传统访问控制管理不同，用户组和角色在实现访问控制策略上最大的区别在于：用户组仅仅是用户的集合，而角色还是权限的集合。从这一点来看，角色就是用户和权限两个集合之间进行关联的媒介。基于角色的访问控制则将权限和角色紧密结合在一起，即赋予不同用户相应的角色，使其能够获取访问该角色权限集合内的所有资源。基于角色的访问控制可以使我们根据平台中不同用户的职能创建相应的角色，以此来代替独立的访问权限实体及其他们之间的继承、限制等关系。然后，就可以根据用户的职能分配相应的角色。当用户机构发生变动或用户的身份发生变化时，系统就可以在完全透明的状态下通过角色的转变实现其操作权限的变更。同时，它也可以根据不同应用系统的需要对角色进行重新授权或取消某些权限。

（四）应用权限管理模块

应用权限管理的核心任务是对数字学校中的相关应用系统所提供的服务进行统一管理。如果其他的应用系统要使用本系统的身份认证和服务权限管理功能，首先必须将其提供的服务在本系统中进行注册，包括功能的注册、细粒度控制规则的注册等，在保证平台统一管理的基础上帮助应用系统实现灵活的范围控制，给系统的分散、分层权限控制管理等提供强有力的支持。本平台的应用授权设计如图 4-3 所示。在应用权限的管理中，主要包括应用单点登录和访问授权两个部分。其中，应用单点登录作为一种认证和授权机制，主要是为方便用户系统登录

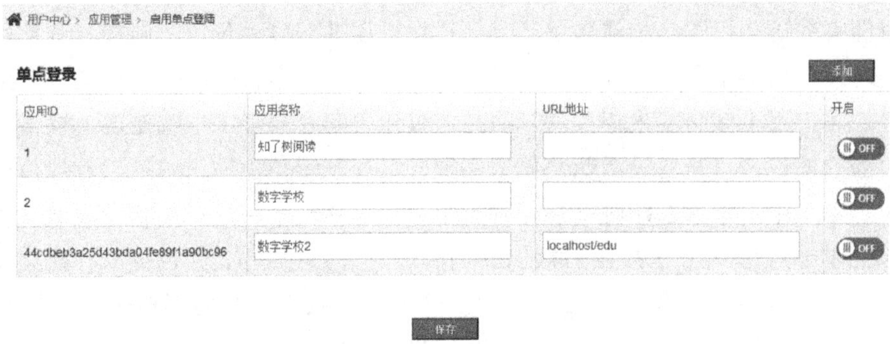

图 4-3 应用授权

和资源使用而提供的。它是用户"身份认证"的整合，指的是在一个多系统共存的环境中，用户在一处登录后，就可以得到其他所有系统的访问权限，而不需要在平台当中进行多次登录，在保证平台数据安全的同时降低了用户操作的复杂性。单点登录的实现方式有多种，包括以 Cookie 作为凭证媒介、通过 Jsonp 实现、通过页面重定向的方式、使用独立登录系统等途径。访问授权是对服务所需权限数据的管理。垄上数字学校是一个综合化的服务平台，其不同的应用面向的用户群可能存在差异，即不是所有应用都可以面向所有用户开放，而是面向特定的用户群，这就需要我们通过用户担任的角色来刻画相应的用户群及其所具有的权限。在这里，用户只有担任了相应的角色并通过与之对应等级的身份认证后才能够得到其所需的规定范围内的服务。总体来说，角色授权主要是指确定某个已注册的服务向哪些组织的哪些角色提供，包括增加或删除服务的角色对象，具体如图 4-4 所示。

图 4-4 角色授权

（五）角色管理模块

角色管理是访问权限的集合，通过为用户赋予不同角色来使他们获得对应角色所拥有的访问权限。总体来说，一个用户可以拥有多个角色，同样一个角色可以同时授权给多个用户；一个角色包含多个权限，一个权限同时可以被多个角色包含。用户不直接与权限相关联，而是通过角色享有权限。也就是说，权限对存取对象的操作许可是通过活跃角色来实现的。在基于角色的访问控制管理模型系统中，每个用户进入系统时都会得到一个对话，这一个用户对话就会激活该用户对应的全部角色及其与之相关联的访问权限。同时，角色之间也可以存在集成关系，即上级角色可以集成下级角色的部分或全部权限，从而形成了角色层次结构。在一个组织中，系统需要针对各种工作职能定义不同的角色，然后根据用户的责任和资格来分配其角色。这样可以十分简单地改变用户的角色分配。当系统中增加新的应用功能时，系统可以在角色中添加新的权限，同时可以撤销用户的角色或从角色中撤销一些原有的权限。基于角色的权限访问控制以其灵活性、便捷性、安全性等特点逐渐受到人们的关注，成为许多系统尤其是大型数据库系统权限管理的最佳选择。它不是直接给用户授权，而是先将角色进行授权，然后再通过授予用户角色将权限分配给不同的用户。在用户和权限之间引入角色，这样可以大大降低系统的复杂性，进而在强化组织结构的基础上提升了系统的简洁性与灵活性，降低系统管理员误操作的可能性。针对平台建设与管理需要，垄上数字学校的角色管理模块设计如图 4-5 所示。

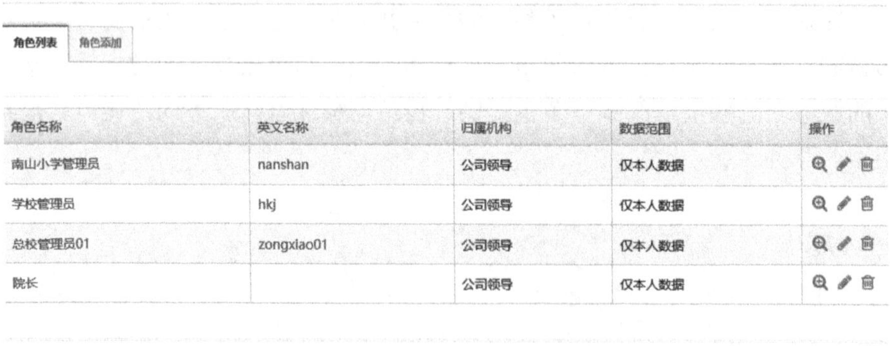

角色名称	英文名称	归属机构	数据范围	操作
南山小学管理员	nanshan	公司领导	仅本人数据	🔍 ✏ 🗑
学校管理员	hkj	公司领导	仅本人数据	🔍 ✏ 🗑
总校管理员01	zongxiao01	公司领导	仅本人数据	🔍 ✏ 🗑
院长		公司领导	仅本人数据	🔍 ✏ 🗑

图 4-5　角色管理

（六）组织机构及用户组管理模块

组织机构及用户组的设定是进行角色定位和用户权限设置的前提。因此，在进行用户身份认证之前，首先要确保组织机构数据的正确录入及其安全性。因此，需要首先将组织的具体结构以及组织内部的职务（用户组）等相关信息在身份认证和权限管理系统中进行注册，为系统划分角色权限及授权提供依据。首先，将组织机构中的责任人员、分工及其所属关系等信息录入系统，明确机构中不同职位的具体职责；其次，在考虑平台安全性与管理规范性的基础上针对不同职位的责任分工划分角色，并将角色与机构职位建立关联，在此基础上确定不同角色在平台中的具体操作权限；最后，将用户信息录入系统，然后根据他们的实际身份赋予其相应的角色。一个用户可以同时拥有多个角色，一个角色也可以拥有多个权限。在建立用户、角色和权限之间的相互关系之后，如果用户登录平台，系统就会根据他们的在组织中的角色确定其对应的系统操作权限，进而为其提供相应的服务和应用支持。从这一方面来说，组织机构及用户组的维护就是用户角色管理、授权访问控制和应用权限管理的基础，为平台用户的统一管理与规范服务提供了保障。在垄上数字学校中，组织机构及用户组的维护模块如图 4-6 所示。

机构名称	归属区域	机构编码	机构类型	备注	操作
总校门户	湖北省		部门		修改 删除 添加下级机构
▲中邮世纪（北京）通信技术有限公司	咸宁市	100071	公司		修改 删除 添加下级机构
公司领导	湖北省	100001	部门		修改 删除 添加下级机构
综合部	咸宁市	100002	部门		修改 删除 添加下级机构
市场部	湖北省	100003	部门		修改 删除 添加下级机构
运维部	咸宁市	100004	部门		修改 删除 添加下级机构
产品研发部	咸宁市	100005	部门		修改 删除 添加下级机构
运营部	咸宁市	100071006	部门		修改 删除 添加下级机构

图 4-6　组织机构及用户组的维护模块

第二节　基础数据交换中心设计

在进行数字学校建设过程中，为实现学校内部各项业务之间的数据流通和资源共享，应该对整个校园的数据按照一定的标准进行统一编码。这使得信息标准化，以及数字格式和表示的一致性逐渐成为数字校园建设项目探究的关键，也成为信息发展的一个主要议题。基础数据交换中心建设的关键就是通过数据中心、开放接口、信息标准和教材目录等方面的统一设置方便平台的数据管理与资源应用。

一、基础数据交换中心总体设计

总体来说，目前在数据的格式与表示等方面并没有形成一个统一的标准，包括国家标准、行业标准和学校内部的标准等不同类型，它们并不完全一致。因此，在进行数字学校的建设过程中，需要根据现有标准，兼顾各标准之间的兼容性、一致性和可扩展性等方面的要求，确定信息分类编码说明书。

（一）基础数据交换中心整体定位

学校信息化管理的现状是，各个部门可能都有各自独立的信息系统和数据库，并且每个系统自成体系，数据重复冗余，导致各部门相互之间同一信息不一致的局面，影响了数据的共享和利用效率。因此，在进行垄上数字学校的建设过程中，必须考虑数据的共享，保证平台中各项数据的一致性，尽可能减少数据冗余，提高利用效率。这就需要设计一个统一的数据库（包括共享数据库）架构，为后期各部门信息化工作提供准备和有效支持。因此，需要建立校园数据整合及决策辅助平台来帮助我们统一学校的信息编码规范，统一规划和整理学校的业务流程，保障数据的权威性和唯一性，消除信息孤岛。同时，它可以对学校所有有价值的数据建立统一的管理机制，实现对学校历史数据的保存和利用，并对关键数据的变更过程进行实时跟踪、记录和统计分析，为科学决策提供有力支持。在进行数据中心建设的基础上，应该提供统一的开放接口、信息标准和教材目录，对各项内容进行具体而明确的规定，以实现平台中不同应用系统数据及各项业务的统一管理与规范实施。因此，在垄上数字学校的建设过程中，基础数据交换中心的建立是非常重要的，它不仅包括校园数据整合及决策辅助平台的建立，还应该提供统一的开放接口、信息标准和教材目录，以维持平台中所涉及多个应用系统的正常使用。

（二）基础数据交换中心功能结构

基础数据交换中心建设的主要目的就是实现对平台中相关数据的统一管理与规范使用。目前的平台应用中一般会涉及多个应用系统，它们各自的数据格式、标准、存储规范等并不是统一的，因此，要实现其在一个平台中的统一整合与应用，不仅需要应用系统本身的兼容，还需要考虑统一数据标准的建立，在此基础上形成数据整合与决策辅助平台，帮助整个平台有效获取、分析、应用和存储各项数据，实现平台中各类数据的共享，降低数据冗余，提高平台数据的科学性与规范性，也就是建立统一的数据中心，实现对平台中所涉及各项数据的重新自定义。开放接口主要是支持 Web service，提供 RESTful 方式的数据访问，支持 XML、JSON 等数据格式，提供基于 OAuth2.0 的授权认证数据访问等，从而根据需要在系统中制定相应的数据访问接口，既可以避免再次开发，也可以实现对数据的开放管理。信息标准主要是平台建设过程中需要遵循的一系列数据标准和教育管理标准等，以保证后期建设平台中各类数据的规范化，实现其统一管理、存储与使用。在垄上数字学校的建设过程中，信息标准的建立主要以国家教育行业标准及国家教育资源公共服务平台中的中小学教材数据为基础，在这一教育标准的基础上建立完整的数据中心结构。教材目录作为平台建设过程中数据整合与标准统一的一大特色，将目前基础教育阶段的所有教材版本及其详细目录进行了集成，可以满足不同地区、学校、年级的需要，方便教师的课堂教学。基础数据交换中心的功能结构如图 4-7 所示。总体来说，它以数据整合为前提和最终目的，以开放接口、信息标准和统一教材目录的提供为依据和重要手段，实现垄上数字学校中各类应用系统数据和业务数据的集成、共享与有效应用。

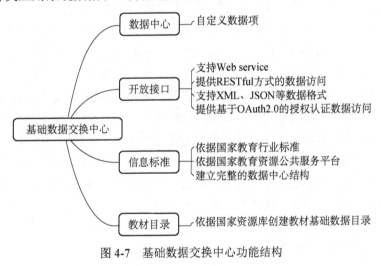

图 4-7　基础数据交换中心功能结构

二、基础数据交换中心功能模块设计

基础数据交换中心主要包括数据中心、开放接口、信息中心和教材目录四个模块。其中，数据中心的主要任务是对数据项进行自定义设置，实现对平台中各项数据的汇聚、整合与共享，降低数据冗余；开放接口主要提供系统所需的数据访问接口；信息中心则是确定平台数据标准与信息项，在此基础上建立完整的数据中心结构；教材目录是依据国家资源库创建教材目录，提供目前基础教育阶段涵盖的各类版本教材的目录详情，方便教师和其他教育管理人员使用。

（一）数据中心模块

一般情况下，一个平台会涉及多个应用系统，它们之间在代码、基础信息等方面的设置与使用规范上存在一定差异，但是整合到一个平台上之后又存在相互联系与数据整合的现实需求。因此，对平台各应用系统设计的各类数据项统一进行自定义设置，有助于实现对平台中各项数据的汇聚、整合与共享，降低数据冗余。默认情况下，数据中心页面为平台涉及数据项的列表，如发布、审核、删除、咨询、建议等，具体如图 4-8 所示。在该页面中，管理人员可以通过类型、描述、所属信息标准等筛选项对具体某一个或一类数据项进行检索，也可以针对需要对类表中的某一数据项进行修改、删除和添加键值等操作。同时，随着平台功能的逐渐完善和应用的不断集成，管理人员也可以随时添加需要的数据项，包括相应的键值、标签、所属信息标准、所属上级、类型、描述、排序、备注等内容。总体来说，数据中心对平台涉及数据项的统一自定义设置与管理可以达到两个主要目的，一是在提供教学、学习、管理等各项服务的基础上，集成教学管理平台、教师备课平台、教师发展平台、学生学习平台、教务管理平台等层面的核心数据，帮助管理人员在工作流平台实现流程定义、工作流引擎、流程管理和流程接口标准的统一管理，形成完整的数据及编码标准体系，实现对平台各项数据的一体化管理；二是数据中心对数据项的统一设置与管理有助于实现对相关外部数据、业务数据系统和文档资料的抽取、清理、装载和刷新，将其在学校数据库管理系统中进行统一管理，服务于学校的数据挖掘、报表、学情分析、校情分析等，为学校更好地开展教学、学习、科研、管理等工作提供有效支持。

（二）开放接口模块

以往各系统中的数据存在相互独立性，它们所使用的格式和标准都存在很大差异。因此，每种数据管理系统产生的数据文件格式都不一样，这就会为数据操作和管理人员的数据库连接带来很大困难。因此，提供开放接口的最主要目的就是针对平台本身特点定制所需的数据访问接口，实现对数据的开放管理，在保证数据规范化、标准化的基础上方便其管理、存储和使用。在垄上数字学校中开放数据接口的提供主要需要考虑四个方面的内容，其设计页面如图 4-9 所示。

图 4-8　数据中心页面

图 4-9　开放接口模块页面

一是支持使用 Web service 等方式来获取数据中心的标准数据。Web service 主要通过一系列标准和协议来保证应用程序之间的动态链接，方便其在 Web 中进行描述、发布、查找和调用等操作。它主要基于可扩展标记语言（extensible markup language，XML）、简单对象访问协议（simple object access protocol，SOAP）、Web 服务描述语言（Web services description language，WSDL）和统一描述发现集成（universal description discovery integration，UDDI）四个标准和协议，可以满足我们在 Internet 上使用不同的操作系统、硬件平台和标称语言之间相互集成应用的软件的现实需要。[①]

二是提供 RESTful 方式的数据访问。表示性状态转移（representational state transfer，REST）是一种充分利用 Web 特性且促进一个良好设计的 Web 应用能够向前推进的软件架构风格，由罗伊·托马斯·菲尔丁（Roy Thomas Fielding）于 2000 年在其博士论文中提出。[②]RESTful Web 服务作为符合 REST 风格的轻量级 Web 服务架构，能够以完成业务为目标，将与业务相关的一切食物抽象为资源，并为每个资源赋予一个 URL 标识，使用户在提交请求时能够将作用域信息置于其中，并使用不同的 HTTP 方法提交请求，以执行该 URL 所代表的资源。[③]

三是支持 XML、JSON 等数据格式。其中，XML 文档既可以作为一种借口定义提供给客户端，同时可以作为系统内部的层间数据交换载体，最大限度地解除了系统各模块之间的耦合性问题，可以满足用户自由重载系统各模块的需求，[④]需要予以考虑；基于 JavaScript 对象表示法（JavaScript object notation，JSON）是一种能够代替 XML 的轻量级数据交换格式，在数据应用中具有其特殊的优势和可行性，[⑤]也是需要平台提供支持的。

（三）信息标准模块

垄上数字学校主要参考了《中华人民共和国教育行业标准—教育管理信息 教育管理基础代码-JY/T 1001—2012》《中华人民共和国教育行业标准—教育管理信息 教育管理基础信息-JY/T 1002—2012》《中华人民共和国教育行业标准—教育管理信息 普通中小学校管理信息-JY/T 1004—2012》等标准以及国家教育资源公共服务平台中的中小学教材数据，建立了完整的数据中心结构。信息标准模块页面如图 4-10 所示。

---

① 毛文娟，陈奇志，李远飞. 基于 Web Services 的 SCADA 实时数据访问接口的设计[J]. 电力系统通信，2007，28（9）：53-56.

② Fielding R T. Architectural styles and the design of network-based software architectures[D]. University of California，Irvine，2000.

③ 唐明伟，卞艺杰，陶飞飞. RESTful 架构下图书管理系统的研究与实现[J]. 现代图书情报技术，2010，26（9）：84-89.

④ 刘传杰，陈平. 基于 XML 的数据访问组件的研究与实现[J]. 计算机工程，2004，30（13）：65-66.

⑤ 张沪寅，屈乾松，胡瑞芸. 基于 JSON 的数据交换模型[J]. 计算机工程与设计，2015（12）：3380-3384.

图 4-10 信息标准模块页面

1.《中华人民共和国教育行业标准——教育管理信息 教育管理基础代码—JY/T 1001—2012》

《中华人民共和国教育行业标准——教育管理信息 教育管理基础代码—JY/T 1001—2012》依据 GB/T 1.1—2009 给出的规则起草，规定了全国教育管理基础代码集，适用于幼儿园、普通中小学、中等职业学校、高等学校等各类教育机构的内部管理，以及各级教育行政部门对学校（教育部门）的管理需要。在说明其规范性引用文件的基础上，提供了学校管理类代码子集、学生管理类代码子集、教学管理类代码子集、教职工管理类代码子集、通用人员管理类代码子集、科研管理类代码子集、资产、图书、实验室管理类代码子集、财务管理类代码子集、办公与档案管理类代码子集等九类代码子集，详细提供了各代码子集所包括的各类代码，在对各类代码进行简单概述的基础上，说明了编码的方法，最后提供了详细的代码表。在最后，标准提供了 GB/T 14946.1—2009 中与教育管理相关的代码。

2.《中华人民共和国教育行业标准——教育管理信息 教育管理基础信息—JY/T 1002—2012》

《中华人民共和国教育行业标准——教育管理信息 教育管理基础信息—JY/T 1002—2012》是依据 GB/T 1.1—2009 给出的规则起草的，它主要确立了教育管理信息中最基本的体系结构、数据元素的元数据结构，规定了教育管理基本数据元素，适用于幼儿园、普通中小学、中等职业学校、高等学校等各级各类教育机构以及教育行政管理部门的教育管理信息系统数据结构设计。在教育管理基础信息的体系结构上，主要说明了面向教育管理基础信息的元数据组成、数据的层次结构和数据元素的结构；在扩展性上，明确指出本标准并未包含教育管理所有方面的基础数据，今后可根据实际情况进行扩展，但应该遵循相应的规范；在数据集上，主要对包括 JCTB 通用/标准数据子集、JCXX 学校数据子集、JCXS 学生数据子集、JCJG 教职工数据子集和 JCBX 办学条件数据子集在内的五大类子集及其具体分类和内容进行了详细说明。

3.《中华人民共和国教育行业标准——教育管理信息 普通中小学校管理信息—JY/T 1004—2012》

《中华人民共和国教育行业标准——教育管理信息 普通中小学校管理信息—JY/T 1004—2012》是依据 GB/T 1.1—2009 给出的规则起草的，旨在建立适用于中国普通中小学校的管理信息体系，并规范定义基础的数据元素，为中小学校管理信息化建设提供重要指导。在普通中小学校管理信息的体系结构上，对面向普通中小学校管理信息的元数据组成、数据的层次结构和数据元素的结构进行了阐述；在扩展性上，指出标准中普通中小学校管理全方位的基础数据，并允许今后在遵循相关规定的基础上根据实际情况进行扩展；在数据集上，提供了 ZXXX 学校概况数据子集、ZXXS 学生管理数据子集、ZXDY 德育管理数据子集、ZXJX 教学管理数据子集、ZXTW 体育卫生数据子集、ZXJZ 教职工管理数据子集、ZXKY 科研管理数据子集、ZXFC 房地产与设施数据子集、ZXSB 仪器设备与实验室管理数据子集、ZXTS 图书管理数据子集、ZXBG 办公管理数据子集、ZXAQ 安全管理数据子集十二类主要数据子集，并详细说明了其中涉及的数据子类并对其分别进行了详细描述。总体来说，该标准主要构建了一个基本的元数据模型，在此基础上将数据元素的各种属性加以描述，统一规范了普通中小学校管理信息的体系及相应数据元素的定义。

（四）教材目录模块

垄上数字学校建设初期主要服务于区域内基础教育阶段的各类中小学。平台随着不断推广和建设完善，会面向更为广泛的地区进行应用推广。在这一过程中，需要考虑一个重要问题，那就是不同地区在教材版本选择上的差异，以满足他们的不同需求。因此，为方便平台中各类学校同步数据后直接修改使用平台资源，我们在基础数据交换中心提供了教材目录模块，即包括目前我国基础教育阶段涉及的所有版本的教材及其具体目录内容，其设计页面如图4-11所示。教材目录的建设主要有两个作用：一是提高教师和教育管理者的工作效率，避免大量重复建设教材目录工作，实现平台数据的充分共享，避免数据冗余；二是统一教材目录的建设有助于平台更加全面、快捷地获取各类数据，提高学习分析、学校核心业务分析的效率，实现更大范围内的数据挖掘与统计分析，有助于教育管理人员科学教育决策的制定。

目前，垄上数字学校已建成的教材目录汇集了小学和初中全科、全学段的教材目录共计 3400 余条。其中，小学阶段包括语文、数学、英语、品德与社会、品德与生活、科学、音乐、美术、体育与健康、信息技术、艺术、劳动技术、综合实践、公共卫生教育、心理健康教育、汉语等学科的教材目录 2000 余条，各学科主要教材版本如表4-1所示。

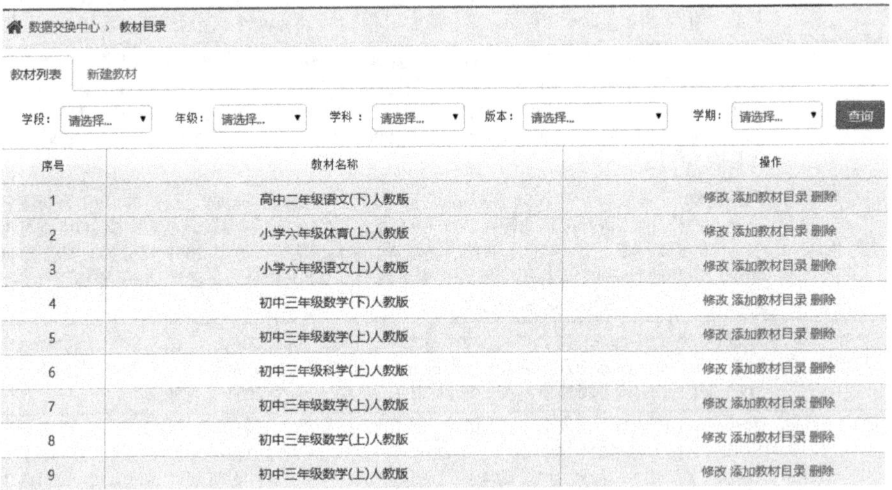

图 4-11 教材目录模块页面

表4-1 小学阶段各科教材主要版本

学科	教材版本
语文	人教 2001 课标版、长春 2001 课标版、北师大 2001 课标版、苏教 2001 课标版、西南师大 2001 课标版、冀教 2001 课标版、语文 A 版 2001 课标版、语文 S 版 2001 课标版、教科 2001 课标版、鄂教 2001 课标版、湘教 2001 课标版、鲁教五·四学制 2001 课标版、北京 2001 课标版、浙教 2001 课标版、沪教 2001 课标版、鲁教 2001 课标版等
数学	北师大 2011 课标版、北京 2011 课标版、冀教 2011 课标版、苏教 2011 课标版、青岛 2011 课标版、人教 2011 课标版、西南师大 2011 课标版、青岛五·四学制 2011 课标版、人教 2001 课标版、北师大 2001 课标版、西南师大 2001 课标版、教改实验版、冀教 2001 课标版、青岛 2001 课标版、沪教 2001 课标版、北京 2001 课改实验版等

续表

学科	教材版本
英语	北师大 2011 课标版三年级起点、北京 2011 课标版一年级起点、闽教 2011 课标版三年级起点、粤人 2011 课标版三年级起点、冀教 2011 课标版三年级起点、冀教 2011 课标版一年级起点、鄂教 2011 课标版三年级起点、湘少 2011 课标版三年级起点、科教 EEC2011 课标版三年级起点、科教 2011 课标版三年级起点、科普 2011 课标版三年级起点、辽师大 2011 课标版三年级起点、人教 2011 课标版一年级、人教（PEP）2011 课标版三年级起点（吴欣主编）、人教（精通）2011 课标版三年级起点（郝建平主编）、鲁教湘教 2011 课标版三年级起点、陕旅 2011 课标版三年级起点、沪教 2011 课标版三年级起点、川教 2011 课标版三年级起点、外研社 2011 课标版一年级起点、外研社 2011 课标版三年级起点（陈琳主编）、外研社 2011 课标版三年级起点（刘兆义主编）、外研社 2011 课标版三年级起点（桂诗春主编）、译林 2011 课标版三年级起点、重大 2011 课标版三年级起点、鲁课五·四学制 2011 课标版、北师大 2011 课标版一年级起点、北师大 2001 课标版一年级起点、北师大 2001 课标版三年级起点、外研社 2001 课标版一年级起点、外研社 2001 课标版三年级起点、人教（PEP）2001 课标版供三年级起始用（龚亚夫主编）、人教（新起点）2011 课标版一年级起点（龚亚夫主编）、人教（新版）2001 课标版供三年级起始用（郝建平主编）、人教（新起点）2001 课标版供一年级起始用（龚亚夫主编）、人教（灵通）2011 课标版三年级起点（郝建平责编）、人教（新版）2001 课标版供一年级起始用、牛津苏教 2001 课标版、译林 2001 课标版、冀教 2001 课标版一年级起点、粤教 2001 课标版、湘教 2001 课标版、广州 2001 课标版、冀教 2001 课标版三年级起点、新世纪版、牛津上海、科教 EEC2001 课标版（2003 年 8 月第 1 版）、川教新路径课标版、朗文版、闽教 2001 课标板三年级起点等
品德与社会	人教 2001 课标版、鲁人 2001 课标版、鲁美 2001 课标版、粤教 2001 课标版、广西师大星图 2001 课标版、辽师大 2001 课标版、未来社人民社 2001 课标版、北师大 2001 课标版、苏教中图 2001 课标版、冀人 2001 课标版、泰山 2001 课标版、浙教 2001 课标版、科教 2001 课标版、鲁教五·四学制 2001 课标版、苏教 2001 课标版、首师大 2001 课标版、未来社 2001 课标版等
品德与生活	人教 2001 课标版、粤教 2001 课标版、广西师大星图 2001 课标版、辽师大 2001 课标版、未来社人民社 2001 课标版、北师大 2001 课标版、辽海 2001 课标版、苏教中图 2001 课标版、冀人 2001 课标版、泰山 2001 课标版、浙教 2001 课标版、教科 2001 课标版、鄂教版 2001 课标版、鲁教 2 五·四学制 2001 课标版、苏教 2001 课标版、首师大 2001 课标版、未来社 2001 课标版等
科学	大象社 2001 课标版、粤教粤科 2001 课标版、苏教 2001 课标版、冀人 2001 课标版、吉岛 2001 课标版、青岛 2001 课标版、青岛五·四学制 2001 课标版、教科 2001 课标版、鄂教 2001 课标版、湘科 2001 课标版、湘科 2011 课标版、人教 2001 课标版等
音乐	冀少 2011 课标版、湘文艺 2011 课标版、花城粤教 2011 课标版（简谱）、苏少 2011 课标版（简谱）、接力社 2011 课标版、辽海 2011 课标版、人教 2011 课标版（五线谱）、人教 2011 课标版（简谱）、人音 2011 课标版（五线谱）、人音 2011 课标版（简谱）、北教科院人音 2011 课标版（敬谱主编）、沪教 2011 课标版、西南师大 2011 课标版、鲁教五·四学制 2011 课标（简谱）、人教版 2001 课标版（五线谱）、人教 2001 课标版（简谱）、人音 2001 课标版、鲁教 2001 课标版五·四学制（简谱）、西南师大 2001 课标版、苏少 2001 课标版、湘教 2001 课标版、沪音版、沪教 2001 课标版、辽海 2001 课标版、花城粤教 2001 课标版（简谱）等
美术	桂美 2011 课标版、冀美 2011 课标版、湘美 2011 课标版、苏少 2011 课标版、赣美 2011 课标版、辽海 2011 课标版、岭南社 2011 课标版、人教 2011 课标版、人美 2011 课标版（杨力主编）、沪教 2011 课标版、浙人美 2011 课标版、鲁教 2 五·四学制 2011 课标版、湘美 2001 课标版、人教 2001 课标版、苏少 2001 课标版、人美 2001 课标版（杨永善主编）、沪书画版、沪教版、人美 2001 课标版（常锐伦主编）、冀美 2001 课标版、岭南社 2001 课标版、人美 2001 课标版（李锦璐主编）等
体育与健康	冀教 2011 课标版、人教 2011 课标版、人教 2001 课标版、浙教课标板、津教课标版、沪少版、北京 2001 课标版、东北师大 2001 课标版等
信息技术	人教 2001 课标版三年级起点、辽师大 2001 课标版、冀教 2001 课标版、川教 2001 课标版等

续表

学科	教材版本
艺术	教科 2011 课标版、鄂教 2011 课标版、教科 2001 课标版等
劳动技术	北京 2001 课标版、浙教课标版（2012）、豫科课标版（2008）、豫海燕社课标版（2008）等
综合实践	沪科教课标版（2014）、辽师大课标版（2012）、沈阳社课标版（2005）、重庆社课标版（2013）等
公共卫生教育	辽海版（2012）等
心理健康教育	辽大版（2014）、闽教版（2014）、大象版（2013）、鄂科版（2014）、鲁画报社版（2014）等
汉语	人教 2001 课标版（藏语）、新教课标版（供维吾尔族学生使用）2013 等

初中学段包括语文、数学、英语、思想品德、科学、历史与社会、美术、体育与健康、信息技术、综合实践、艺术、公共卫生教育、心理健康教育、劳动技术、汉语等学科的教材目录 1000 余条，各学科主要教材版本如表 4-2 所示。

表 4-2　初中阶段学科教材主要版本

学科	教材版本
语文	人教 2001 课标版、冀大 2001 课标版、语文社 2001 课标版、苏教 2001 课标版、鄂教 2001 课标版、北师大 2011 课标版、长春 2001 课标版、鲁教五·四学制 2001 课标版、人教 2001 课标版 2013 年第 3 版、北京 2001 课标版等
数学	北师大 2011 课标版、北京 2011 课标版、华东师大 2011 课标版、苏科 2011 课标版、冀教 2011 课标版、冀教 2011 课标版、青岛 2011 课标版、浙教 2011 课标版、湘教 2011 课标版、人教 2011 课标版、沪科 2011 课标版、人教五·四学制 2011 课标版、人教 2001 课标版、北师大 2001 课标版、苏科 2001 课标版、华东师大 2001 课标版、冀教 2001 课标版、北京 2001 课标版、沪教版、青岛 2001 课标版、鲁教五·四学制 2001 课标版等
英语	仁爱科普 2011 课标版、北师大 2011 课标版、冀教 2011 课标版（衔接三年级起点）、人教 2011 课标版、沪教 2011 课标版、外研社 2011 课标版、 牛津译林 2011 课标版、教科 EEC 五·四学制 2011 课标版、鲁教五·四学制 2011 课标版、人教 2001 课标版、北师大 2001 课标版、外研社 2001 课标版、 冀教 2001 课标版（初中起始版）、牛津译林 2001 课标版、仁爱科普 2001 课标版等
思想品德	人民社 2001 课标版、鲁人 2001 课标版、粤教 2001 课标版、北师大 2001 课标版、苏人 2001 课标版、陕人教 2001 课标版、教科 2001 课标版、湘师大 2001 课标版、鲁人五·四学制 2001 课标版、沪教版、首师大课标版、人民社版、北师大 2011 课标版、北教科院北师大 2011 课标版（2013 年 7 月第 1 版，北京教育科学院编写）、苏科 2011 课标版、沪科 2011 课标版、沪科粤版 2011 课标版、人教 2011 课标版、教科 2011 课标版、鲁科五·四学制 2011 课标版、人教 2001 课标版、北教科院北师大 2001 课标版（2005 年 5 月第 1 版，北京教育科学院北京师范大学出版社合编）、苏科 2001 课标版、沪版、仁爱科普 2011 课标版、北京 2011 课标版、科粤 2011 课标版、人教 2011 课标版、鲁教 2011 课标版、沪教 2011 课标版、鲁教五·四学制 2011 课标版、人教 2001 课标版、鲁教五·四制 2001 课标版、沪教版、北京 2011 课标版、冀少儿 2011 课标版、济南社 2011 课标版、苏科 2011 课标版、人教 2011 课标版、鲁科五·四学制 2011 课标版、人教 2001 课标版、北师大 2001 课标版、苏教 2001 课标版、北京 2001 课标版、沪教版等
科学	华东师大 2011 课标版、浙教 2011 课标版、浙教 2001 课标版、华东师大 2001 课标版、人教 2001 课标版、中华书局 2001 课标版、中图 2001 课标版、川教 2001 课标版、北师大 2001 课标版、华东师大 2001 课标版、冀人 2001 课标版、岳麓 2001 课标版、鲁教五·四学制 2001 课标版、北京 2001 课标版等

续表

学科	教材版本
历史与社会	人教 2011 课标版、沪教 2001 课标版、粤人 2011 课标版、湘教 2011 课标版、仁爱科普 2011 课标版、人教 2011 课标版、晋教 2011 课标版、商务星球 2011 课标版、中图 2011 课标版、北教科院中图 2011 课标版、鲁教五·四学制 2011 课标版、人教 2001 课标版、中图 2001 课标版、沪教版、粤教花城 2011 课标版、桂教 2011 课标版、冀少 2011 课标版、湘文艺 2011 课标版、苏少 2011 课标版（五线谱）、苏少 2011 课标版（简谱）、辽海 2011 课标版、人教 2011 课标版（五线谱）、人教 2011 课标版（简谱）、人音 2011 课标版（五线谱）、人音 2011 课标版（简谱）、北教科院人音 2011 课标版五线谱第 13 册、沪教 2011 课标版、西南师大 2011 课标版、鲁教五·四学制 2011 课标版、人教 2001 课标版（五线谱）、人音 2001 课标版（五线谱）、西南师大 2001 课标版、苏少 2001 课标版（简谱）、人教 2001 课标版（简谱）、人音 2001 课标版（简谱）等
美术	桂美 2011 课标版、冀教科所冀美 2011 课标版、湘美 2011 课标版、苏少 2011 课标版、赣美 2011 课标版、辽海 2011 课标版、岭南社 2011 课标版、人美 2011 课标版、人美 2011 课标版、北教科院人美 2011 课标版、沪教 2011 课标版、浙人美 2011 课标版、鲁教五·四学制 2011 课标版、人教 2001 课标版、苏少 2001 课标版、人美 2001 课标版、北教科院人美 2001 课标版、沪书画版、沪少版、湘美 2001 课标版等
体育与健康	冀教科所冀教 2011 课标版、华东师大 2011 课标版、华中师大 2011 课标版教科 2011 课标版、人教 2001 课标版、冀教 2001 课标版、华东师大 2001 课标版等
信息技术	人教 2001 课标版、苏科 2001 课标版、冀教 2001 课标版、北京 2001 课标版、人教课标版（2014）等
综合实践	沪科教 2011 课标版、浙科 2013 课标版等
艺术	教科 2011 课标版、鄂教 2011 课标版等
公共卫生教育	大连理工版（2014）等
心理健康教育	闽教版 2012、大象版 2008、北师大版 2013 等
劳动技术	浙教课标版（2012 年 7 月第 1 版）《手工制作》《航模与车模》《印章与雕刻》《陶艺》、浙教课标版（2013 年 7 月第 1 版）《木工与金工》《电子与电工》《家用器具》《现代家政》《花木栽培》等
汉语	人教 2001 课标版（藏语）等

第三节 资源中心设计

资源中心作为一个集资源分布式存储、资源管理、资源共享和知识管理为一体的云端资源管理平台，可以为不同学校、教师、学生配发他们所需要的教学与学习资源，是垄上数字学校基础开放平台的核心模块之一，主要包括资源处理与上传、资源管理与共享、资源浏览与检索和展示与维护等核心功能。

一、资源中心总体设计

（一）资源中心整体定位

数字教育资源在教育教学活动开展过程中扮演着重要角色，尤其是在资源种类、数量不断增加、资源共享范围不断拓展的今天，为教师、学生等不同用户提供他们实际需要的数字资源也变得越来越重要。资源中心就是为满足区域范围内不同教师和学生的教学与学习需要而设计的。它包括对资源的处理、上传、管理、共享、浏览与检索等操作，涉及不同等级的管理人员及不同类型的用户。对平台本身的设计来说，应该确定资源的基本管理规范，包括资源的类型、上传与管理权限等，在此基础上确定资源的上传、管理、存储与使用规则，保证平台资源的安全与规范化使用。对不同权限的管理人员来说，其需要完成对权限内资源的审核、管理、存储与监督等操作，保证资源的正常使用。对使用者来说，他们可以针对自己的需要快速准确地检索到目标资源并进行应用。因此，资源中心包括后台的统一设计、前台呈现、管理人员的统一管理与安排以及用户的检索与下载等操作，其最终目的就是通过后台保障与前台的可视化呈现更好地满足平台中不同用户的实际需要。从这一角度来说资源中心并不是平台中一个固定的模块，而是满足用户数字资源需求所涉及的一系列内容，在后台部分包括资源的上传、存储、管理等规则的设定，资源的分类、共享、推送机制的确立，管理人员的上传、审核操作；前台部分包括用户的检索、下载、使用、评价，其自身资源的管理与共享等操作。总体来说，其最终的呈现便是平台门户的资源展示和不同用户端口的资源推送与用户检索、下载与管理等操作。

（二）资源中心功能结构

资源中心作为一个涉及多模块、多角色的部分，其主要功能是满足平台中不同用户的教学与学习需求。从首页的资源内容呈现来说，包括热门资源、最新资源、主题推荐等部分，主要是对平台资源的分类呈现及根据用户需要的实时更新与个性化推送。从云端的资源处理中心来看，主要包括满足用户对资源的检索、下载、收藏等操作需要，即为用户的资源需求与相关操作提供支持。在用户空间的资源服务部分，它不仅包括首页对热门资源、最新资源、主题资源的推送即针对个体需要的推荐资源，还包括为个体提供的资源上传、下载、收藏、编辑、管理等服务，方便用户对自身资源和下载资源的处理，同时可以促进不同用户之间的资源共享，不断增加平台的资源总量。此外，资源的订阅也是为满足不同用户的实际需求而提供的，主要表现为机构用户对各类资源的统一订阅、管理与使用等操作。从后台管理方面说，应该满足前台资源的呈现及其对不同用户资源服务的需要，因此不仅包括资源的上传、审核与发布，还包括资源的管理与分发等功能，即在通过云端提供海量数字资源的基础上，通过资源管理规则的制定确保平台资源的质量，保证对资源的规范化管理，满足其对不同用户的个性化服务等。总体来说，资源中心设计的主要内容包括首页、云资源、我的资源、资源订阅和管理后台等，涉及管理者、个人用户和机构用户等不同角色，其具体内容如图4-12所示。

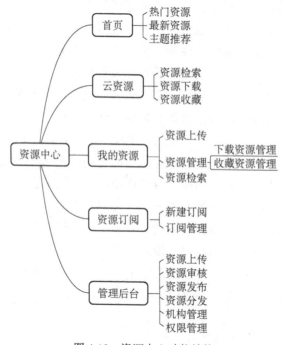

图 4-12 资源中心功能结构

二、资源中心设计内容

资源中心模块的设计包括资源的处理与上传、资源的管理与共享、资源的浏览与检索等。它既涉及资源的后台操作与设置，也涉及前台的呈现与服务，但最终目的是通过后台设置、管理与维护实现其在前台的规范化呈现，以满足不同用户的实际需求。资源中心在平台前台的呈现如图4-13所示。

图 4-13　平台资源页面

（一）资源处理与上传

资源建设模块主要实现资源的上传与收集等功能，其中包括平台直接上传和用户上传的资源等。在进行资源上传的过程中可以进行一些智能化的操作，如自动分类、生成缩略图、动画截图等，方便资源上传之后的预览、管理与存储。

1. 资源的处理

面对目前全媒体的发展及不同用户的实际需要，平台应该为用户提供多种类型的教育教学资源，因此在资源的处理与上传过程中应该支持多种资源类型，既包括文本、音频、视频、动画、图片的传统资源类型，也包括网络课程、文献资料等，并对资源进行多个角度的分类处理，方便用户更加准确地检索和获取自己所需要的数字资源。此外，为降低用户或相关管理人员的操作难度同时规范平台资源的管理，我们设计了资源的自动分类，并在后台设置资源对应的扩展名用来限制非授权扩展名资源的上传，保证资源的统一分类与规范管理。考虑到用户检索的需要，应该在资源上传过程中提供智能截图服务，即在上传者不提供上传资源指定缩略图的时候，系统就可以根据资源的类型和内容进行自动截图，包括图片、视频和动画等，以满足用户的检索需要。

2. 资源的上传

用户或管理人员在登录平台之后，根据自己上传资源的需要到指定的课程或者子库界面中进行文件的上传操作。文件上传完成后，还需要经过专门的管理人员进行审核、授权和发布，在完成这些流程后才可以供其他用户进行浏览、下载和使用等操作。在进行实际的资源上传过程中，有时候需要一次上传大量内容。为了方便用户操作，需要为他们提供"批量入库"的上传方式，降低操作的复杂性，进而提高其工作效率。在进行批量上传入库的操作过程中，通过本地文件或文件夹直接上传相应的资源，在经过管理人员审核通过后即可实现其批量入库。此外，考虑到资源上传入库的操作过程中难免会出现网络、电脑、时间等客观或主观方面的原因导致的上传失败或中断。为了避免重复操作给用户或管理人员带来的困扰，平台提供了断点续传功能，即在由于系统错误等原因出现上传终止的情况下，系统会继续未完成的上传任务，在不需重复上传的前提下保证资源入库工作的顺利完成。

（二）资源管理与共享

对资源的管理者来说，他们不仅要对用户上传的各类数字资源进行审查和验收，对现有资源进行批量入库处理，还要规定资源管理机制并对平台中所有的资源进行统一管理，如设置资源适用范围、下载次数、资源发布、清理、删除等，同时通过设置确定不同资源的使用权限，在保证资源科学管理的基础上更好地满足不同用户的实际需求。

1. 资源的分类

为了方便资源的管理与使用，需要按照课程目录进行管理并针对不同建设级别和资源类型创建资源的目录，在此基础上进行子目录的创建，同时为每一级目录创设相应的负责人，保证平台中各类资源的有效管理。按照"国家教育资源公共服务平台"对资源进行分类管理的相关规定，我们对垄上数字学校中的资源进行了具体分类，其学段、年级、学科、教材版本、教材目录及详细资源类型，如表4-3所示。

2. 资源的存储与维护

为方便平台资源的存储、管理与使用工作，需要实现资源的分布式存储，即将各类数字资源及课程分布存储在多台服务器上，从而构成一个虚拟的存储设备。这其中每个存储方案都允许设置多种上传、下载和点拨服务，以便实现数据分流，从而提高用户对资源的访问效率。管理人员对其权限下的子资源库的管理包括资源的归类、下载次数设置、资源状态设置、资源过滤、资源评论管理、资源权限设置、资源删除等操作，以保证平台各项资源和其他数据的安全，同时满足不同用户的实际需求。

3. 资源的遴选与定向发布

资源上传、管理与存储的最终目的是满足用户的实际需求。因此，平台资源管理人员还需要针对不同用户的实际需求进行适配推送（表 4-3）。他们可以通过分析不同类型用户对资源的下载、收藏和浏览次数对不同的资源进行定位和评价，在此基础上确定不同用户对资源的需求并分别对其进行推送，从而实现对平

表4-3 平台资源分类

分类项	具体类型
学段	小学、中学、高中
年级	一年级、二年级、三年级……
学科	语文、数学、英语、……
教材版本	人教2001课标版、长春2001课标版、北师大2001课标版、西南师大2001课标版……
教材目录	一级目录 二级目录 三级目录
资源类别	教学资源：主编说课、如何上好这门课、专家说课、教学案例、微课、教学课件、评课、教学设计、教材 学习资源：课前导学、学习目标、相关学习资源、学习活动设计、教学视频 教研资源
资源类型	视频、音频、动画、图文、课件、文档、压缩包……
文件类型	mp4，avi，flv，wmv，mov……

台资源的统一科学化管理与个性化服务。

（三）资源浏览与检索

平台资源的管理和呈现应该方便用户的检索、浏览和下载等操作，包括针对年级、学科、教材版本、资源格式等对资源进行统一检索，在获取初步的检索结果后能够通过在线预览、用户评价等确定是否为自身所需要的资源，在此基础上进行下载和使用。因此，平台需要提供资源的在线预览服务，保证直接将 WORD、Excel 和 PPT 等文档、jpg、jpeg、gif 等图片及 rmvb、avi、Mp4 等视频转码后能够供用户进行在线浏览。在平台的具体设计上，需要为用户提供统一的资源门户以显示他们权限内可获取的所有资源，包括我的资源（我的上传、我的下载、我的收藏）、我的订阅、热门资源、最新资源、主题推荐等，同时设置首页导航和用户推荐。这样，用户就可以通过首页导航咨询或推荐信息快速方便地浏览并获取自己最想得到的数字资源。同时，需要设置常规的资源分类、分级检索服务，使用户能够输入要搜索的标题或关键字进行资源的检索，如果按标题搜索，则选择"资源标题"；如果按资源的关键字搜索，则选择"关键字"，然后点击"搜索"按钮，则显示搜索结果。同时，他们也可以根据作者来检索资源。

第五章 垄上数字学校的总校设计

垄上数字学校是一个独立建制、分层管的虚实结合学校，其平台的建设也是分层设计的，具体为总校、分校和校园端。其中，总校是以省份为单位对区域内所有分校及其所属具体学校实施管理、提供服务并向外界进行展示的窗口，涉及信息化促进区域基础教育均衡发展工作的集体实施、监督、管理与维护等，是利用技术手段实现城乡优质师资共享、促进城乡教师专业发展并从整体上提升区域基础教育质量的关键。

第一节 垄上数字学校总校系统功能结构设计

除了作为平台整体向外展示的窗口，总校最为重要的功能就是对整个平台及其各项教育教学业务进行统一管理，包括系统设置、区域分校管理、教学管理、教务管理、平台监控、技术支持等方面，以保证垄上数字学校的正常运营及所属学校教育教学活动的正常开展，更好地促进区域基础教育的均衡发展。

一、垄上数字学校总校平台整体定位

垄上数字学校是以省为单位向区域内各类学校提供服务的综合平台，其建设背景是实现区域、城乡、学校之间基础教育的优质均衡发展，尤其是帮助偏远农村地区的薄弱学校和教学点开齐、开足、开好国家规定课程，通过互联网实现城乡学校（教学点）牵手、城乡教师牵手、城乡学生结伴，促进区域内优质数字教

育资源的共建共享，同时利用网络将城市学校优秀师资引向农村，实现城乡优质师资的共享。在这一背景与目标下，垄上数字学校的建设需要考虑省内基础教育均衡发展的整体情况及不同区域、城乡、学校（教学点）的基础教育均衡发展现状与实际需求，在此基础上进行整体规划与建设。因此，总校作为垄上数字学校建设的第一层，涉及省内不同区域的学校和教学点，需要对信息技术促进省内基础教育均衡发展的工作进行整体规划和具体安排。从这一层面来说，总校的建设不仅是分校、校园端建设的前提和基础，也是垄上数字学校的正常运行与区域基础教育均衡发展实践活动的顺利开展的重要保障。因此，在进行垄上数字学校的建设过程中，首先需要对总校进行正确定位和统一规划，明确总校的具体功能与职责，然后进行平台的具体设计与相关工作安排。

总校作为省级单位的平台，拥有最高的权限，负责全省基础教育均衡发展工作的安排、组织、监督、服务与维持，是保证省域内信息化促进基础教育均衡发展工作的关键。从学校整体建设来看，总校不仅要作为门户对外呈现区域基础教育均衡发展的具体措施、实施进展与具体成果，更重要的是保障平台各项工作的有序开展及区域教育信息化工作的顺利实施，包括不同用户的管理与权限设定、平台数据的规范统一与科学管理、平台资源的有效汇聚与适配推送、平台各项标准的建设与应用权限管理、平台的系统设置与技术支持。从区域基础教育规划与工作实施来看，总校应该针对不同地区的基础教育均衡发展实际及其不同学校、教师、学生的实际需求建立相应的区域分校，在此基础上确定区域分校教育教学工作的具体内容及各项操作权限，并为区域基础教育均衡发展的实践提供资源、环境与技术支持。从具体教育教学活动实施来看，总校需要为平台中所有教师、学生和学校等不同类型用户教育教学活动的有效开展提供支持，包括为教师教学活动实施和自身专业发展提供的各类数字资源与专门空间，为课堂教学活动的参与、自主学习活动的开展和交流讨论提供资源与环境，为学校业务分析、科学规划和管理工作提供支持等。

二、垄上数字学校总校平台功能结构

（一）垄上数字学校总校的主要功能

垄上数字学校不仅需要通过系统设置对平台基本内容进行设定，通过平台展示、呈现省级范围内基础教育均衡发展相关内容，更重要的是为区域基础教育均衡发展提供支持，包括分校设置与管理、具体教学支持、数据分析及平台监控等，保证在平台稳定运行的情况下满足不同用户的实际需求。

1. 信息展示

垄上数字学校的总校涉及省级范围内信息化与基础教育均衡发展的整体规划与具体实施，应该成为省内基础教育均衡发展工作的展示窗口，向教师、学生、家长、教育管理者及其他浏览者介绍垄上数字学校的建设背景、总体概况，实时呈现省内基础教育均衡发展总体情况，展示不同区域或学校的教育教学活动实施情况与基础教育均衡发展工作进展，分享典型地区或学校基础教育均衡发展的创新做法与成果。因此，垄上数字学校总校的第一个功能是信息展示，它主要包括两方面的内容：一是向人们实时呈现全省范围内基础教育均衡发展的整体情况与具体进展，包括教学活动实施、教师专业发展、区域规划安排等，实现区域基础教育均衡发展的公开化与透明化；二是通过对全省范围内不同地区或学校教育教学活动的分享与展示来促进不同地区之间的相互交流与共同学习，进而在共同探索与协同合作中促进全省基础教育阶段教育教学质量的整体提升。

2. 系统管理

垄上数字学校的总校需要服务全省范围内的所有学校和教学点，需要在后台进行整个平台的整体规划和统一设置，包括平台中的用户管理、菜单管理、角色管理、日志查询等。因此，总校需要具备系统整体设置与统一管理功能，即对平台的基本模块与具体内容进行统一设置，确定各个栏目或内容的基本规则与管理规范，在此基础上形成平台各类信息或资源的管理规范并进行统一管理。与一般平台的系统设置与管理一样，垄上数字学校的系统管理功能是平台建设、各项业务有序开展、满足不同用户的实际需求及保证平台及用户数据安全的基础，是垄上数字学校总校的一项基本功能。

3. 分校管理

总校管理人员具有最高的权限，负责全省范围内不同地区基础教育均衡发展的工作安排。由于每个地区的经济发展、地理位置、教育投入等方面存在很大差异，其基础教育均衡发展的总体规划与具体工作安排也存在很大差异。因此，要利用垄上数字学校帮助不同地区实现区域内基础教育的优质均衡发展，需要针对他们的实际情况进行分校的设立与具体工作的规划与安排。但是，要维持这些区域分校的正常运行与教育教学活动的有序开展，需要对其进行统一管理。针对全省不同地区基础教育均衡发展的需要，垄上数字学校的总校需要具备分校管理的功能，这不仅包括负责全省范围内不同地区分校的建立，还包括对区域分校工作的基本安排、权限设置与信息管理，满足不同地区基础教育均衡发展的实际需要，从而促进全省范围内基础教育均衡发展工作的持续稳步推进，不断提升全省基础教育的整体质量。

4. 教学支持

垄上数字学校建设的最终目的是为区域基础教育均衡发展提供支持，其关键是促进区域所有儿童的全面健康发展。对于目前的学校教育来说，对学生发展影响的关键是教学与学习活动。因此，对教学与学习的支持是总校平台的核心功能之一。在教学上，为教师的备课和课堂教学实施提供支持，帮助教师更好地开展教育教学活动，丰富课堂教学内容与形式，提高学生学习的积极性与主动性；在学习上，为学生提供个性化的学习支持，满足他们课下自主学习的需要，从而在课堂教学的基础上促进不同学习者的个性化发展；在教师专业发展上，提供教师网络研修的资源与空间，同时满足区域内不同学校教师之间的交流与合作需要，促进他们的共同成长。总体来说，总校对教师与学生提供的支持主要体现在宏观层面上的资源与空间支持上，保证他们教育教学活动的正常开展，这与分校与校园端为他们提供的具体教学支持还是存在一定差异的。

5. 数据分析

垄上数字学校的建设将区域范围内的大量教与学行为搬到了网上，为记录个体教学、学习及学校发展情况创造了可能。对服务全省不同地区基础教育均衡发展的总校来说，其教育教学支持措施的也是需要针对不同地区的实际需求而采取的。因此，为了提供具体的教学功能，总校还需要具备对各类数据进行深入分析的功能，从而精准定位不同用户的实际需求，为其提供相应的服务。从教师方面来说，针对教师的数据分析确定他们的教学需要与自身专业发展需求，在此基础上为他们推送相应的教与学资源，帮助他们更好地开展教学活动并促进其专业发展；从学生方面来说，针对他们的学习进度、浏览记录确定其学习需求与兴趣爱好，为他们提供个性化的支持服务；从区域分校和学校来说，通过不同类型课堂教学活动开展情况统计、教师专业发展活动、学生学习活动等方面的统计分析，确定区域或学校教育教学的实际情况和存在问题，为他们的教育决策制定、教育干预措施的实施等提供有效支持。

6. 平台监控

总校负责全省范围内所有分校和校园端的教育教学活动的开展。这其中涉及不同地区的教师、学生、管理者等用户，需要为他们提供教学、学习、管理、科研和专业发展等服务。因此，面对区域内的大量不同角色用户和多样化服务，总校需要维持平台的安全与稳定，保证平台中各项工作的顺利实施，这就是平台的监控功能。一方面，总校对平台中不同用户的浏览和操作进行严格监控，在满足不同用户实际需求的同时保证平台的稳定与数据安全；另一方面，总校对平台中不同学校的课堂教学情况进行实时监控，了解不同区域、学校的基础教育均衡发展工作实施情况，及时发现其中存在的问题及他们需求的变化，在此基础上为其提供有效支持和帮助。同时，总校应对敏感信息、系统压力等进行监控，不断完善平台功能和性能，保证平台数据的安全和数字教育资源的质量，同时可以在很大程度上避免由于用户过多等原因造成的系统瘫痪。

（二）垄上数字学校总校的功能结构

针对垄上数字学校总校的基本定位与主要功能，其具体功能结构主要包括门户管理、分校管理、数据统计和系统管理四个部分，具体如图 5-1 所示。门户管理模块主要包括门户后台管理和门户前台展示。其中，门户后台管理主要是对前台展示信息的设置与管理，包括栏目管理、内容管理、公告管理与信息量统计。门户前台展示包括首页、总校概况、新闻中心和资源中心。分校管理主要是对全省范围内所有分校进行的统一设定与管理，包括创建分校和管理分校信息管理两个方面。数据分析是总校功能的核心部分，包括对总校数据的分析和分校数据的分析。其中，总校数据分析包括概况、用户分析和教学分析；分校分析数据主要包括三个方面，分别是包括数据查询、用户分析和数据分析。系统管理主要是对平台基本内容的设置与管理，包括个人信息、机构用户、菜单管理、角色管理和日志查询等。

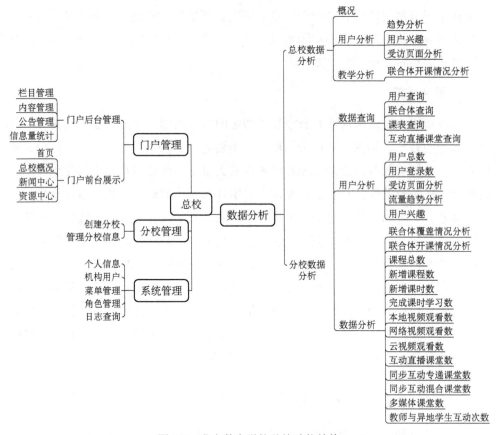

图 5-1 垄上数字学校总校功能结构

第二节 垄上数字学校总校功能模块设计

垄上数字学校总校作为为全省不同区域学校提供教育教学支持的总平台，需要提供各项服务，包括关于全省基础教育均衡发展工作的信息展示，对整个平台的基本内容、规则等进行整体设置的统一管理，对区域分校的创建与管理，对全省各区域教育教学活动的支持，对平台的整体监控与维护等。因此，其具体功能模块的设计应该充分考虑这些功能实现的具体需求，在前台提供门户展示模块，后台则需要提供门户管理、分校管理、数据分析和系统管理等模块。

一、门户展示模块

门户展示模块是垄上数字学校向外展示平台中全省基础教育均衡发展工作的窗口，主要是向人们介绍垄上数字学校的整体构想、建设规划、最新工作动态、区域基础教育均衡发展进展等内容，具体包括首页、总校概况、新闻中心和资源中心。

（一）首页

首页主要是对垄上数字学校的整体建设及全省基础教育均衡发展关键内容的展示，呈现当前全省及各区域基础教育均衡发展最新进展与优秀成果，包括总校地图、通知新闻与研修动态、名师工作室、热门资源和组织机构等内容。其中，总校地图主要呈现了全省不同的地区及其所有区域分校。一般情况下，分校是针对当地基础教育均衡发展情况以县或市为单位建成的。用户在点击某一个地区之后就可以看到该地区分校的具体建设情况，包括分校所属教学联合体、教师、学生、学科，以及同步互动课堂开设情况、分校课程表等信息，同时呈现分校内学校和教学点组成的地图，我们可以点击某一个学校（教学点）查看其具体信息。通知公告和研修动态主要是发布省域范围内基础教育均衡发展的最新消息与进展，向人们呈现不同区域的基础教育均衡发展进展与工作动态，推送不同地区的最新教师研修情况。名师工作室则是将全省不同学科的优秀教师工作室推送到主页上供人们进行浏览、学习和经验交流，促进教师的专业发展。热门资源是将平台中各学科中最近更新的资源、最受欢迎和点击、下载量最大的资源推送到首页上供人们查看。组织机构则主要是呈现省级范围内垄上数字学校的整体架构，包括总校、区域分校、中心校、教学点及它们之间的相互关系，并对垄上数字学校的整体建制进行介绍，让人们更好地了解其区别与传统实体学校的体制机制。

（二）总校概况

总校概况主要是对省级单位的垄上数字学校进行的整体介绍，包括垄上数字学校的总校简介、组织机构、规章制度和联系方式等内容。其中，总校简介主要是在对全省基础教育均衡现状与实际需求的基础上说明垄上数字学校的建设背景，并从利用城乡优质师资共享帮助教学点开齐开好国家课程，实现学校课程、教学、学习、信息管理等内容的一体化等方面对垄上数字学校的定位与主要功能进行详细说明。组织机构则是呈现目前全省范围内建成的分校及开展情况，包括全省分校、教学联合体、教师、学生、学科、同步互动课堂开展等方面的数量，在点击进入某一个分校可以看到不同地区的垄上数字学校建设及教育教学活动开展情况。规章制度主要是介绍垄上数字学校的整体建制，总校、区域分校及各教学联合体内的组织结构与教育教学活动开展的管理规范，明确垄上数字学校这一独立建制、分层管理的虚实结合学校之体制建设。联系方式提供总校的地址与联系电话、邮箱等内容，方便用户或浏览者的咨询。

（三）新闻中心

新闻中心主要是发布相关的工作动态或通知资讯，具体页面如图 5-2 所示。总体来说，新闻中心呈现的内容主要包括三个方面：一是国家和省级教育部门关于基础教育均衡发展的重要文件和最新消息，让人们及时准确地了解当前基础教育均衡发展的整体规划；二是针对上级文件和省内基础教育均衡发展需要制定的垄上数字学校的整体工作安排，让人们及时了解垄上数字学校的工作进展，同时可以是各区域分校针对整体工作计划与区域实际特点进行具体的工作规划与安排，包括教学联合体教育教学活动安排、教师线下培训与网络研修活动、城乡学生牵手活动等；三是发布省级范围内不同地区的工作动态，尤其是一些区域分校或教学联合体的创新做法与取得的可喜成就，供其他地区进行学习，从而促进不同区域分校教育教学活动的有序开展，不断提高区域基础教育的整体质量。

（四）资源中心

作为平台门户展示的资源中心主要是向人们呈现目前平台汇聚的优质数字教育资源。从教学资源方面，主要包括语文、数学、英语等学科资源，具体为课件、教案、教学视频、网络课程等不同类型；从教师专业发展方面，主要是呈现当前平台为方便教师进行自主学习和专业发展而提供的各类数字化资源。但是，数字资源模块需要具备使用权限的教师和学生才能观看和下载。因此，门户的资源中心只是对优质资源的展示，如果用户想要查看或使用资源还需进行登录才能获取自己权限范围内的数字资源。

图 5-2　垄上数字学校总校新闻中心

二、门户管理模块

垄上数字学校总校的门户管理模块主要是对前台的门户展示页面进行的设置、管理和监测，包括首页基本的信息统计、内容管理、栏目设置和公告管理等内容。在门户管理的首页，主要通过图表等呈现门户浏览量（page view，PV）、浏览量占比、访问次数、独立访客数（uniqwe view，UV）、平均访问时长等基本统计信息，同时包括各组织机构最新的工作动态等，具体如图 5-3 所示，实现了对平台总校门户浏览情况的可视化呈现。

（一）栏目管理

栏目管理主要是对平台总校门户所设具体栏目的具体管理，包括首页、总校概况、新闻中心和底部导航等一级栏目，以及其中的各个子栏目。首先，管理人员可以在栏目管理下创建具体栏目名称，同时可以针对需要对栏目进行增加、删除、修改和查询等操作。总体来说，栏目管理中涉及的内容包括网站根目录、父栏目、子栏目、末级栏目和单页栏目等级别，各个栏目的层次关系如图 5-4 所示。

在垄上数字学校中，其栏目管理中设计的父栏目主要包括首页、总校概况、新闻中心、资源中心和底部导航等内容，对应的子栏目则包括总校概况中的总校简介、组织机构、规章制度和联系方式，新闻中心的工作动态与通知资料等内容，其具体页面如图 5-5 所示。管理人员可以通过栏目管理访问任意一个父栏目或子栏目，也可以对其进行修改、删除和添加子栏目等操作。

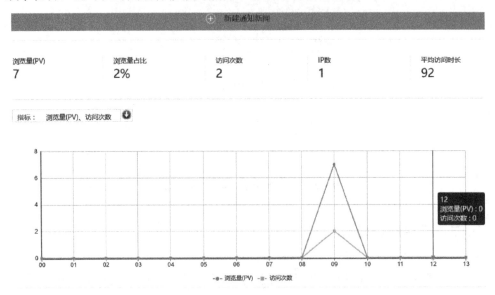

图 5-3　门户管理首页

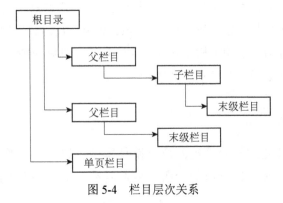

图 5-4　栏目层次关系

栏目名称	归属机构	栏目模型	排序	导航菜单	栏目列表	展现方式	操作
首页	总校门户	公共模型	0	隐藏	隐藏	默认展现方式	访问 修改 删除 添加下级栏目
▲总校概况	总校门户	文章模型	10	显示	显示	默认展现方式	访问 修改 删除 添加下级栏目
总校简介	总校门户	文章模型	30	显示	显示	默认展现方式	访问 修改 删除 添加下级栏目
组织机构	总校门户	文章模型	40	显示	显示	默认展现方式	访问 修改 删除 添加下级栏目
规章制度	总校门户	文章模型	50	显示	显示	默认展现方式	访问 修改 删除 添加下级栏目
联系方式	总校门户	文章模型	60	隐藏	隐藏	默认展现方式	访问 修改 删除 添加下级栏目
▲新闻中心	总校门户	文章模型	20	隐藏	隐藏	默认展现方式	访问 修改 删除 添加下级栏目
工作动态	总校门户	文章模型	30	隐藏	隐藏	默认展现方式	访问 修改 删除 添加下级栏目
通知资料	总校门户	文章模型	40	隐藏	隐藏	默认展现方式	访问 修改 删除 添加下级栏目
底部导航	总校门户	公共模型	30	隐藏	显示	默认展现方式	访问 修改 删除 添加下级栏目

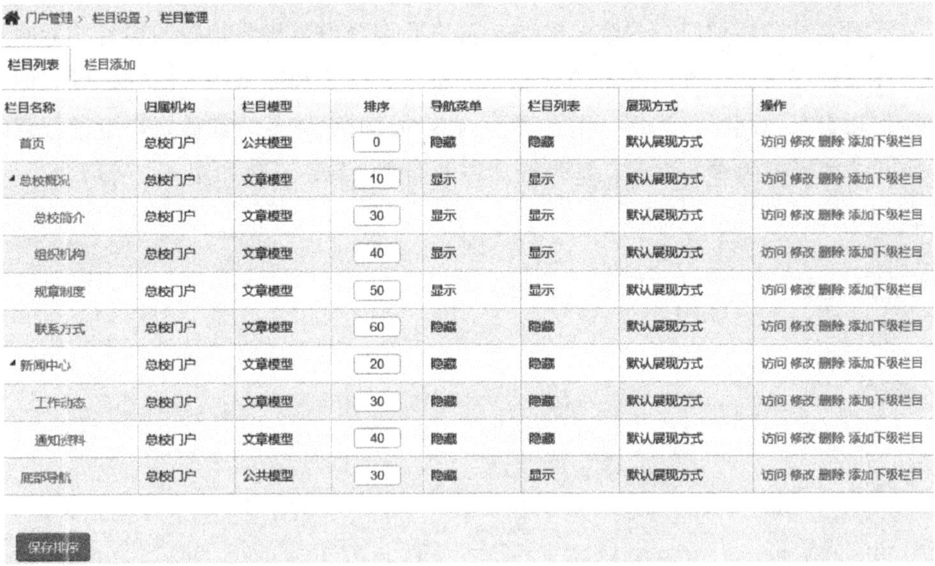

图 5-5　栏目管理页面

（二）内容管理

内容管理是对平台总校门户具体内容的编辑、发布与管理。管理人员可以选择首页、总校概况、新闻中心等栏目及其下面的具体子栏目添加相关内容，同时可以通过栏目检索或条件检索（通过发布、审核、删除等不同状态）查看目前平台中已有的栏目内容详情并进行修改和删除等操作，具体如图 5-6 所示。

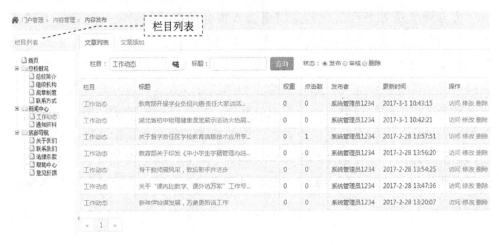

图 5-6　内容管理页面

　　管理人员在添加门户内容的时候，首先要选择内容将要归属的栏目并标明是否为外部链接，然后确定文章的标题、关键词、摘要和缩略图等内容，以方便用户检索和查看。同时，为保证前台页面内容的及时更新并对其重要程度进行智能排序，需要设置内容的权重、是否置顶与过期时间等，具体如图 5-7 所示。

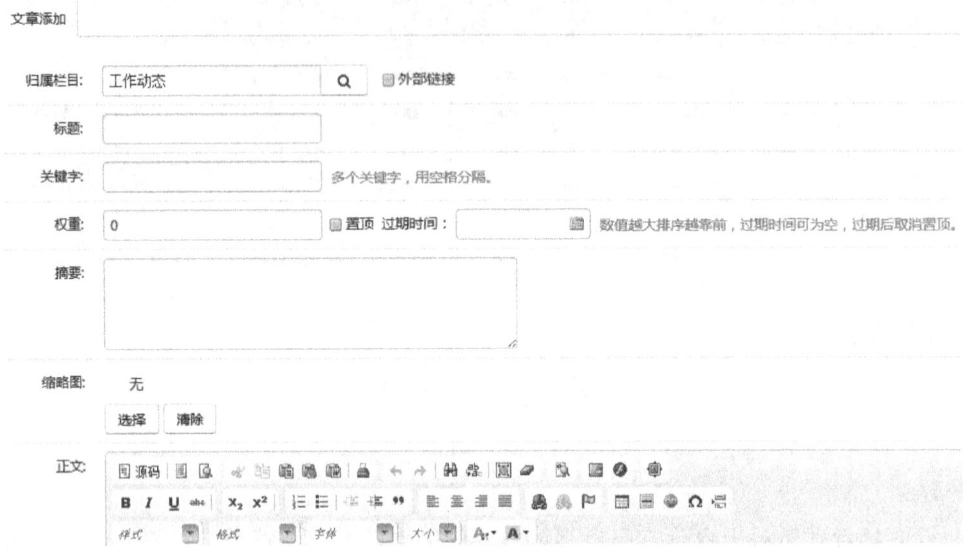

图 5-7　内容编辑页面

（三）公告管理

　　公告管理是对平台门户首页发出公告内容的编辑与管理。在公告管理模块，包括平台现有公告内容的列表中，管理人员可以针对需要进行查询、修改、删除等操作，同时可以添加新的公告内容。在添加新的公告时，不仅要确定公告的标题和具体内容，还包括公告的类型与接收人等。通知公告不同于一般的新闻内容，需要及时让公告接收者获得，以保证工作的正常进行，因此需要确定通知公告的类型与发送对象。在公告管理模块，系统默认提供包括前台通知、后台通知、分校通知和全体成员等类型对象，管理人员可以直接选择，也可以通过检索选择系统中某一类用户进行通知公告的推送。该模块具体操作页面如图 5-8 所示。

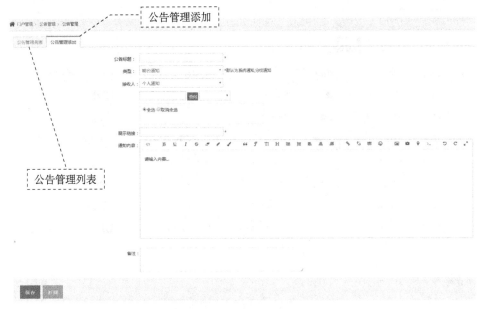

图 5-8 公告管理页面

三、分校管理模块

对垄上数字学校的总校来说，需要针对全省不同区域基础教育的实际发展情况进行分校的建设规划，设立相应的区域分校并对其进行统一管理。分校管理模块就是为实现这一目的而设立的。在这里，管理人员可以直观地看到全省各地区分校的具体信息，包括分校名称、所属地区、相关联系人与联系方式、分校开通时间和目前使用状态等内容，他们可以点击查看分校具体信息，也可以针对区域教育规划与工作安排进行编辑修改等处理，其具体页面如图 5-9 所示。

在分校管理模块中，除了对目前省内现有的各区域分校进行统一管理外，总校管理人员还拥有创建分校的权利，即针对区域基础教育发展现状与实际需求为其创建分校并提供相应的操作权限，为其分配相应的空间与资源。总体来说，区域分校的建立首先要确定分校的名称并对其具体情况和建设需求进行简要说明，确定所属的地区、提供分校网址等，实现对分校基本信息的编辑。此外，为保证分校各项工作的顺利进行，需要在创建分校的过程中明确其责任人，即填写分校管理人员及其联系方式，方便总校与分校负责人进行及时沟通。在完成分校的创建之后，管理人员就可以通过分校管理模块的编辑来开通分校，该部分具体页面如图 5-10 所示。

分校管理列表　分校管理添加

分校名称：[　　　　　]　🔍 查询

编号	地区	分校名称	联系人	联系电话	开通时间	状态	操作
1	双溪	测试	李老师	1523376××××	2017-02-09 13:28:46	可用	📋 ✏️
2	桂花	国鹏国际学校	尹老师	1705666××××		待开通	📋 ✏️ 🗑
3	宜昌市	宜昌分校	曹老师	1705666××××	2017-01-23 11:15:56	已过期	📋 ✏️
4	荆州市	荆州分校	张老师	1705666××××	2017-01-23 11:16:10	已过期	📋 ✏️
5	孝感市	孝感分校	刘老师	1705666××××	2017-01-23 11:18:10	可用	📋 ✏️
6	恩施市	恩施分校	高老师	1705666××××	2017-01-23 11:17:52	已过期	📋 ✏️
7	咸宁市	咸安分校	李老师	1705666××××	2017-01-23 11:17:08	可用	📋 ✏️

« **1** »

图 5-9　分校管理页面

分校管理列表　**分校管理添加**

分校管理 » 添加

分校名称：[　　　　　　　　　　　] *

分校简称：[　　　　　　　　　　　]

归属区域：[省 ▼] [市 ▼] [县（区）▼] *

管理员姓名：[　　　　　　　　　] *

分校管理员电话（座机）：[🏠　　　　　　　]

分校管理员手机：[📞　　　　　　　　] *

分校管理员邮箱：[✉　　　　　　　]

分校网址：[🌐　　　　　　　]

保存　返回

图 5-10　添加分校页面

四、数据分析模块

与传统实体学校的教育教学活动相比，基于垄上数字学校的教育教学活动多通过网络进行，其中教师、学生、管理者大多处于不同空间，因此实时监控与规范化管理很有必要。同时，基于网络的教育教学活动的展开为管理人员实时了解并记录不同地区教师和学生的实际教学与学习情况创造了可能，也可以为教育决策的制定和区域基础教育工作的安排与调整提供可靠依据。因此，对垄上数字学校的总校来说，数据统计与分析成为一个非常重要的模块，其中既包括对总校各项数据的统计分析，也包括对各区域分校数据的统计分析。

（一）总校数据分析

总校数据分析主要是对省级范围内所有分校教育教学活动开设情况的总体记录，使管理员从整体上了解目前全省基于垄上数字学校的基础教育工作开展情况，包括目前全省已开通的分校数量、已建成的教学联合体数量、包含的实体学校数量、加入的教师和学生数量、已经开通的学科类型等。在对总校范围内的信息进行整体统计与分析的基础上，其还呈现了各个区域分校的联合体数、教师与学生数、开设学科、完成互动直播课程数等具体教育教学活动的开展情况。

1. 用户分析

用户分析的主要目的是通过对教师、学生、管理者等用户访问平台时间、频率、内容、形式等方面的记录与统计，了解不同用户的倾向、需求等方面的内容，以此为依据对平台进行不断更新和完善，也可以为用户推送个性化的服务。用户分析主要包括趋势分析、用户兴趣和受访页面分析。其中，趋势分析主要是对用户在一段时间内的页面浏览数量、访客数量、IP 数、跳出率、平均访问时长以及访问设备类型等方面的内容进行的统计与可视化呈现，具体页面如图 5-11 所示。趋势分析可以让管理者在平台使用整体趋势的基础上进一步分析产生该趋势或问题的原因，进而不断调整工作安排或平台内容与形式，以更好地满足区域基础教育发展及不同用户的实际需要。

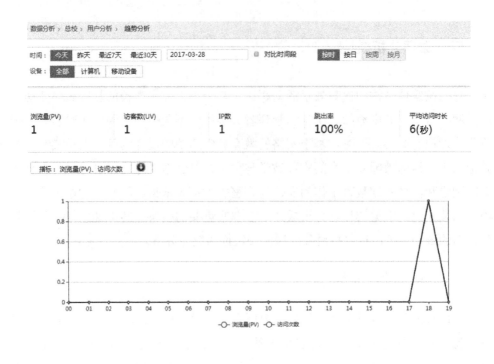

图 5-11　趋势分析页面

用户兴趣分析主要是对教师和学生等不同用户在平台中不同界面的访问数量与时长进行分析，包括 Web 端和移动端两种形式，具体页面如图 5-12 所示。一方面，统计不同用户对页面访问的具体信息分析他们对资源形式、页面内容、支持服务等方面的倾向，以此为依据不断更新和完善平台的内容与形式，更好地满足用户需要；另一方面，管理员通过对移动端和 Web 端用户访问页面的分类统计了解用户的访问时长、跳出率等信息，在此基础上进行分析，针对用户需要分别对移动端和 Web 端进行调整，从而更好地切合用户的实际操作倾向与实际需求。

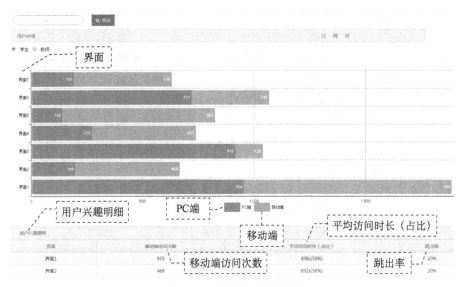

图 5-12　用户兴趣分析页面

受访页面分析主要是对平台中各个页面的用户访问情况与趋势的整体分析，包括移动端访问和 Web 端访问两种类型，在分析用户访问页面入口、退出页面、访问数量等内容的基础上分析他们实际的访问需求与倾向，不断更新和完善平台页面。受访页面分析主要包括四个部分：一是指标概览；二是页面价值分析，包括浏览量、访客数、贡献下游浏览量和平均停留时长；三是入口页面分析，包括浏览量、访客数和入口页面次数；四是退出页分析，包括浏览量、访客数、退出页次数和退出率。受访页面分析具体设计页面如图 5-13 所示。

| 时间：　昨天　最近7天　最近30天　2017-03-28　　□ 对比时间段 |
| 设备：　全部　计算机　移动设备 |

| 指标概览 | 页面价值分析 | 入口页分析 | 退出页分析 |

| 浏览量(PV) | 访客数(UV) | 贡献下游浏览量 | 平均停留时长 |
| 1 | 1 | 0 | 5 |

	页面URL	网站基础指标		流量质量指标	
		浏览量(PV)	访客数(UV)	贡献下游浏览量	平均停留时长
1	http://test.zhiliaoshu.com.cn	1	1	0	5
	当前汇总	1	1	0	5

图 5-13　受访页面分析

2. 教学分析

对垄上数字学校的建设来说，其帮助教学点开齐、开足、开好国家规定课程的一个重要创新点和举措就是开展同步互动课堂，即建立城市学校与农村教学点之间的教学联合体，使城市学校优秀教师面向教学点学生授课，包括同步互动混合课堂和同步互动专递课堂两种形式。因此，总校在进行教学分析的过程中，将联合体开课情况作为教学分析的一个核心内容，包括规划不同分校计划完成的课时数、实际完成课时数以及完成了等方面的内容，在此基础上将统计结果利用可视化的形式呈现，使总校教育管理者可以及时了解不同地区城乡教学活动的开展情况，其具体页面如图5-14所示。

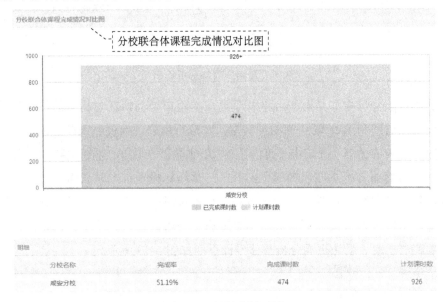

图 5-14 教学分析页面

（二）分校数据分析

分校数据分析主要是了解不同分校的教育教学活动开展情况，包括分校建设整体数据、基础数据查询、用户分析和教学分析等内容，在此基础上对区域信息化与基础教育工作进行监督、管理和正确评价。在管理员选择某一区域分校之后，可以直观地看到该分校的建设情况，包括已建成的联合体数量、包含的实体学校数量、涉及教师与学生的数量、已开设的学科数量及完成同步互动教学课时数等整体信息。同时，管理人员可以针对区域地图中提供的学校或教学点点击进入查看其具体信息。

1. 数据查询

数据查询主要为管理人员提供不同区域分校的基础数据查询服务，包括对教师、学生、家长等不同用户的查询，对区域内教学联合体的查询、对区域分校教学课程表的查询及分校互动直播课堂的查询。其中，用户查询、联合体查询和课表查询主要是了解分校的基本信息，互动直播课堂的查询不仅可以了解不同学校、不同状态中的教学实施情况，包括开设时间、课程、课时、主讲教师、上课状态、参与学校、学生人数、上课时长、开机时间和关机时间等基本信息，还可以选择目前正在上课的课堂并点击进入，了解同步课堂开设现场情况，进而直观地了解目前分校课堂教学的实际情况，其具体页面如图 5-15 所示。

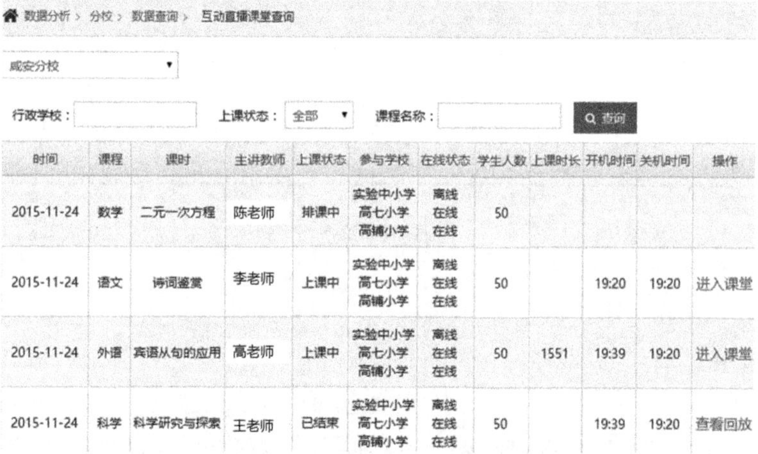

数据分析 › 分校 › 数据查询 › 互动直播课堂查询

咸安分校

行政学校：　上课状态：全部　课程名称：　查询

时间	课程	课时	主讲教师	上课状态	参与学校	在线状态	学生人数	上课时长	开机时间	关机时间	操作
2015-11-24	数学	二元一次方程	陈老师	排课中	实验中小学 高七小学 高铺小学	离线 在线 在线	50				
2015-11-24	语文	诗词鉴赏	李老师	上课中	实验中小学 高七小学 高铺小学	离线 在线 在线	50		19:20	19:20	进入课堂
2015-11-24	外语	宾语从句的应用	高老师	上课中	实验中小学 高七小学 高铺小学	离线 在线 在线	50	1551	19:39	19:20	进入课堂
2015-11-24	科学	科学研究与探索	王老师	已结束	实验中小学 高七小学 高铺小学	离线 在线 在线	50		19:39	19:20	查看回放

图 5-15　分校数据查询页面

2. 用户分析

分校用户分析主要是平台管理人员在了解平台用户整体访问情况的基础上对不同区域分校用户的访问情况进行的单独分析，进而了解其与整体趋势之间的差异，具体页面如图 5-16 所示。分校用户分析主要包括五个方面：一是对不同时间段内用户的访问趋势与明细进行的总体分析，即用户总数统计；二是对同一段时间内用户登录数进行的分析；三是受访页面分析，包括指标概览、页面价值分析、入口页面分析和退出页分析；四是流量趋势分析，即用户在不同时间段的访问次数、停留时间及浏览量等信息；五是用户兴趣分析，即对教师、学生等不同用户对各个页面访问次数的统计分析。通过用户总数、用户登录次数、受访页面分析、用户兴趣等方面的分析确定某一区域分校内用户的实际需求，在此基础上为他们提供相应的支持服务。

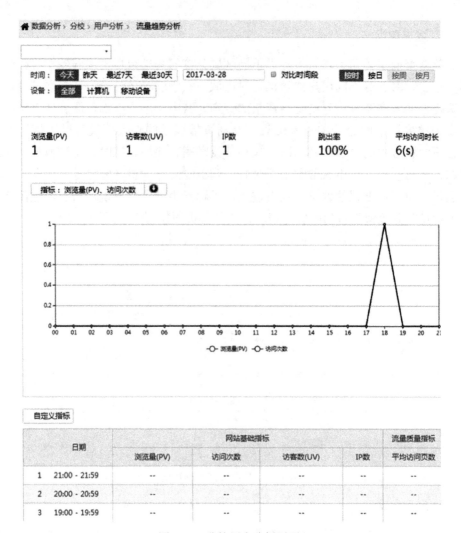

图 5-16 分校用户分析页面

3. 教学分析

教学分析主要是对某一个区域分校教育教学情况的具体记录与分析，包括联合体覆盖情况分析、联合体开课情况分析、课程总数、新增课程数、新增课时数、完成课时学习数、本地视频观看数、网络视频观看数、云视频观看数、互动直播课堂数、专递课堂数、多媒体课堂数、教师与远程学生互动次数等方面的内容，具体页面如图 5-17 所示。总体来说，教学分析主要是帮助总校管理人员实时了解不同区域分校的课堂教学安排与实施情况，通过总校整体教学分析与分校不同地区学校的教学分析对比了解其各自的实际教学情况，在此基础上分析各自的

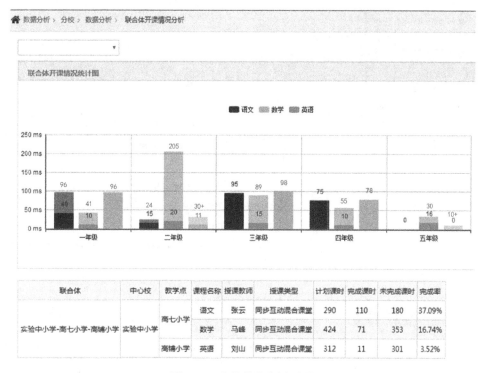

图 5-17　分校教学分析页面

优势与存在的问题，进而调整工作安排，并针对不同地区的实际工作开展情况与基础教育发展需要为之提供参考性意见。

五、系统管理模块

系统管理是对系统基本信息的设置与管理，是平台其他相关操作的基础，主要包括五个方面的内容：一是个人信息，即总校管理员个人信息的管理，包括个人信息与密码修改等内容；二是对系统文件的管理，包括文件夹的选择、上传与基本设置等内容；三是机构用户的管理，包括区域管理、机构管理和用户管理，即针对不同类型用户的权限对其中的用户进行分类管理，包括添加、删除、修改、查询等基本操作；四是系统设置，包括对平台前台页面中的菜单管理及不同用户的角色管理等；五是日志查询，即实时了解平台中用户的操作和修改记录，实现对平台操作内容的实时监测与记录。图 5-18 为系统设置中的菜单管理页面。

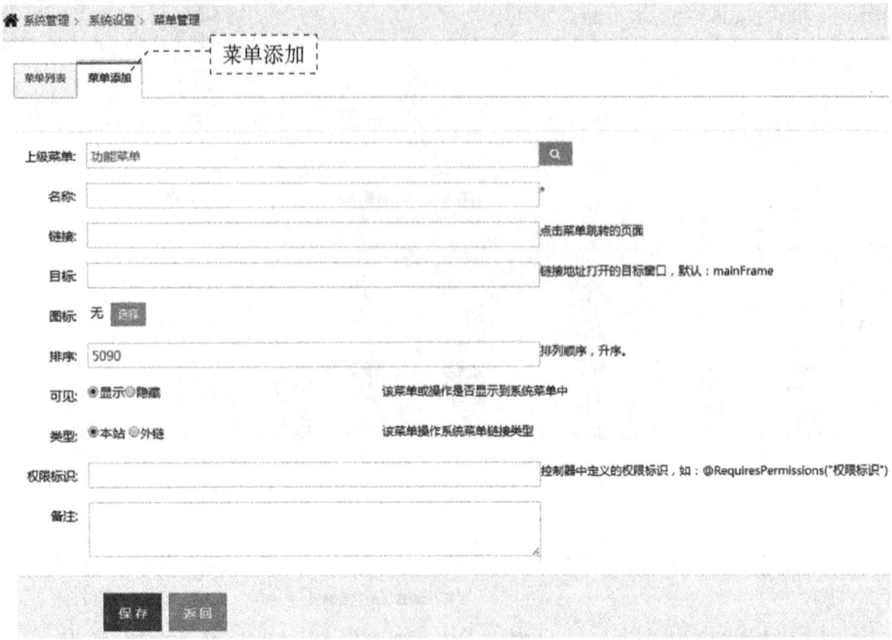
系统管理 › 系统设置 › 菜单管理
菜单添加
菜单列表
菜单添加
上级菜单:
功能菜单
名称:
链接:
点击菜单跳转的页面
目标:
链接地址打开的目标窗口，默认：mainFrame
图标:
无
排序:
5090
排列顺序，升序。
可见:
显示 隐藏
该菜单或操作是否显示到系统菜单中
类型:
本站 外链
该菜单操作系统菜单链接类型
权限标识:
控制器中定义的权限标识，如：@RequiresPermissions("权限标识")
备注:
保存
返回

图 5-18　系统管理页面

第六章 垄上数字学校的区域分校设计

垄上数字学校的分校是以区域为单位的平台分站点，因此具有典型的区域性。与总校一样，分校也具备独立建制、分层管理和虚实结合的特点，不同之处在于仅负责区域内涉及学校或教学点的教育教学工作，且内容更加具体。从这一层面来说，分校作为垄上数字学校的区域层面，需要针对省级单位内总校的宏观规划并结合本区域的实际情况进行工作安排与具体实施，进而不断促进区域内城乡之间、学校（教学点）之间基础教育的优质均衡发展。

第一节 垄上数字学校分校系统功能结构设计

垄上数字学校的分校是针对区域自身基础教育发展现状、特点与实际需求而建立的，主要服务于区域内的城市中心学校和偏远的农村教学点，在优质资源共享的过程中促进城乡基础教育质量的整体提升。因此，分校的功能除了向外界展示区域内基础教育发展的最新进展与阶段性成果之外，更重要的是通过教务管理、数据分析、权限管理等对整个区域的教育教学活动进行统一规划、管理与监督，从而有效利用垄上数字学校推动区域基础教育均衡发展工作。

一、垄上数字学校分校平台整体定位

垄上数字学校本身就是为服务基础教育均衡发展而建成的，建立分校的目的和主要任务则是促进区域内城乡之间、学校之间基础教育的均衡发展。因此，分校平台除了展示区域内基础教育均衡发展最新进展与相关工作安排外，还需要负

责其权限范围内的行政学校、教学联合体，以及区域内所有参与学校的教学与教育管理等工作，包括规划区域内城乡教学联合体的建设工作，负责区域内教育教学活动实施与监督工作，服务区域内城乡师生的教学和学习工作等。

（一）展现区域基础教育的整体推进情况

作为基础教育均衡发展的综合服务平台，垄上数字学校主要是为促进城乡优质资源的共享，其中不仅包括优质的数字教育资源，还包括优质师资，即通过现代信息技术支持实现城市中心学校与农村教学点的联合发展，帮助他们在传统实体学校教育的基础上，开辟以网络的虚拟学校作为重要补充，在虚实结合中促进学校（教学点）教育教学活动的有效开展。分校作为一个服务区域中心学校、教学点的独立建制学校，在为基础教育提供教学、学习、管理等方面支持的同时，还有一个重要功能就是展示当前区域内基础教育均衡发展的重要举措、主要进展与可喜成绩等，尤其是基于垄上数字学校本身开展的一系列基础教育均衡发展探索以及学校协同、教师交流、学生牵手等具体活动。与传统的实体学校一样，分校作为一个虚实结合的区域学校联合体，应该承担起展示实体学校教育之外的基础教育均衡发展工作，这不仅是让人们实时了解垄上数字学校建设的最新进展，呈现区域基础教育均衡发展的具体情况，还可以促进人们对信息化促进区域基础教育均衡发展工作的理解与认识，从而更好地探索新技术支持下区域基础教育均衡发展的有效路径。

（二）规划区域内城乡联合体建设与教学创新

偏远农村地区的教学点师资短缺、硬件设施落后、教育经费不足等问题较为突出，学校办学条件差，开不齐课、开不足课、开不好课问题极为普遍，是我国基础教育均衡发展进程中的一项艰巨任务，一直牵动着关心教育的社会各界人士的心。垄上数字学校作为利用信息化手段促进城乡优质资源共享，进而帮助农村教学点和薄弱学校开齐开好国家规定课程的创新举措，可以促进城乡学校（教学点）的协同建设与共同发展，为他们的教学、学习、管理等工作提供有效支持。其中关键的一点就是通过互联网实现城乡教师之间、师生之间、学生之间的同步互动，建立城市中心学校与农村薄弱学校和教学点之间的教学联合体，将县域内多个教学联合体组成学校联合体，进而实现城乡学校（教学点）之间的互联，突破传统单一数字教育资源共享的局面，实现城乡优质师资的共享，帮助教学点突破师资短缺的瓶颈。在这一过程中，基于垄上数字学校的城乡同步互动课堂与传统的本地课堂教学存在很大差异，需要异地教师和教育管理人员的密切配合，需要进行整体规划和长时间的教学模式创新探索，需要对城乡学生共同发展的有效路径进行不断探索。因此，对负责区域多个学校联合体及其内部教学共同体工作的分校来说，应该针对区域内不同学校或教学点的实际特点与学生发展需要规划教学联合体与学校联合体的建设，探索利用信息化手段帮助教学点解决师资问题的最佳教学模式，不断促进区域内城乡教育教学质量的共同提升。

（三）负责区域内教育教学活动实施与监督工作

垄上数字学校是区别传统实体学校教育的独立建制的学校，它不仅涉及简单的教学、学习和研修服务，而且需要对整个学校进行系统规划与整体管理。它是基于垄上数字学校的区域基础教育工作的具体实施层，对于负责一个区域内多个学校联合的分校来说更应该对其区域内基础教育均衡发展的各项工作及各学校联合体、教学联合体的教育教学工作进行统一规划和监督管理，使作为传统实体学校补充的垄上数字学校能够有效促进城乡优质教育资源的共享，真正实现区域内城乡基础教育的均衡发展。一方面，分校需要对整个区域内学校联合体和教学联合体的教育教学活动进行整体规划，包括确定整体教学安排、不同层级管理者的具体任务与主要职责等，明确垄上数字学校的具体规定与管理制度；另一方面，对基于垄上数字学校的各学校联合体的教育教学活动安排及各教学共同体的教学活动实施进行实时监督和管理，保证垄上数字学校的稳步运行。对于分校平台本身来说，就是要将这些理论与规划层面的规章制度、管理安排、教学计划等付诸实施，保证区域学校联合体的稳步建设与教学活动的顺利开展。

（四）服务区域内城乡师生的教学和学习需求

垄上数字学校分校需要服务区域范围内基础教育的均衡发展，其中教学联合体与学校联合体的建立及其城乡教育教学活动的开展是非常重要的一个方面，可以在很大程度上促进城乡优质师资的共享，帮助农村薄弱学校及教学点开齐开好国家规定课程。但从另一层面来说，教育教学活动开展的主要参与者就是教师和学生。因此，垄上数字学校服务区域教育教学活动中的重要内容就是服务区域范围内的教师和学生，即除了满足以学校联合体、教学联合体为单位的整体教育教学活动外，垄上数字学校还需要考虑区域内不同教师和学生的个体需要，为他们的教学、学习、专业发展等提供有效支持，促进区域范围内不同学校（教学点）师生的共同发展。一方面，其提供优质的数字教育资源，促进区域内城乡教师、学生之间资源的共享，并通过大数据分析确定不同用户的实际需求，在此基础上为其推送个性化服务；另一方面，其提供专门的空间供他们进行自主学习、协作讨论，促进区域内不同学校教师、学生的相互学习与共同成长。

二、垄上数字学校分校平台功能结构

分校平台负责区域内所有参与学校教育教学活动的具体管理与实施，是分校管理人员对其下属的学校联合体与教学联合体进行通知发布、教学教务管理、主题活动举办等一系列操作的平台。因此，垄上数字学校的分校在建设过程中，应该充分考虑区域基础教育的教学活动组织与教学内容实施的实际需要，在此基础上确定平台的主要功能并明确其具体功能结构。

（一）垄上数字学校分校的主要功能

基于垄上数字学校的系统定位，分校应该负责区域内参与进来的学校、教学点组成的所有学校联合体和教学联合体的教育教学工作，将基于垄上数字学校的教育教学活动的开展作为传统学校教育的重要补充，进而形成促进区域基础教育均衡发展的合力。因此，它需要实现的主要功能包括通知资讯、活动组织、教务管理、数据管理和教学决策等。

1. 通知资讯

作为区域以信息化手段促进区域基础教育优质均衡发展的窗口，分校需要具备向所管辖基础教育机构及外界发布区域基础教育最新工作安排与取得成果方面通知与资讯的功能。从区域内基础教育均衡发展工作实施来说，分校需要负责发布通知公告，使区域内所属学校联合体、教学联合体及具体学校（教学点）及时了解区域基础教育的工作安排，从而更好地规划和实施教育教学活动；从区域基础教育均衡发展的工作展示来说，垄上数字学校可以实时向人们呈现当前区域内基础教育工作的实施情况、最新进展、阶段性成果等，在很大程度上促进信息化支持下基础教育均衡发展工作的透明化与公开化。同时，通知资讯的发布不仅可以让区域相关单位及人员及时了解工作安排，更好地实施和调整教育教学工作，还能在信息化工作展示的过程中让人们了解区域内利用信息化手段推动基础教育均衡发展的有效策略，为更多地区信息化与基础教育均衡发展工作安排提供借鉴。

2. 活动组织

为满足区域基础教育均衡发展的需要，垄上数字学校不仅要对所属学校联合体、教学联合体的常规教育教学活动进行统一安排和规范组织，还涉及其他相关活动的组织与安排工作。从学校联合体、教学联合体的层面来说，通过学校联合体内部活动的组织安排帮助他们内部不同学校（教学点）之间的相互了解与帮助，促进联合体内部活动的顺利开展，同时通过分校联合体间活动的开展促进不同联合体之间的经验交流与相互学习，以及区域基础教育工作的有效推进。从教师层面来说，单纯通过技术手段实现城市优质师资面向教学点的共享只是垄上数字学校建设的起点，其最终目的是通过城乡互联促进城市中心校教师与农村教学点和薄弱学校教师的共同发展。因此，区域内城乡教师研修活动的开展也是分校管理人员需要考虑的重要内容。从学生方面来说，同步互动课堂的开展不仅是让农村孩子与城市儿童同上一节课，共享优质师资，而且为促进异地学生之间的相互学习创造了条件。为更好地发挥这一优势，除单纯同步课堂活动的开展外，还应该鼓励联合体组织城乡学生之间的交流活动，使他们结伴牵手，在交流中实现共同成长。

3. 教务管理

垄上数字学校具有独立的建制，区别于传统实体学校的教育教学。因此，为满足区域分校内学校联合体与教学联合体教育教学活动的有序开展，需要具备教务管理功能，即负责分校范围内的教学活动实施、教研工作安排、教育教学督查、定期总结与评价等工作。更为重要的是，垄上数字学校分校需要管理的是区域内多个学校联合体的教育教学工作，其课堂教学的开展也包括本地课堂和异地课堂，因此需要更为规范合理的教育管理工作。一方面，针对总校整体规划及区域基础教育发展的实际情况与需求对分校范围内的学校联合体、教学联合体工作进行具体安排，包括不同类型学校的单独工作安排及联合体内部教育教学活动的组织与实施；另一方面，对区域内不同学校（教学点）、教学联合体、学校联合体的教育教学活动进行统一管理和监督，保证区域基础教育工作的有序开展。

4. 数据管理

垄上数字学校分校服务区域内学校联合体、教学联合体的教育教学工作包括教学活动的支持、教研活动的组织、自主学习活动的支持以及个性化教与学资源的供给与推送等，因此需要对相关用户的信息进行统一管理。这是保证用户数据安全及各项业务有序推进的关键。一方面，其对区域分校涉及的不同用户进行统一管理，为不同用户设定角色并赋予相应的权限，在规范他们行为的同时为其提供更加准确、个性化的服务，满足平台中不同用户的实际需求；另一方面，其对用户信息、平台资源、学校业务信息等方面数据的统一存储与管理可以帮助教育管理者实现对区域内各项数据的规范化管理与有效应用，保证用户数据及机构核心业务数据的安全。

5. 教学决策

垄上数字学校与传统实体学校并存，它们相互补充，共同促进区域教育的均衡发展。这与实体学校专注传统教育教学活动的开展不同，垄上数字学校更加关注区域内城乡、校际之间的优质教育资源共享，包括数字教育资源的共享与师资共享。因此，分校需要针对区域基础教育发展现状与实际需求进行整体规划，制定教育决策，不断推动区域基础教育的优质均衡发展。在这一过程中，需要教育管理者针对平台教育教学活动数据实时了解区域内各项活动的开展情况，了解城乡教师、学生的实际发展需求，在此基础上对分校基础教育均衡发展工作进行客观评价与准确定位，以此为依据制定科学的教育决策，不断提升区域内所有学校（教学点）的整体基础教育质量。

（二）垄上数字学校分校的功能结构

垄上数字学校分校主要服务于本区域内基础教育的均衡发展，它独立于传统的实体学校教育并与其共同促进区域基础教育质量的整体提升。总体来说，分校需要基于总校关于全省信息化促进基础教育均衡发展的整体规划并结合本区域基础教育的现状、存在问题与实际需求进行具体安排，建立区域内城乡教学联合体、学校联合体，开展区域内教育教学创新探索，包括本地课堂教学的创新和基于城乡优质师资共享的同步互动课堂教学等。而要维持区域内多所学校（教学点）内部及教学联合体、学校联合体中教育教学活动的开展，还需要分校做好监督、管理与评价等工作。同时，作为区域内信息化促进基础教育均衡发展的整体探索，分校还需要负责相关新闻公告、工作动态与工作成果的展示任务。总体来说，分校需要负责所属学校（教学点）及其所构成教学联合体、学校联合体的教育教学活动的实施，包括城乡教学联合体、学校联合体的组建，基于联合体的教学活动的开展，城乡教师研修活动与城乡牵手活动的组织，整个区域内相关学校（教学点）及其所属联合体的管理工作。鉴于此，区域分校的功能定位主要包括通知资讯、活动组织、教务管理、数据管理、教育决策等方面的内容。

基于区域分校的基本定位与核心功能，我们确定了其平台的八个主要模块，分别为通知新闻、主题活动、门户管理、教务管理、数据查询、数据统计、权限管理和系统设置，具体如图 6-1 所示。新闻通知主要是对分校相关新闻、通知、最新教育进展等方面的呈现，既包括对内的信息公告，也包括对外的成果展示。主题活动主要是分校内部开展的大规模教育教学活动的具体安排，如学校联合体活动、城乡教师协同教研、城乡学生牵手成长等。门户管理是对分校门户展示模块与具体内容的管理，包括导航管理和页面管理。教务管理是指分校范围内教学联合体、学校联合体教育教学活动实施的管理，包括学校管理、教学联合体管理、学科版本管理、课程管理、互动直播课堂管理、教学模式管理等。数据查询主要是对分校内基础数据的查询，包括用户查询、课表查询等。数据统计是整体上对分校内教学活动实施的基本统计，包括教学数据统计、联合体覆盖情况统计、联合体开课情况统计等。权限管理是针对用户、角色、权限之间的关系为不同用户的实际操作权限进行的统一设置与管理。系统设置则是对平台基本内容的设置，包括分校设置、积分设置、云平台设置、用户相关设置、IP 黑名单、优化和备份、检查系统更新、内容监控、系统日志等。

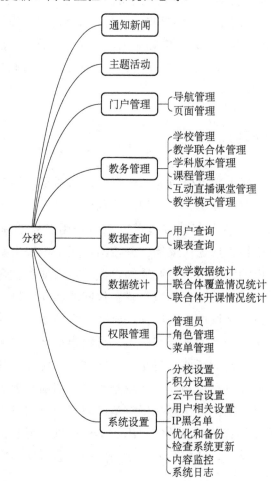

图 6-1 垄上数字学校分校功能结构

第二节 垄上数字学校分校功能模块设计

垄上数字学校的分校是为区域内所有教学联合体、学校联合体及其相关学校（教学点）提供教育教学支持的平台，主要服务于区域基础教育的均衡发展。它作为总校与校园端之间的连接，既需要遵循省级范围内总校的统一规划与整体设置，又要结合区域基础教育的实际发展情况与需求进行具体工作安排，建立不同学校（教学点）之间的教学联合体、学校联合体，组织、管理并监督其教育教学活动的实施。因此，在对垄上数字学校分校的具体功能模块设计与页面实现过程中应该充分考虑分校自身的特点与实际需求，在前台设置门户展示模块，后台提供门户管理后台、初始化引导、通知新闻、主题活动、教务教学、数据统计、系统设置、权限管理等具体模块。

一、门户展示模块

门户展示模块是垄上数字学校的前台页面，主要是介绍垄上数字学校分校作为传统实体学校教育的补充，如何利用信息化手段促进区域基础教育均衡发展的，并呈现目前区域内信息化促进基础教育均衡发展的新闻公告、创新做法、组织活动、阶段性进展与成果等。分校门户展示模块主要包括三个方面的功能：一是向区域内的相关用户发布通知，尤其是教师和教育管理者，包括区域信息化与基础教育工作的制度调整、联合体间的活动安排、教师研修与学生牵手等活动；二是发布区域内不同教学联合体、学校联合体的典型做法与创新举措，便利其他教学联合体的观摩和学习，进而推动区域内所有学校联合体、教学联合体的教育教学活动开展；三是作为区域信息化促进基础教育均衡发展的展示窗口，向外界实时呈现当前本区域基础教育均衡发展工作的实施情况，不仅可以让人们及时了解区域信息化促进基础教育工作的基本最新进展，还可以为其他地区或学校教育教学活动的组织与实施提供参考和借鉴。因此，我们将门户展示模块分为首页、分校简介、新闻中心、联合体、资源中心和教学中心六个部分。

（一）首页

首页主要是对垄上数字学校区域分校教育教学工作的展示与呈现，让人们了解当前区域内信息化促进基础教育均衡发展的具体实施情况，包括通知新闻、教学联合体、家园互动等内容，具体如图 6-2 所示。新闻中心主要推送区域分校发布的最新通知公告、新闻资讯、研修动态等内容，它具有很强的时效性，其顺序也是按照最新发布的时间及其重要程度分权重设置的。联合体是垄上数字学校利用信息化手段促进城乡优质师资共享，进而帮助偏远薄弱学校及教学点开齐开好国家规定课程的重要创新，是分校需要展示的关键内容。这部分主要是对区域分校内部教学联合体的基本情况及其具体教学活动实施的展示，包括区域典型教学联合体的呈现和联合体风采，让人们直观地了解以联合体形式实现城乡优质师资共享的创新做法及其教育教学活动的具体实施情况。家园互动主要是提供一些有趣的问题或学生成长的规律解释与发展建议，可以帮助家长更好地开展家庭教育，从而在学校教育与家庭教育的有机结合中促进区域内基础教育阶段儿童的身心全面健康发展。

（二）分校简介

分校简介主要是对垄上数字学校区域分校的具体介绍，包括区域基础教育均衡发展的具体现状、实际需求、建设背景与工作目标、体制机制与具体策略等内容。以咸安分校为例，首先针对咸安区基础教育均衡发展的基本现状与实际需求，即说明咸安分校建立的背景与必要性，确定平台的建设目标与基本定位，在此基础上针对咸安区内城镇学校、农村薄弱学校、教学点的建设情况与区域基础教育均衡发展的整体规划说明咸安分校在体制与机制方面的探索，即如何将这一独立建制、分层管理、虚实结合的学校发展为与传统实体学校教育并行且协同发展、共同促进咸安区基础教育均衡发展工作的有效推进，即从建设背景、目标任务、具体规划与建设等方面对区域分校教育教学工作的开展进行详细介绍，其具体页面如图 6-3 所示。

图6-2 分校门户首页

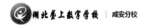

咸安字学校简介

　　基础教育均衡发展是我国教育发展的一项重要任务。然而，农村教学点师资短缺，开不齐课、开不好课等问题仍然非常严重，这是我国基础教育均衡发展进程中的重点和难点。因此，面对目前农村教育存在的这些现实问题，通过构建垄上数字学校平台，依托信息技术手段，聚合优秀的教师资源和数字化信息资源，实现优质资源配送与共享，通过多媒体课堂、同步互动课堂等方式为农村教学点和薄弱学校提供教学支持，探索采用信息化的手段促进农村教学点开齐课、开好课的有效方法，从根本上解决义务教育均衡发展问题，解决新城镇化进程中城乡义务教育失衡问题，提升农村教学点和薄弱学校教育质量。

　　垄上数字学校是解决教师上课问题的教学平台

　　垄上数字学校是为解决目前农村教学点师资问题，开不齐课、开不好课等问题的基础上建立起来的，为城乡教师之间的互助教学提供支持，使教学点学校也能享受优质的教育资源和服务。为此，在整体架构上垄上数字学校平台采用城镇学校带教学点的教学联合体模式，即1个城镇中心学校带 M(1至3)个教学点，1+M共同形成一个教学联合体，N个教学联合体构成一个数字学校。通过这种模式的应用，将城镇学校的优秀师资和优质数字化学习资源引入教学点，安排城市中心优秀教师进行授课，以同步互动课堂的形式，实现教学点与中心之间的课堂互动，帮助教学点开齐课、开好课。

　　教师在平台上可进行教学准备、教学实施、教学管理等，平台中还提供了多媒体课堂、同步互动混合课堂以及同步互动专递课堂等不同的课堂教学形式，教师可借助平台开展相关的教学实践，满足了不同学校、不同老师的教学需求。

　　垄上数字学校是集课程管理、教学管理、信息管理于一体的综合管理平台

　　垄上数字学校是一个综合运用教育学、教育统计和计算机技术，对基础数据及教学信息进行采集、传递、贮存、加工、维护和分析使用的管理平台，使教育管理数据得到集中的维护和管理,具有更高的规范性、权威性和安全性。平台能够实现基础信息管理、资源管理、教学教务管理、信息发布等功能。管理者可准确地了解和掌握信息，便于加强教育监督，支持教育攻坚克难，全面提升教育公共服务能力。垄上数字学校拟建立湖北省数字学校，市（区）级分校、乡镇（数学联合体）三级分布式管理结构，以实现分级管理,全面掌握全省中心校和教学点现状，及时调整发展规划，准确进行教育决策，合理配置教育师资和资源，帮助教学点开齐课开好课。

图6-3　分校简介页面

（三）新闻中心

　　新闻中心是发布区域范围内信息化与基础教育均衡发展工作方面的新闻通知、工作安排、最新公告等，包括面向外界提供的区域信息化与基础教育工作进展以及面向区域内所有学校联合体、教学联合体及其所涉及具体学校与教学点发布的通知公告，具体如图 6-4 所示。新闻中心页面的设计主要包括三个部分：一是通知公告，即发布上级最新工作安排及区域内所属联合体、学校（教学点）的相关活动安排与最新进展等，例如国家、省级教育部门关于基础教育均衡发展的最新文件精神与工作计划，区域分校内联合体内部、联合体之间阶段性教育教学活动的规划与安排等；二是活动推荐，即向分校所管辖的联合体及相关学校（教学点）提供近期重要的教育教学活动，包括国家、省级的教师研修活动，分校范围内的学校联合、教师研修、学生牵手等活动，主要分为全部活动、正在进行中的活动和已经结束的活动三类；三是家校互动，即分校内相关学校（教学点）与家长的牵手活动，主要是促进学校教育与家庭教育的有机结合，以更好地促进儿童身心健康成长。

（四）联合体

　　联合体主要是对分校管辖范围内所有学校联合体、教学联合体及其相关学校（教学点）的整体介绍。从整体层面上，呈现了区域范围内已建成的学校联合

图 6-4　新闻中心页面

体、教学联合体数量，参与教师、学生数量，开展学科数量，已完成的互动直播课堂数量等，同时提供区域分校内所有联合体的同步互动课堂教学安排，即区域内的课程表。从个体层面上，呈现分校中典型的教学联合体，包括中心校、对接教学点以及开展的同步互动课堂数量等，具体展示不同联合体的实际情况。同时，利用区域地图直观呈现区域内联合体覆盖的所有中心学校和教学点，人们可以选择某个教学点或中心校查看其具体情况，包括学校（教学点）的地理位置、办学规模、软硬件设施的建设情况等。

（五）资源中心

资源中心是对区域分校基础教育阶段所有数字教育资源的汇总，服务与区域内的教师和学生。这些资源既包括国家教育资源公共服务云平台资源、总校平台统一提供的资源，也包括区域分校内部自主建设的地上数字化课程资源。由于分校主要服务区域内部基础教育阶段的教师和学生，其资源的浏览与使用也是有分配权限的。因此，用户只有登录之后，才能对自身权限范围内的资源进行查看、收藏、下载、订阅等操作。用户登录之后的资源中心页面如图 6-5 所示，包括分类的资源列表以方便用户检索，最新最热的资源推荐。为方便用户对自身需要的资源进行统一管理和使用，资源中心提供下载管理、收藏管理和订阅管理等操作。同时，为促进区域内数字教育资源的共建共享，平台还支持用户上传资源，通过审核之后便可以与区域内其他用户进行共享。

图 6-5　资源中心页面

（六）教学中心

　　分站门户的教学中心与教师自身用于实施教学的教学中心不同，它的主要功能是对外展示，即呈现垄上数字学校的区域分校中涉及教学的主要内容与创新服务等。该部分主要包括教师空间和学生空间两个方面的内容，具体页面如图 6-6 所示。其中，教师空间部分主要是介绍了服务教师的核心内容：一是课前备课，针对不同类型教师的实际需求提供一键式备课和自主备课等多种类型供其选择，方便教师备课操作，同时提供丰富的数字教育资源供教师备课使用，丰富他们的课堂教学内容与形式；二是课中授课，针对本地课堂教学与城乡互动需要提供多媒体课堂、同步互动混合课堂、同步互动专递课堂等多种类型的课堂形式，满足不同学校、教师的教学需要；三是课后作业，为教师提供在线布置作业、批改作业功能，使他们随时随地通过计算机或移动设备进行作业的批阅和发布。学生空间主要包括三个方面的创新与优势内容：一是通过同步互动课堂实现城乡优质师资的共享，帮助农村教学点学生接受来自城市教师的教育，为课堂注入新活力；二是通过学生学习平台提供快速出题、即问即答等方面的支持，提高学生的课堂

图 6-6　教学中心页面

参与积极性，同时可以让老师及时了解学生的学习情况；三是提供个性化的学习支持，即为学生提供自主学习空间和个性化资源的推荐，使他们针对自身实际情况进行自主学习。

二、门户管理后台模块

门户管理模块是对区域分校前台门户展示内容的设计与管理，即对平台前台展示页面进行整体规划，设计具体的导航模块并进行管理，包括添加、修改、删除等操作，针对不同模块添加具体的页面及其内容等。总体来说，门户管理后台主要包括两方面的内容，一是前台门户的导航管理，二是前台门户具体页面的管理。

（一）导航管理

导航管理是对分校前台门户展示页面的分模块设置与管理，包括头部导航、底部导航和添加头部导航等内容，具体页面如图 6-7 所示。其中，头部导航主要是对门户主要模块的设置与管理，包括首页、分校简介、新闻中心、联合体、资源中心和教学中心。区域管理人员可以通过这一模块查看每个导航的具体信息，也可以对其进行编辑、删除和添加相应子导航等操作。底部导航是对平台前台门户底部导航信息的设置，包括帮助我们、联系我们、法律条款、帮助中心和意见反馈等内容。在添加导航时，管理人员需要首先选择需要添加的导航类型，然后进行相应导航模块信息的编辑与属性的设置，包括父导航、导航名称、链接地址、显示顺序、是否新建窗口等内容。

图 6-7　导航管理页面

（二）页面管理

页面管理是对目前分校前台展示具体页面的设置与管理，包括现有页面管理和添加页面两方面的内容，具体页面如图 6-8 所示。其中页面管理中主要以列表的形式呈现前台门户中不同导航模块的具体页面信息，包括页面 ID、页面标题、发布状态、发布人、操作等。管理人员可以针对工作需要选择具体页面进行编

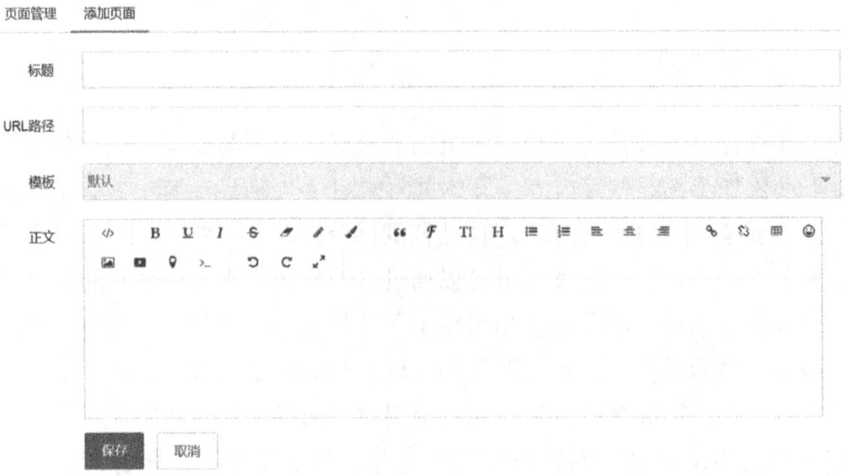

图 6-8　页面管理页面

辑、删除、发布和取消发布等操作。在进行新页面添加的过程中，需要管理人员编辑相应页面的标题、URL 路径、模板、正文等信息，在完成基本信息编辑后点击保存。保存之后的新建页面就会在页面管理列表中呈现出来。这时，管理人员可以查看添加页面的具体信息，在确定准确无误后就可以进行发布操作，供其他人查阅。

三、初始化引导模块

初始化引导是指在用户初次登录平台时，系统给他们提供的自动化引导，目的是建立后台的基础数据，优化平台服务和管理功能。初始化引导是依据用户角色和权限进行的。对普通教师和学生用户来说，初次登录后的初始化流程引导主要是让他们建立与个人机密相关的基本数据，完善用户信息；对分校管理员来说，他们作为区域管理人员初次登录管理后台时，需要遵循"密钥验证→同步基础数据→分校设置→创建学校→创建联合体"的流程进行初始化操作，其最主要的目的不仅是完善区域基本信息，更是实现对区域分校核心数据的录入，以满足区域范围内教育教学活动开展的需要。对行政学校管理员来说，他们在第一次登录校园端管理后台时，需要按照"完善学校信息→启用学科→设置教材版本→导入教师→创建班级→导入学生"的初始化流程进行设置。但是，初始化引导是针对用户角色在其初次登录时给予的操作引导，因此它虽然是分校后台的一项重要功能模块，但并未作为一个专门部分进行直接显示。

四、通知新闻模块

通知新闻模块的核心任务是对分校前台门户展示页面的新闻中心内容进行的操作，包括新闻的编辑、发布、删除，以及对重要新闻内容的置顶与首页推送等操作，该模块具体包括栏目管理和内容管理两个部分。

（一）栏目管理

栏目管理是对分校门户的新闻中心各子栏目进行的具体管理，包括通知公告、新闻动态及其下面所述的教学动态、平台动态、教育新闻、媒体报道等，具体页面如图 6-9 所示。在栏目管理中，主要分为栏目列表和添加栏目两部分内容，前者是对当前新闻中心的各子栏目列表进行的管理，包括栏目名称、编号、显示序号以及编辑、删除、添加子栏目等操作，后者是针对需要新建子栏目的操作，包括栏目名称、栏目编号、所属父栏目、显示顺序号、SEO 标题、SEO 关键词、SEO 描述等内容。栏目在添加完成后便可在栏目列表中显示。

栏目列表　　添加栏目

栏目名称	编码	显示序号	操作		
└新闻动态	news	0	＋添加子栏目	编辑	删除
└教学动态	edu-news	0	＋添加子栏目	编辑	删除
└平台动态	0	0	＋添加子栏目	编辑	删除
└教育新闻	1	1	＋添加子栏目	编辑	删除
└媒体报道	meiti	0	＋添加子栏目	编辑	删除
└通知公告	notice	0	＋添加子栏目	编辑	删除

图 6-9　栏目管理页面

（二）内容管理

内容管理是对新闻中心具体新闻资讯内容的管理，包括文章列表和添加文章两部分内容，具体如图 6-10 所示。其中文章列表是目前平台门户正在发布和已发布的文章列表及其详细信息，包括标题、栏目、时间、属性、发布状态等，管理人员可以查看相应信息或者针对需要对某些内容进行编辑、删除、发布等操作。在添加文章时，管理人员首先需要确定文章标题、所属栏目，设置 TAG 标签、资讯属性，输入来源名称、来源地址、内容缩略图、发布时间和文章具体内容等。

图 6-10 内容管理页面

五、主题活动模块

主题活动模块主要是用户发布和管理区域分校组织的各类主题活动，包括主题列表和添加主题两部分内容，具体如图 6-11 所示。其中，主题列表呈现当前平台已经发布、正在发布和即将发布的活动信息。管理人员不仅可以点击查看具体的活动信息，对其进行编辑、预览、删除等操作，还可以查看当前主题活动开展过程中学生的参与情况，并查看其成果展示内容等。在进行新的主题活动添加过程中，管理人员需要首先确定活动名称、活动来源、活动的开始时间和结束时间，上传活动主题图片，设置是否启用报名，填写活动简介和详细描述等信息，在确认无误后进行发布。

图 6-11　主题活动页面

六、教务教学模块

教务管理主要是对区域分校范围内所有联合体及其相关学校（教学点）的教学教务工作进行的统一管理，保证区域分校教育教学工作的顺利开展。该模块涉及的主要内容有分校范围内的学校管理、联合体管理、教学教材管理、课程管理、联合体内部的互动直播课堂管理以及教学模式管理等。

（一）学校管理

垄上数字学校的分校需要服务区域内的多所学校和教学点，其目的是促进区域基础教育质量的整体提升。它独立于传统的实体学校，但又与其具有紧密的联系。因此，在基于垄上数字学校开展教育教学活动时，首先要对相关学校（教学点）进行统一管理，包括对现有加入学校（教学点）的管理和添加新学校等操作，具体如图 6-12 所示。在这里，区域管理者可以直观地看到目前加入分校的所有学校列表及其具体信息，包括学校名称、类型、缩略图和简介等，管理者可以点击查看学校管理后台信息，也可以对现有学校进行编辑操作。如果要添加新的学校，需要填写学校的地区、详细地址、学校名称、类型、主题图片和学校简介

图 6-12　学校管理页面

等信息，同时还要确定学校的具体年级配置，包括年级、班级、开课情况，以及教师和学生的信息等内容。

（二）联合体管理

联合体作为区域分校内实现城乡优质师资共享并促进城乡学校（教学点）、教师和学生共同成长的创新方法，它包括学校联合体和教学联合体两种形式，但不论是涉及一个中心学校和多个教学点的教学联合体还是涉及由多个教学联合体组成的学校联合体，都是需要对联合体单位内不同地理位置的学校（教学点）进行统一管理。这就是联合体管理的主要任务与内容。在联合体列表中，管理员可以直观地看到区域内所有联合体及其相关学校、教学点的具体信息，包括联合体，涉及学校、教师信息、学生信息、行动记录、联合体风采等，也可以对其进行编辑、推荐首页等操作，具体如图 6-13 所示。如果需要添加新的联合体，管理人员需要填写联合体基本信息与类型并关联与之相关的学校和教学点。

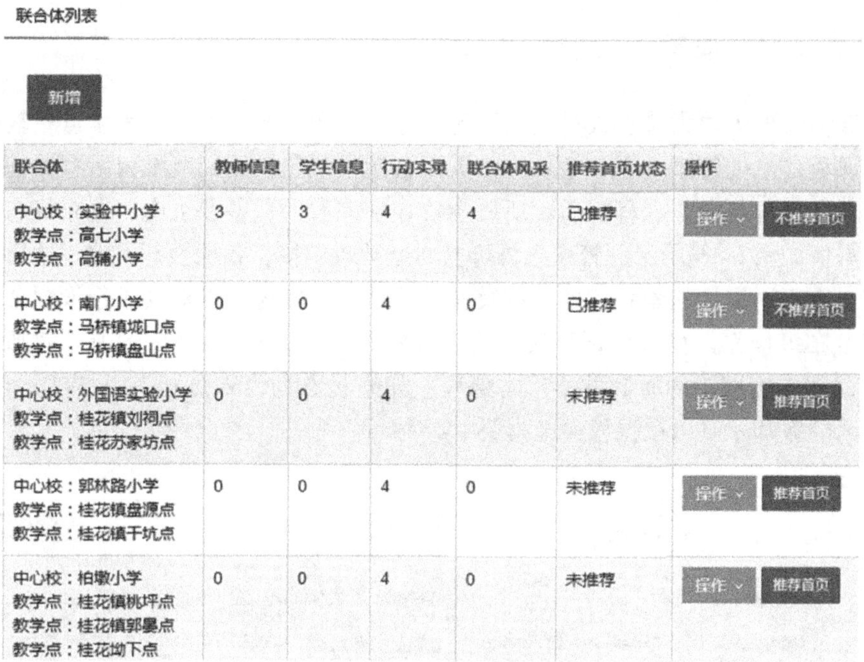

联合体列表

新增

联合体	教师信息	学生信息	行动实录	联合体风采	推荐首页状态	操作
中心校：实验中小学 教学点：高七小学 教学点：高铺小学	3	3	4	4	已推荐	操作 ∨ 不推荐首页
中心校：南门小学 教学点：马桥镇垅口点 教学点：马桥镇盘山点	0	0	4	0	已推荐	操作 ∨ 不推荐首页
中心校：外国语实验小学 教学点：桂花镇刘祠点 教学点：桂花苏家坊点	0	0	4	0	未推荐	操作 ∨ 推荐首页
中心校：郭林路小学 教学点：桂花镇盘源点 教学点：桂花镇干坑点	0	0	4	0	未推荐	操作 ∨ 推荐首页
中心校：柏墩小学 教学点：桂花镇桃坪点 教学点：桂花镇郭曼点 教学点：桂花坳下点	0	0	4	0	未推荐	操作 ∨ 推荐首页

图 6-13 联合体管理页面

（三）教材管理

教材管理是对区域内所有联合体及其相关学校、教学点开展教学活动所使用教材信息的管理。在这里，分校在从总校基础数据平台同步所有教材信息基础上呈现区域范围内用到的所有教材及其版本类型，为各个行政学校学科教学中教材版本的选择提供了方便。在进行具体教材信息添加的过程中，管理人员可以选择学段，分别设置该学段下开设的学科及用到的教材版本。他们可以同时选择多个学科或多个教材版本，而且不需要进行一一对应，由系统原有的基础数据进行相应的自动匹配操作，具体页面如图 6-14 所示。

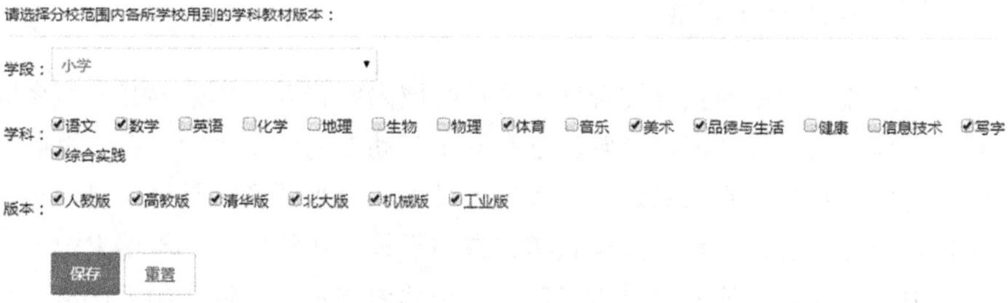

请选择分校范围内各所学校用到的学科教材版本：

学段： 小学 ▼

学科： ☑语文 ☑数学 □英语 □化学 □地理 □生物 □物理 ☑体育 □音乐 ☑美术 ☑品德与生活 □健康 □信息技术 ☑写字 ☑综合实践

版本： ☑人教版 ☑高教版 ☑清华版 ☑北大版 ☑机械版 ☑工业版

保存 重置

图 6-14 教材管理页面

（四）课程管理

课程管理模块为管理人员提供了区域分校范围内所有学校（教学点）教师所发布课程信息的管理。在该模块中，页面直接呈现的是区域范围内所有课程的列表，包括课程名称、课程性质、所属学校、备课教师、备课进度、发布状态等信息，具体如图6-15所示。管理人员可以通过行政学校、备课教师、课程性质、课程状态等不同属性检索相应的课程及其具体信息，同时可以对其进行设置公开和取消发布等操作。如果将课程设置为"公开"，那么分校范围内的所有教师就可以在课程实施模块中看到并学习本课程。如果状态为"未公开"，只有同一个联合体内的教师才可以在课程实施模块中看到。

课程管理

	学校名称	课程	备课教师	备课进度	课程性质	课程状态	操作
☐	实验中小学	小学一年级 美术(上) 人教版	陈老师	9	私有课	待发布	查看|公开|取消发布
☐	实验中小学	小学一年级 语文(上) 人教版	高老师	9	私有课	待发布	查看|公开|取消发布
☐	实验中小学	小学一年级 数学(上) 人教版	李老师	9	私有课	待发布	查看|公开|取消发布
☐	实验中小学	小学一年级 体育(上) 人教版	高老师	9	私有课	待发布	查看|公开|取消发布
☐	实验中小学	小学一年级 写字(上) 人教版	孟老师	9	私有课	待发布	查看|公开|取消发布
☐	实验中小学	小学一年级 品德与生活(上) 人教版	王老师	9	私有课	待发布	查看|公开|取消发布
☐	高七小学	小学一年级 语文(上) 人教版	高老师	9	私有课	待发布	查看|公开|取消发布
☐	高七小学	小学一年级 数学(上) 人教版	李老师	9	私有课	待发布	查看|公开|取消发布
☐	高七小学	小学一年级 体育(上) 人教版	高老师	9	私有课	待发布	查看|公开|取消发布
☐	高七小学	小学一年级 写字(上) 人教版	孟老师	9	私有课	待发布	查看|公开|取消发布

图6-15　课程管理页面

（五）互动直播课堂管理

互动直播课堂管理涉及分校管理人员对区域内所有联合体中展开的城乡同步课堂教学，包括同步互动混合课堂教学和同步互动专递课堂教学。在该页面中提供的区域内同步互动课堂的列表中，管理人员可以看到课堂的具体信息，包括时间、课程、课时、主讲教师、上课状态、参与学校、在线状态、学生人数、上课时长、开关机时间等。他们可以查看某一联合体内同步互动课堂的上课情况，具体如图6-16所示。如果课堂状态为"上课中"，管理人员可以直接进入观看教学

互动直播课堂查询

上课状态：全部　课程名称：　查询

时间	课程	课时	主讲教师	上课状态	参与学校	在线状态	学生人数	上课时长	开机时间	关机时间	操作
2016年11月18日	小学三年级语文（上）	第三课	李老师	排课中	咸安外国语实验小学 大幕乡小学 桃花洞小学						
2016年11月18日	小学三年级语文（上）	第二课	李老师	上课中	咸安外国语实验小学 大幕乡小学 桃花洞小学	√ √ ×	50		8：:10		进入课堂
2016年11月18日	小学三年级语文（上）	第一课	李老师	已完成	咸安外国语实验小学 大幕乡小学 桃花洞小学	√ √ √	100	45分钟	8:00	8:50	查看回放
2016年11月18日	小学三年级语文（上）	第一课	李老师	已完成	咸安外国语实验小学 大幕乡小学 桃花洞小学	√ √ √	100	45分钟	8:00	8:50	查看回放

图 6-16　互动直播课堂查询页面

实况；如果课堂状态为“已完成”，那么管理人员也可以点击查看课堂教学的回放视频，及时了解开课情况。如果出现在线状态为“×”的学校，则需要管理人员及时联系学校并协助他们解决问题，保证同步课堂的正常进行。

（六）教学模式管理

教学模式管理模块主要提供区域分校范围内所有联合体及其相关学校（教学点）教师实施教学时采用的相关教学模式，供教师备课时进行选择。该页面直接展示的是现有的教学模式列表及其详细信息，包括 ID、名称、添加时间、操作等，管理人员可以针对实际教学需要进行编辑或删除等操作，也可以添加新的教学模式供教师进行选择和使用，其具体页面如图 6-17 所示。

教学模式

教学模式列表　添加教学模式

ID	名称	添加时间	操作
1	专题课堂	2017-01-09 15:23:28	编辑　删除
2	视频会议	2017-01-09 15:17:43	编辑　删除
3	本地精品课堂	2017-01-09 15:23:44	编辑　删除
4	同步互动课堂	2017-01-09 15:17:57	编辑　删除

图 6-17　教学模式管理页面

七、数据统计模块

数据统计模块是对区域分校相关教育教学基础数据的统计，具体包括联合体覆盖情况统计、联合体开课情况统计、教学数据统计三部分内容。在数据统计首页主要提供分校的基本信息统计，包括分校内加入实体学校数量、建成联合体数量、参与教师数量、学生数量、已开通学科数量和已完成互动直播的课时数等。同时，首页还对参与的实体学校、教师和学生的数量分别进行了可视化呈现，包括每一类统计上中心学校和教学点的具体数量及其所占的比例，具体页面如图6-18所示。

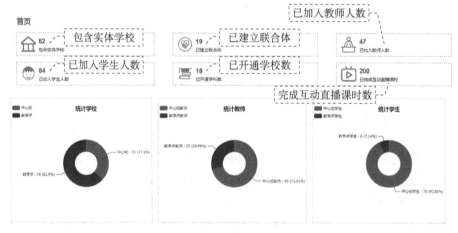

图6-18　数据统计首页

（一）联合体覆盖情况统计

联合体覆盖情况统计是对区域分校内建成的联合体数量及其具体信息进行的统计，包括相关学校的数量统计、教师数量统计和学生数量统计三部分，具体如图 6-19 所示。其中，学校数量统计主要包括联合体数量、行政学校数量、教学点数量以及中心校和教学点各自所占的比例，其结果以可视化的形式呈现，管理人员可以选择联合体、学校名称、学校类型（中心校/教学点）等字段进行具体数据查询；教师数量统计主要包括分校教师总数、中心校教师数量、教学点教师数量以及中心校教师和教学点教师各自所占的比例，其结果以可视化的形式呈现，管理人员可以通过学校名称、学校类型（中心校/教学点）、教师性别等字段进行具体信息的查询；学生数量统计主要统计分校学生

图 6-19　联合体覆盖情况统计页面

总数、中心校学生总数、教学点学生总数以及中心校学生和教学点学生各占的比例等。

（二）联合体开课情况统计

联合体开课情况统计主要是对区域分校内所有联合体开展同步互动混合课堂、同步互动专递课堂、多媒体课堂和资源全覆盖课堂等不同类型课堂的数量及比例，具体页面如图 6-20 所示。在可视化的数据统计结果中，管理人员可以直观地看到不同年级和学科课程的开展进度以及不同类型课堂已经开设的课时总数。同时，他们可以通过学校名称、学校类型（中心校/教学点）、授课教师、课程名称、授课类型（同步互动混合课堂、同步互动专递课堂、多媒体教学课堂、资源全覆盖课堂）、计划课时、完成课时、未完成课时、完成率等字段查看联合体开课的详细信息。

（三）教学数据统计

教学数据统计主要是关于区域分校内所有教学实施情况的统计及其变化趋势，具体如图 6-21 所示。教学统计的具体内容包括用户登录数统计、新增课程数统计、新增课时数统计、完成课时学习数统计、视频观看数（云视频观看数、本地视频观看数）统计、课程总数统计和用户总数统计。管理人员可以将统计类型和时间（本月、上月、近三月、起始日期和截止日期）作为筛选条件查看具体数量及其阶段性变化规律。

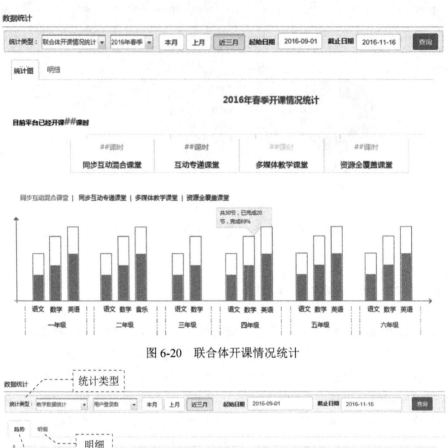

图 6-20　联合体开课情况统计

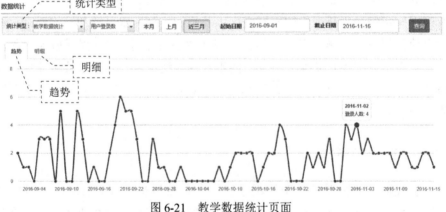

图 6-21　教学数据统计页面

八、系统设置模块

系统设置是对分校平台基本信息的设置与修改操作，包括标签管理、云平台设置、分校设置、全局设置、内容监控、系统日志、IP 黑名单、优化和备份，具体页面如图 6-22 所示。其中，标签管理主要是对目前分校平台涉及标签的设置、编辑与管理操作；云平台设置是对平台基本信息的设置，包括名称、域名、简介等信息；分校设置是对区域分校站点的具体设置，包括分校名称、网站域名、LOGO、简介等内容；全局设置是对分站平台全局信息的设置；内容监控主要是提供平台需要注意的敏感信息，保证平台资源的质量与信息安全；系统日志是对平台各类用户操作的实时记录；IP 黑名单则是针对用户网络行为确定其对平台安全的危险性，在此基础上对相应 IP 地址进行记录，以免影响平台安全；优化和备份的主要功能是促进平台的性能优化并保障数据安全。

图 6-22　系统设置页面

九、权限管理模块

权限管理模块主要是对分校后台各级管理人员进行的管理，以更好地控制他们后台访问的权限，规范他们的操作行为，主要包括管理员列表、角色管理和菜单模块管理三个部分，具体如图 6-23 所示。总体上说，分校后台有三个固定的角色组，分别是分校管理员角色组、联合体管理员角色组和学校管理员角色组，他们都是由分校后台的超级管理员进行分配的。其中，分校管理员角色组的主要权限为分校范围内的所有模块；联合体管理员角色组主要权限为分校范围内的各模块，但其用户限定在固定的几个学校（教学点）中；学校管理员角色组的主要权限为校园端的各模块，同时拥有分校管理员的部分权限。在不同的角色组下，可以根据需要创建多个不同的角色。

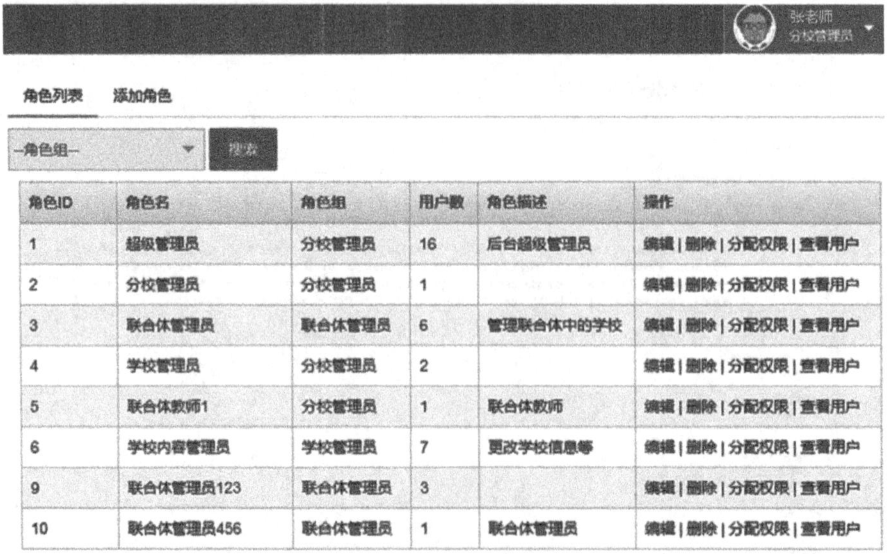
张老师
分校管理员
角色列表
添加角色
--角色组--
搜索
角色ID | 角色名 | 角色组 | 用户数 | 角色描述 | 操作
1 | 超级管理员 | 分校管理员 | 16 | 后台超级管理员 | 编辑 | 删除 | 分配权限 | 查看用户
2 | 分校管理员 | 分校管理员 | 1 | | 编辑 | 删除 | 分配权限 | 查看用户
3 | 联合体管理员 | 联合体管理员 | 6 | 管理联合体中的学校 | 编辑 | 删除 | 分配权限 | 查看用户
4 | 学校管理员 | 分校管理员 | 2 | | 编辑 | 删除 | 分配权限 | 查看用户
5 | 联合体教师1 | 分校管理员 | 1 | 联合体教师 | 编辑 | 删除 | 分配权限 | 查看用户
6 | 学校内容管理员 | 学校管理员 | 7 | 更改学校信息等 | 编辑 | 删除 | 分配权限 | 查看用户
9 | 联合体管理员123 | 联合体管理员 | 3 | | 编辑 | 删除 | 分配权限 | 查看用户
10 | 联合体管理员456 | 联合体管理员 | 1 | 联合体管理员 | 编辑 | 删除 | 分配权限 | 查看用户

图 6-23　权限管理页面

第七章 垄上数字学校的校园端设计

学校是教育教学活动的主要实施场所，这对虚实结合的垄上数字学校来说也是如此。垄上数字学校的校园端应该要满足学校具体教育教学活动开展的需要，包括学校的各项管理工作、教师的教学和学生的学习等。因此，在进行校园端系统的建设过程中，我们不仅设计了帮助学校实施管理工作的管理后台，还设计了为师生教育教学活动开展提供各项服务的教师备课平台、教师授课平板和学生学习平板。

第一节 垄上数字学校校园端系统功能结构设计

垄上数字学校的校园端系统主要服务于学校自身具体的教育教学业务，包括教师的授课、备课与专业发展，学生的自主学习，管理者的教务管理与监督等。因此，在进行校园端系统的功能结构设计过程中，首先需要对它进行准确的定位，在明确其建设目标与核心任务后，分别从教学、学习、教师专业发展、管理等方面进行具体的功能设计。

一、垄上数字学校校园端系统整体定位

在进行平台的建设过程中，首先要明确其具体的用户对象，在对各类型用户进行深入分析的基础上确定其基本定位与核心任务，然后确定其具体功能，即从需求、目标、任务和功能实现上对即将建设的系统进行整体概述。因此，考虑到垄上数字学校校园端三大服务对象（教师、学生和教育管理者）的实际需要，其建设主要考虑三个方面的内容：一是为教师提供课堂教学与专业发展的服务；二是为学生提供课堂学习与自主学习的服务；三是为学校管理者提供教务管理与监督决策的服务。

（一）为教师提供课堂教学与专业发展服务

教师是学校教育的主要实施者，是垄上数字学校的主要服务对象之一。尤其是对负责教育教学活动具体实施工作的校园端系统来说，其更应该充分考虑教师的实际需求。总体来说，垄上数字学校校园端系统为教师提供的服务主要体现在课堂教学和专业发展两个方面。从教师的课堂教学来说，它又可以针对教学活动的实施阶段分为三个层面：一是为教师的课前备课提供支持，即为教师提供专门的备课空间与丰富的教学资源，同时考虑中心校教师、教学点教师、新手型教师、专家型教师等不同类型教师的实际需求，为他们提供一键式备课和自主备课等不同类型的备课模式供其选择，在满足教师需求的同时降低他们的备课难度；二是课中的教学活动实施的支持，其中既包括对本地多媒体课堂教学的支持，也需要为实现城乡优质师资共享而开展的同步互动混合课堂与同步互动专递课堂提供有效支持，帮助教师不断提升课堂教学效果；三是在课后为教师提供作业与答疑辅导等方面的支持，使教师能够在线布置作业、批改作业及为学生答疑解惑，方便他们随时随地利用移动设备开展工作。从教师自身的专业发展上来说，垄上数字学校的校园端应该充分考虑教师尤其是教学点教师的专业发展需要，为他们提供更多的在线专业发展机会，包括在线教研活动的开展及多样化专业发展资源的提供等。同时，在进行校园端系统的建设过程中，还需要充分考虑垄上数字学校本身在促进城乡同步即优质师资共享方面的优势，基于网络实现城乡教师的互联，促进城乡教师的实时交互与共同成长。

（二）为学生提供课堂学习与自主学习服务

学生是学校教育的对象，他们的发展情况也是衡量基础教育质量的唯一标准。因此，对为促进区域内基础教育均衡发展的垄上数字学校建设来说，应该充分考虑城乡学生的实际需求，在此基础上帮助他们更好地参与课堂教学活动并开展自主学习活动。从学生课堂学习活动的参与上，应该尽可能地提高他们的主动性与积极性，即提供课前预习模块，让学生对即将学习的内容形成基本认识，并通过丰富的学习资源激发他们学习的兴趣与自信心，在课堂中提供师生互动空间，帮助学生更好地参与问答活动及学生之间的讨论活动，提高他们课堂参与的积极性。尤其是对同步互动课堂环境下的异地教学点学生来说，良好的互动空间能帮助他们更好地融入异地教师组织的课堂教学活动中。考虑到伴随着各类移动设备成长起来的新一代学习者的认知特点与实际需要，校园端系统的建设还应该为他们提供个性化自主学习的支持，即提供单独的自主学习空间和多样化的学习资源，并针对他们的学习情况为之推送适配的数字教育资源并提供个性化的学习引导，帮助学习者针对自身需要更好地开展自主学习活动。同时，提供在线讨论空间，帮助他们利用移动设备随时向教师提出帮助或者与同伴展开互动交流，提高自主学习的效率与积极性。总体来说，垄上数字学校校园端系统为学生提供的支持服务应该主要体现在课前预习、课堂教学参与和课后自主学习活动与交流讨论等方面。

（三）为管理者提供教务管理与监督决策服务

教育管理者是学校教育教学活动的整体规划者、监督者与服务者，他们不仅需要针对学校实际发展情况进行阶段性教育教学活动的安排，还需要对学校教育教学活动的实施过程进行管理，尤其是对学校核心业务之教学实施情况进行监督与管理，保证学校各项教育教学活动的有序开展。首先，平台提供专门的教务管理服务，帮助教育管理者对学校内部教师信息、学生信息、课程信息、班级与年级安排等基础数据与教学测评等核心业务进行统一管理与可视化呈现；其次，平台提供专门对教学这一学校核心业务的管理，包括课程管理、课堂管理、教学内容与过程管理等，保证学校核心业务的安全与统一管理；最后，平台提供大数据挖掘与数据分析服务，即帮助他们记录学校业务数据，这不仅可以使他们及时直观地了解学校各项教育教学活动的实施开展情况，及时发现其中存在的问题并采取有效的干预措施，不断提升学校的教育教学效果，同时还能帮助他们对学校的整体建设情况与发展趋势形成更加清晰的认识，在此基础上制定精准的教育决策，不断促进学校的发展与学生的个性化成长。因此，在垄上数字学校的校园端系统建设中，为教育管理者提供相应的服务也是我们需要考虑的重要方面，主要包括教务管理、教学管理和数据分析与教育决策等具体内容。

二、垄上数字学校校园端系统功能结构

垄上数字学校的校园端系统主要负责本校教育教学活动的组织、实施、管理与评价等具体工作，是区域基础教育均衡发展工作的具体执行单位，需要同时满足教师教学、学生学习、教育行政人员管理以及教师专业发展的各项功能。因此，在进行分校校园端系统设计过程中，应该首先针对系统定位确定其基本架构，在此基础上针对用户需求与功能定位设计其具体的功能模块与详细内容。

（一）垄上数字学校校园端系统整体架构

针对校园端系统的整体定位，它主要包括学校管理者、教师和学生三类用户。对学校管理者来说，系统应该帮助他们更好地进行学校内各项业务的组织、管理、监督等工作，从而保证学校教育教学活动的有效推进；对教师来说，系统应该同时考虑他们课堂教学与专业发展的需要，在为他们提供集课前备课、课中授课与课后答疑于一体的教学环境与资源支持的同时，也需要为他们提供网络研修和数字教育资源学习等方面的服务；对学生来说，系统应该充分考虑他们的学习需要，提供个性化的学习空间与优质的学习资源，提高他们课堂参与的积极性与学习兴趣，并帮助他们更好地开展个性化学习。鉴于此，我们确定了垄上数字学校系统的整体架构，按用户角色及其权限分为学校管理者、教师和学生三个层面，具体内容如图 7-1 所示。

从垄上数字学校校园端系统的整体架构来看，学校管理后台位于最高层，拥有最高的权限，负责全校基本教育教学工作的组织、管理和监督等工作，具体包括教务管理、教学管理和数据统计三个方面的内容。学校管理后台负责管理教师、学生等学校全部用户的基本信息及其行为，是校园端系统整体稳定运行的重要保障。教师作为教学活动的具体执行者，他们需要接受学校管理者的管理，同时负责对任教班级及其学生的管理工作，因此位于系统的第二层。在该层面又分为两个部分，一

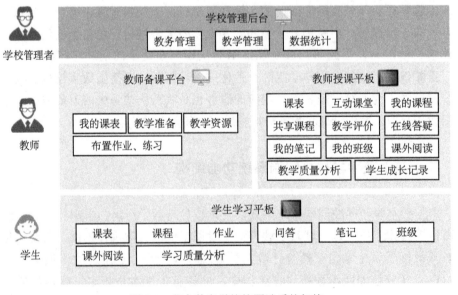

图 7-1　垄上数字学校校园端系统架构

是帮助教师进行备课的专门备课平台，包括我的课表、教学准备、教学资源，以及布置作业与练习等；二是教师授课平板，即帮助教师实施教学活动，具体包括课表、互动课堂、我的课程、共享课程、教学评价、在线答疑、我的笔记、我的班级、课外阅读、教学质量分析和学生成长记录等内容。学生是学校教育教学活动的实施对象，位于系统的第三层，主要是为他们提供具体学习支持及其相关服务，包括课表、课程、作业、问答、笔记、班级、课外阅读与学习质量分析等内容。

（二）垄上数字学校校园端系统功能结构设计

在确定垄上数字学校校园端系统的整体架构后，需要对其各个层面的功能模块进行具体设计，主要包括校园端后台管理、教师备课平台、教师授课平板和学生学习平板四个核心部分，具体如图 7-2 所示。

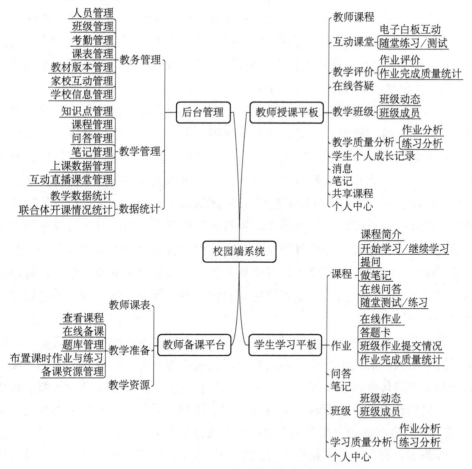

图 7-2　垄上数字学校校园端系统功能结构

校园端后台管理部分主要包括教务管理、教学管理和数据统计三个具体功能模块。其中，教务管理是对全校人员信息与基本业务数据进行的管理，具体表现为人员管理、班级管理、考勤管理、课表管理、教材版本管理、家校互动管理和学校信息管理；教学管理则是对教学这一学校核心业务数据的管理，具体为知识点管理、课程管理、问答管理、笔记管理、上课数据管理和互动直播课堂管理；数据统计是对学校教学实施情况的统计，包括教学数据统计和联合体开课情况统计两个方面。

教师备课平台主要是为学校各科教师提供备课的专门空间与资源支持，包括教师课表、教学准备、教学资源三个模块。其中，课表主要是呈现教师负责课程的具体信息，包括课程名称、授课时间、班级、学生人数等，方便教师及时了解自身的课程教学安排；教学准备模块是教师备课平台的核心，主要是帮助教师完成备课工作，具体表现为查看课程、在线备课、题库管理、布置课时作业与练习、备课资源管理等；教学资源模块主要是为学校教师提供其备课过程中可能需要的各类数字化资源，帮助他们更好地设计学习活动。此外，还包括教师对个人空间与基本信息进行的设置与管理。

教师授课平板主要为学校教师的课堂教学与专业发展提供支持，除了教师课程、消息、教学班级、笔记、共享课程和个人中心等基本内容管理模块外，还包括为他们教学活动开展提供支持的互动课堂、教学评价、在线答疑、教学质量分析和学生成长记录等模块。其中，互动课堂主要是帮助教师提高课堂学生参与度，包括电子白板互动和随堂练习/测试两个方面；教学评价模块则是为方便教师开展作业评价与学生作业质量统计工作而设计的；教学质量分析主要是通过作业分析与练习分析帮助教师对自身教学质量及学生学习情况进行全面分析；学生个人成长记录模块是对教师所教学生成长情况的具体记录，可以帮助他们了解不同学生的实际发展情况，并据此不断调整教学计划，促进班级学生的共同成长。

学生学习平板主要为学生提供专门的学习空间与各类数字化学习资源，除了班级和个人中心两个基本模块之外，还包括课程、作业、问答、笔记、学习质量分析等具体学习支持模块。其中，课程模块主要是服务于学生传统的课程学习，包括课程简介、开始学习/继续学习、提问、做笔记、在线问答和随堂测试/练习等内容；作业主要是为学生提供在线提交作业与查看作业信息服务，包括在线作业、答题卡、班级作业提交情况、作业完成质量统计等；问答是方便学生向教师提问或参与讨论活动而设计的；笔记是对学生课程学习中所记录笔记的管理，方便他们查看具体内容；学习质量分析具体包括作业分析和练习分析，可以帮助学生更加客观、准确地了解自身的学习情况，进而更好地开展个性化学习。

<h2 style="text-align:center">第二节　垄上数字学校校园端系统
管理后台功能设计</h2>

垄上数字学校校园端系统服务于学校内部各项教育教学活动的开展。因此，为保证学校各项业务的有序推进及平台本身为学校各类用户提供的有效支持，需要专门的学校后台管理系统对基础数据及各项业务进行统一规划、存储与管理。总体来说，垄上数字学校后台管理需要帮助学校管理人员规范本校教务教学管理工作，实现对学校核心业务的实时监督，保证学校核心数据安全，维持学校教育教学活动的有序推进。在具体功能模块设计上，校园端系统后台管理功能主要分为教务管理模块、教学管理模块和数据统计模块。

一、教务管理模块

在垄上数字学校的校园端系统中，教务管理主要是帮助学校教育管理人员对学校各类基础数据及核心教学业务进行统一管理，具体包括学校人员管理、学校管理、班级管理、考勤管理、课表管理、教材版本管理及家校互动管理等内容。

（一）人员管理

人员管理是学校管理人员对校园端用户进行的统一管理，包括不同用户的编号、真实姓名、用户名、性别、手机号、状态等基本信息，具体页面如图 7-3所示。从账号类型上，人员管理模块具体分为学生管理、教师管理和家长管理三类，同时，对审核未通过、信息存在错误或冲突、实施冻结操作等问题的问题账号进行了单独管理，以方便管理人员的操作。在人员管理模块，学校端管

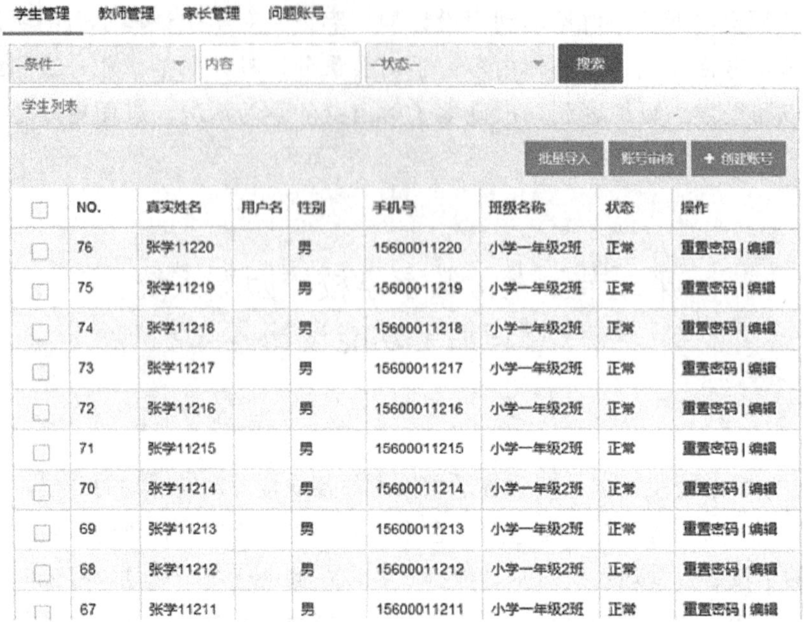

学生管理 教师管理 家长管理 问题账号

-条件- 内容 -状态- 搜索

学生列表

批量导入 账号审核 + 创建账号

	NO.	真实姓名	用户名	性别	手机号	班级名称	状态	操作
	76	张学11220		男	15600011220	小学一年级2班	正常	重置密码 | 编辑
	75	张学11219		男	15600011219	小学一年级2班	正常	重置密码 | 编辑
	74	张学11218		男	15600011218	小学一年级2班	正常	重置密码 | 编辑
	73	张学11217		男	15600011217	小学一年级2班	正常	重置密码 | 编辑
	72	张学11216		男	15600011216	小学一年级2班	正常	重置密码 | 编辑
	71	张学11215		男	15600011215	小学一年级2班	正常	重置密码 | 编辑
	70	张学11214		男	15600011214	小学一年级2班	正常	重置密码 | 编辑
	69	张学11213		男	15600011213	小学一年级2班	正常	重置密码 | 编辑
	68	张学11212		男	15600011212	小学一年级2班	正常	重置密码 | 编辑
	67	张学11211		男	15600011211	小学一年级2班	正常	重置密码 | 编辑

图 7-3 人员管理页面

理人员不仅可以通过条件查询获得不同用户的具体信息并进行编辑或针对用户需要实施密码重置等操作，还可以进行创建账号、批量导入与审核等操作，方便、快捷、准确地实现对学校大量用户信息的统一处理与保存，提高他们的工作效率。

（二）学校管理

分校管理人员在进行创建学校的操作时，主要针对学校记录添加其所属地区、学校名称、学校类型（中心校、教学点、其他）等基本信息。在学校用户开始使用平台时，管理人员也可以在后台查看学校基本信息并进行编辑操作，或者将原有的学校基本信息进行完善，具体如图 7-4 所示。同时，校园端涉及教学联合体，即由中心校和教学点组成的共同体，因此，为满足城乡优质师资的共享，更好地促进同步互动混合课堂、同步互动专递课堂、城乡教师研修等教学联合体内部活动的有序开展，校园端后台的校园信息管理中还需要为管理者提供创建学校功能，即针对学校及教学联合体发展需要，添加中心校或教学点等实体学校的信息，共同组成垄上数字学校校园端，进而开展独立于实体校园的垄上数字学校教育教学活动。

学校列表 修改学校

图 7-4 学校管理页面

（三）班级管理

班级管理是校园端管理人员对学校各个班级（包括已毕业班级和未毕业班级）信息进行的统一管理，具体页面如图 7-5 所示。在班级管理模块，管理人员可以通过筛选项查看不同类型的班级信息，对整个班级进行编辑、删除、批量升学处理等操作。同时，他们可以点击进入某一个班级查看其具体信息，包括所属年级、班主任信息及班级内所有学生的信息等。进入班级详细信息页面时，管理人员可以查看班级内某个学生的具体信息，向其发送站内信，针对需要对个别学生进行调班、复读等操作。班级管理实现了管理人员对教师、年级、班级和学生的关联，不仅可以帮助他们更好地管理班级、学生信息，还方便他们对学生具体学习事务的操作，提高业务处理的规范性。

（四）考勤管理

在数字化校园建设过程中，为实现对全校学生的安全、规范管理，学校可以为每个学生佩戴电子学生卡。当学生进入学校范围之后，系统就会自动扫描完成学生的考勤工作。同时，管理人员就可以在后台考勤管理模块看到各个班级学生的考勤情况。考勤管理就是帮助学校管理人员对校内各个班级学生的考勤信息进行具体设置和管理的专门模块。在这里，管理人员可以对学校不同年级的考勤信息进行具体设置，同时可以通过学校、班级、姓名、日期等筛选项了解不同学生的考勤情况，实现对学生在校信息的准确跟踪与科学管理，具体页面如图 7-6 所示。

图 7-5　班级管理页面

图 7-6　考勤管理页面

（五）课表管理

课表管理是帮助学校管理人员对全校课程表进行统一设置与规范管理的专门模块，具体页面如图 7-7 所示。垄上数字学校既涉及行政学校教师单一的本地课堂教学，又包括城乡之间组成的教学联合体的教学。对于联合体课程来说，联合体课表就控制着教师、学生（班级）、课程三者之间的关系。除了传统行政学校的本地班级之外，联合体内标注的课程对应的中心校与教学点班级又会自动形成一个新的教学班，课表中的教师则需要负责该教学班的课程教学、作业等具体工作。因此，为保证学校教学工作的顺利开展，传统行政学校的本地课程安排与相关教学联合体的课表安排之间不能存在冲突，这就需要对行政学校课程表与联合体课程表进行统一管理，这也是课表管理的一项核心功能。当学校管理人员导入行政学校自身课程表和教学联合体课程表后，系统就会根据行政学校课表及其相关联合体课表的基本信息进行对比。如果中心校、教学点的本地课堂教学与对应联合体的课程安排存在冲突，系统就会自动要求管理人员进行查看和修改，以免造成后期课程开展过程的时间、人员冲突。此外，管理人员还可以在这里进行基本操作，如通过条件查询行政学校课程表、班级课程表、联合体的课程表或教师课程表等，编辑并导出相应的数据。

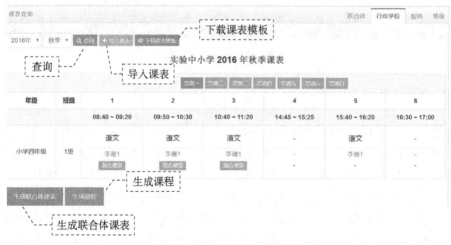

图 7-7　课表管理页面

（六）教材版本管理

教材版本管理是校园端管理人员对学校所有班级使用教材版本信息进行设置与统一管理的模块。该模块的教材版本自动与总校资源中心的教材目录类表同步，校园端管理人员只需要针对学校实际需要进行选择实现相应教材版本的启用即可。同时，对资源中心没有录入的教材版本，学校管理人员可以自行添加。在教材版本管理中，学校管理人员可以设置本校各个年级、各个学科的具体教材版本信息，也可以修改或删除对应的教材版本信息，具体页面如图 7-8 所示。学校管理人员对教材版本的统一选择与管理可以将教师课程教学信息与学校资源服务相关联，帮助教师在备课、授课过程中更加准确、快捷地获取自身需要的教学资源，有效实施教学。

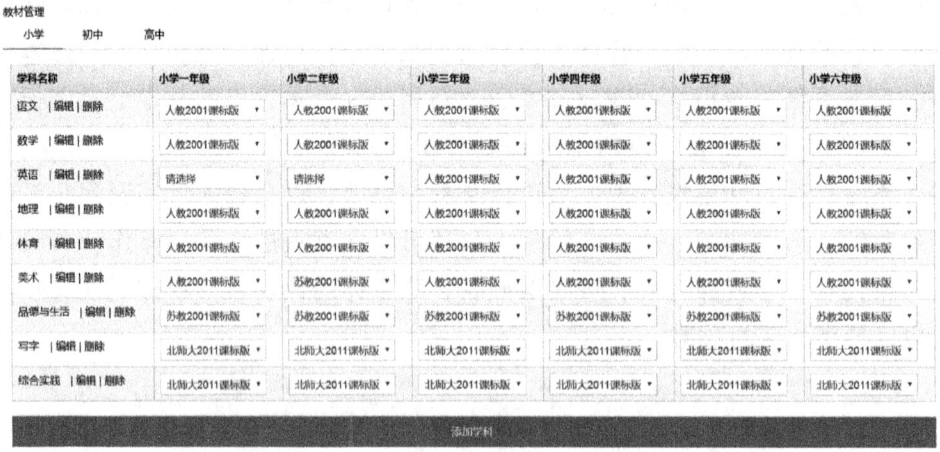

图 7-8　教材版本管理页面

（七）家校互动管理

家校互动管理是对"新闻中心/家校互动"模块中的数据进行统一管理的模块，具体页面如图 7-9 所示。在进入该模块后，管理人员可以看到目前家校互动的所有主题内容列表及其详细信息，包括序号、主题、问题状态、发布状态、提问时间、解答时间等，他们可以通过条件检索直接点击进入查看具体内容，也可以进行删除发布或取消发布等操作。对于家长或一般浏览者通过平台提出的某一问题，管理人员在查看具体信息的同时可进行详细回答，并针对问题的重要性与普遍性将其发布到平台上或者发布到平台并同步发送到手机上等，方便存在疑问的家长及其他相关人员及时查看相关信息。

教务管理 > 家校互动

家校互动列表

序号	主题	问题状态	发布状态	提问时间	解答时间	操作
79	学校有晚自习吗？	已解答	已发布	2017-03-31 09:41:45	2017-03-31 09:44:46	查看 删除 取消发布
75	自我效能感	未解答	未发布	2017-03-30 11:02:13	1970-01-01 00:00:00	查看 删除 发布
74	如何做好预习、复习工作	未解答	未发布	2017-03-24 11:26:02	1970-01-01 00:00:00	查看 删除 发布
73	厌学与逃学问题	已解答	未发布	2017-03-22 16:14:28	1970-01-01 00:00:00	查看 删除 发布
72	小学生都共同存在些什么问题？	未解答	未发布	2017-03-22 13:35:20	1970-01-01 00:00:00	查看 删除 发布
71	蒲公英什么时候开花？	已解答	已发布	2017-03-22 13:31:13	1970-01-01 00:00:00	查看 删除 取消发布
5	花儿为什么这么红	已解答	已发布	2017-01-13 10:19:19	1970-01-01 00:00:00	查看 删除 取消发布
3	怎么才能考上清华北大？	已解答	已发布	2017-01-10 00:00:00	1970-04-01 00:00:00	查看 删除 取消发布
2	地球为什么是圆的？	已解答	已发布	2010-01-01 00:00:00	2017-03-27 16:14:41	查看 删除 取消发布
1	十万个为什么？	已解答	已发布	1970-01-01 00:00:00	2017-03-30 17:35:59	查看 删除 取消发布

图 7-9 家校互动管理页面

二、教学管理模块

教学管理模块主要帮助学校教育管理人员对教学活动实施过程中涉及的各项核心数据进行统一设置与管理，其中包括基本状态数据、过程发展数据等，具体分为知识点管理、课程管理、问答管理、笔记管理、上课数据管理和互动直播课堂管理等栏目。

在垄上数字学校的校园端系统中，教务管理主要是帮助学校教育管理人员对学校各类基础数据及核心教学业务进行统一管理，具体包括学校人员管理、学校基本信息设置、班级管理、考勤管理、内容管理、教材版本管理及家校互动管理等内容。

（一）知识点管理

知识点管理是对学校各年级、各学科课程之教材具体知识点的管理，具体页面如图 7-10 所示。在该模块中，学校开设课程（学段、年级、科目、学期、版本）的基本信息都是与总校基础数据交换中心的课程信息保持一致，这样才能保证相应的教材目录从基础数据交换中心自动同步到校园端后台。在默认情况下，

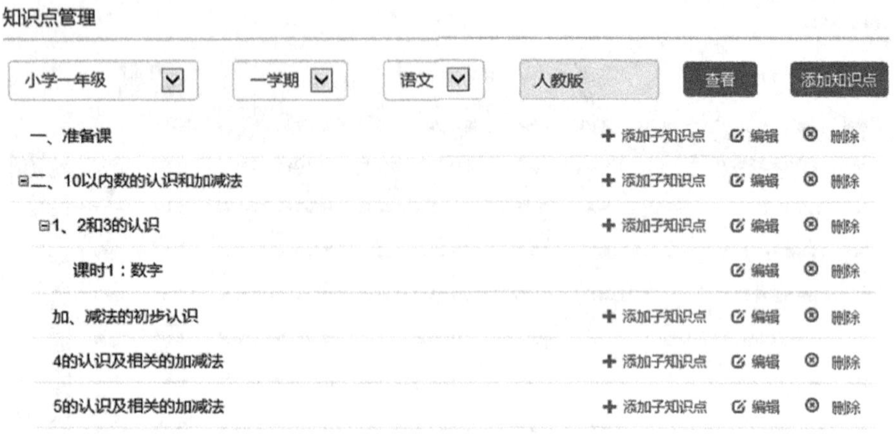

图 7-10　知识点管理页面

管理人员通过条件检索到的某一学期的某门课程后得到的知识点就是该课程的目录，他们一一针对学校教学活动安排的实际需要添加新的知识点，编辑知识点名称，确定知识点顺序并对其进行简单的描述，也可以进行现有知识点的编辑与删除等操作。此外，管理者可以在现有知识点的基础上添加其所属的子知识点，一般最多可支持三级目录。

（二）课程管理

课程管理是学校管理人员对校内教师发布的课程进行统一查询和管理操作的模块，页面如图 7-11 所示。在默认情况下，该模块呈现的是学校所有年级和学科的教师所发布课程的列表及其相关信息，包括学校名称、课程、备课教师、备课进度、课程性质、课程状态、操作等具体信息，管理者可以针对需要点击某一课程查看具体内容，可以进行课程的发布或取消发布等操作。同时，管理者可以通过备课教师、课程性质、课程状态等筛选项获取想要查看的一门或一类课程的基本信息。

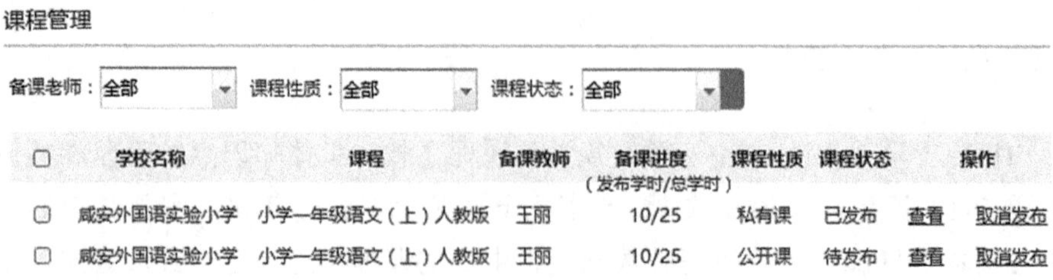

图 7-11　课程管理页面

（三）问答管理

问答管理主要是教育管理者对本校学生在学习过程中的提问数据进行的统一管理。为提高管理人员的工作效率，我们将未回答页面设置为默认页面，即管理人员点击进入问答管理之后，就可以看到目前未得到教师回答的问题列表及其详细信息，包括具体问题内容、查看次数、作者、创建时间等。这时，管理人员可以针对问题的紧迫程度或普遍性等，提醒教师进行回答，也可以对没有必要的问题进行删除操作。如果管理人员需要查看其他已回答问题，就可以在所有问题页面中查看，也可以通过标题、关键词、作者等检索条件获得具体的问题信息，其具体页面如图 7-12 所示。

图 7-12　问答管理页面

（四）笔记管理

笔记管理与问答模块类似，是学校管理人员对本校学生所做笔记数据的统一管理，具体页面如图 7-13 所示。学校管理者在进入笔记页面后，可以直接看到全校所有学生所做笔记内容的详细列表，包括笔记内容、作者、记录时间等信息。他们可以通过所属课程、作者名字等关键词获得相应的笔记信息，也可以在列表中点击某一条笔记查看其具体内容，或者对笔记进行删除等操作。笔记管理的设置不仅可以帮助教育管理者更好地管理学生学习数据，还可以让他们通过笔记了解学生的学习情况，进而为学校教学活动安排及教师教学干预的实施提供重要参考。

教学管理 > 笔记管理

笔记列表

	笔记内容	作者	操作	操作
☐	笔记内容：Jicfcjkvjjjo 小学一年级语文 (上)>课时2：第二章 WWWW	作者：李珊1 时间：2017-03-24 19:28:42	删除	删除
☐	笔记内容：佟庆测试笔记蜡笔小新 小学一年级语文 (上)>课时1：第1节 飞飞飞	作者：钱学生 时间：2017-03-28 16:54:46	删除	删除
☐	笔记内容：就不改善晚寨你328德国还会斤斤计较快快乐乐 小学一年级健康 (上)>课时2：第1节 真真真	作者：小李老师 时间：2017-03-28 17:00:47	删除	删除
☐	笔记内容： 小学二年级语文 (上)>课时1：春江花月夜	作者：杨小三 时间：2017-03-28 17:32:50	删除	删除
☐	笔记内容： 小学二年级语文 (上)>课时1：春江花月夜	作者：杨语 时间：2017-03-28 17:34:03	删除	删除
☐	笔记内容：Cffddsdffrdddd eedes 小学二年级语文 (上)>课时7：第一课时回自己是百年身	作者：杨小三 时间：2017-03-29 13:43:13	删除	删除
☐	笔记内容： >课时：	作者：李一 时间：2017-03-29 16:34:13	删除	删除
☐	笔记内容：、简缩形式的变法：把倒数第二个字母，通常是元音字母变成把完全形式变成简缩 >课时：	作者：李一 时间：2017-03-29 16:35:07	删除	删除
☐	笔记内容：动词怎么用 >课时：	作者：李一 时间：2017-03-29 16:44:53	删除	删除

全选　全disabled　反选　批量删除

图 7-13　笔记管理页面

（五）上课数据管理

上课数据管理是对学校目前所有开设课程基本开设信息的管理，它以课程信息列表的形式呈现，包括序号、课程名称、备课教师、学校、课时数、学生人数、完成课程人数、课程学习时长等具体信息，具体页面如图 7-14 所示。在该模块中，管理者可以通过行政学校、课程名称等筛选项了解课程开设情况。点击进入具体的课程内容后，他们可以查看该课程对应的具体开设课时信息，包括课时名称、课时学习人数、课时完成情况、课时平均学习时长、音频时长、视音频平均观看时长和测试平均得分等具体信息。上课数据管理可以作为学校管理人员及时了解学校课程开设现状的重要途径，同时可以作为他们进行课程评价的一项重要指标。

上课数据管理

| 行政学校：全部 ▾ | 课程名称： | 查询 |

序号	课程名称	备课教师	学校	课时数	学员人数	完成课程人数	课程学习时长（分）	操作
1	小学一年级语文（上）人教版	李老师	咸安外国语实验小学	20	40	30	10000	查看课时数据
2								

图 7-14　上课数据管理页面

（六）互动直播课堂管理

互动直播课堂管理主要是帮助学校教育管理者对学校范围内的互动直播课堂进行统一管理，保证互动直播课堂教学的顺利有效推进。在该页面中，管理者可以直观地看到目前学校参与的互动直播课程的详细列表，包括课程名称、开设时间、课时、主讲教师、上课状态、参与学校（包括中心校和教学点）、在线状态、学生人数、上课时长、开机时间、关机时间等详细信息，具体页面如图 7-15 所示。管理人员可以通过条件查询查看某一门或一类课程的互动直播课堂信息。对处于上课中的课程，管理人员可以直接点击查看互动直播课堂的现场教学情况；对已完成的课程，管理人员也可以点击查看互动直播课堂的录像，回看课堂教学实景。此外，在线状态表示为"×"的学校（教学点），存在网络或其他问题，未能顺利联入互动直播课堂。这时需要校园端管理人员协助行政学校（教学点）及时解决问题。

互动直播课堂管理

| 上课状态：全部 ▾ | 课程名称： | 查询 |

时间	课程	课时	主讲教师	上课状态	参与学校	在线状态	学生人数	上课时长	开机时间	关机时间	操作
2016年11月18日	小学三年级语文（上）	第三课	李老师	排课中	咸安外国语实验小学 大幕乡小学 桃花洞小学						
2016年11月18日	小学三年级语文（上）	第二课	李老师	上课中	咸安外国语实验小学 大幕乡小学 桃花洞小学	√ √ ×	50		8:10		查看
2016年11月18日	小学三年级语文（上）	第一课	李老师	已完成	咸安外国语实验小学 大幕乡小学 桃花洞小学	√ √ √	100	45分钟	8:00	8:50	
2016年11月18日	小学三年级语文（上）	第一课	李老师	已完成	咸安外国语实验小学 大幕乡小学 桃花洞小学	√ √ √	100	45分钟	8:00	8:50	

图 7-15　互动直播课堂管理页面

三、数据统计模块

数据统计模块设置的主要目的是帮助学校教育管理者及时了解相关行政学校及教学联合体教学活动的具体实施情况，以实现在校园端对学校教学过程的监督，同时可以帮助他们对不同班级或不同类型的课堂教学效果进行过程性评价。校园端的数据统计模块主要包括两方面的具体内容，一是教学数据统计，二是联合体开课情况统计。在数据统计的首页主要以可视化形式呈现目前学校各类课程开设情况的整体信息，包括已加入的教师人数、学生人数、已开通学科数、已完成互动直播课时数等基本信息，也包括每个学段（小学、初中、高中）、每个课堂类型（包括同步互动混合课堂、同步互动专递课堂和多媒体课堂等）、每个年级、每门课程（语文、数学、英语等）已完成和未完成的具体课时信息等，帮助学校教育管理者直观地了解学校课堂教学的整体情况，其具体页面如图 7-16 所示。

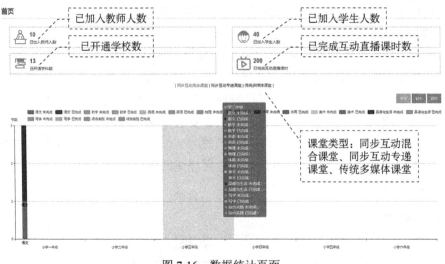

图 7-16　数据统计页面

（一）教学数据统计

教学数据统计与分校后台的教学数据统计类似。不同之处在于，校园端系统只是对本校范围内的教学实施情况进行统计与趋势变化记录。在该页面中，管理者可以查看关于教学实施的各类统计数据，具体包括用户登录数统计、新增课程数统计、新增课时数统计、完成课时学习数统计、视频观看数（云视频观看数、本地视频观看数）统计、课程总数统计、用户总数统计等详细内容。管理人员可以通过选择时间或时间段查看学校的具体教学信息。

（二）联合体开课情况统计

校园端联合体开课情况统计类似于分校联合体开课情况统计。不同之处在于，校园端系统管理人员只能看到本校教学联合体的课程开设情况，包括同步互动混合课堂、同步互动专递课堂和多媒体课堂等不同类型课堂的开设数量及其比例。联合体开课情况统计不仅可以帮助学校教育管理者了解不同课程的开设的整体情况，还能够利用可视化的手段帮助他们直观地获取不同年级、不同学科、不同类型课堂的具体课程开设情况，方便学校教育管理者从整体和部分上全面而具体地了解学校内部教育教学活动的具体实施情况。

第三节　垄上数字学校校园端教师备课平台设计

备课是教师实施教育教学活动的首要工作，也是他们有效开展教育教学活动的基本保障，因此是垄上数字学校建设过程中需要考虑的一项重要内容。总体来说，不同年级、不同学科、不同教学经历的教师在备课过程中需要的支持也是存在很大差异的，校园端系统教师备课平台的建设就是要在兼顾教师整体需求的情况下满足不同教师的实际需要，帮助他们提高备课质量，顺利实施教学。在该部分具体模块的设计中，考虑到教师基本课程信息查询与备课阶段性实施的具体需要，我们设计了我的课表、教学准备等模块，其中教师备课的核心内容及其具体流程主要体现在教学准备模块中，如查看课程、在线备课、题库管理、布置课时作业与练习、备课资源管理等。

一、首页

教师备课平台是垄上数字学校在 Web 端为教师提供的一项重要支持，包括支持或方便教师教育教学的各项内容及其相应设置。为帮助教师更加便捷地获取相关资源或消息，我们将主要核心内容、最新消息等呈现在教师登录的首页，方便教师进行查阅。首页内容的设置主要包括五个方面的内容：一是待办事项，实时呈现教师所教班级学生最新提交的作业和最新提出的问题数量，帮助教师对这些工作进行及时处理；二是在教课程，即以可视化的形式呈现教师目前实施课程的备课情况，包括不同类型课堂教学的备课情况，允许教师点击进入直接开展备课工作；三是今日课表，提醒教师每天需要实施教学的信息，包括时间、班级、课堂教学类型等具体内容，方便教师进行课堂教学准备；四是我的班级，包括教师所教的所有班级列表，他们可以点击进入查看每个班级的具体信息；五是我的动态，主要是帮助教师记录他们在平台上进行的各项教育教学活动，包括备课内容、个人信息修改情况、数字资源查阅与下载等详细信息。总体来说，教师备课平台的首页就是对教师空间核心内容的推送，方便教师及时了解他们需要或想要获得的数字资源、处理的工作、获取的信息等，其具体页面如图 7-17 所示。

图 7-17   教师备课平台首页

二、我的课表模块

我的课表模块主要是为教师呈现他们本学期各自的课程教学安排及其具体信息，包括每个星期的时间段安排、班级、学科、课程类型等方面的内容，具体设计页面如图 7-18 所示。课程表以周为单位呈现，默认显示的是本周教师的课程安排，同时教师可以查看之前或之后几周的上课信息。垄上数字学校既涉及本地课堂教学，也涉及专递课堂教学，因此为方便教师快速直观地了解教学安排的详细信息，我们在进行课程表的设计时增加了课堂教学类型的属性，包括本地多媒体课堂、同步互动混合课堂和同步互动专递课堂等。在教师课程表中，教师可以直接点击进入具体的课堂实施授课。

| 我的课表

时间		星期	星期一	星期二	星期三	星期四	星期五
	〈 上一周			2017年1月7日　星期六		下一周 〉	
上午	1	08:00-08:40				一年级（2）班 英语 混合课堂	
	2	08:50-09:30			二年级（2）班 英语 专递课堂		
	3	10:20-11:00		一年级（2）班 英语 专递课堂			
下午	4	11:10-11:50	三年级（5）班 英语 混合课堂				
	5	14:50-15:30					一年级（2）班 英语
	6	15:40-16:20					

图 7-18　我的课表页面

三、教学准备模块

教学准备模块是教师实施备课的重要模块，为教师提供了备课及教学实施的各项支持，包括目前所教课程信息、在线备课、题库管理、布置课时作业和练习、常用备课资源管理等内容。

（一）查看课程

查看课程部分主要是帮助教师直观了解自身所讲授课程的具体信息。该页面呈现了教师已经开展的所有课程信息，包括已经教授过的课程和正在教授的课程两个主要部分，供教师点击进入查看具体信息。

1. 已教课程

已教课程即教师在这以前的学期安排中已经开设的列表及其详细信息。教师在点击进入某一课程后，就可以查看该课程对应的班级信息、学习目录和学生学习中产生的过程性数据以及各届学生的学习数据对比等，具体页面如图 7-19 所示。其中，各班学习数据对比的内容主要包括学习班级、班级人数、课程学习人数、课程完成人数、课程平均学习时长（每个学生学习本课程的在线学习时长之和/学生总人数）、课程总提问数和课程笔记总数等，各届学生的学习数据对比主要表现为在线学习本课程的平均时长的对比以及学生学习完成率（课程学习进度为 100%的学生人数/总人数）的对比等。这些数据的记录不仅可以让教师了解过往学生的学习情况，还能帮助他们在教学实施过程及学生学习数据的对比结果之间建立联系，从而寻找帮助学生开展学习的最佳途径，为备课工作的开展提供有效依据。

2. 在教课程

在教课程主要呈现教师本学期所教课程的列表及其详细信息。教师可以选择对应课程点击开始备课或查看课程具体信息，具体设计页面如图 7-20 所示。其中，开始备课链接到教师目前在该课程上的备课进度，帮助教师直接在原有进度的基础上继续备课；在查看课程详细信息中，主要包括课程内容的预览、查看课程学习数据、查看学生学习进度、在线回答学生疑问及发布课程公告等具体内容，其页面如图 7-21 所示。目前实施阶段课程信息的呈现不仅可以帮助教师及时处理课程教学问题，还能实时了解学生的学习进度，进而针对学生学习情况更好地实施接下来的教学活动。

图 7-19　已教课程页面

图 7-20　在教课程页面

小学四年级语文(下)

高教版

计划总课时：40

教师：梁芬

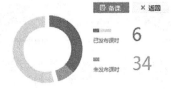

已发布课时 **6**

未发布课时 **34**

课程信息	学习目录	课程学习数据

课程简介：

    在学习语文的过程中，通过读懂课文内容、联系生活、搜集资料等方式感悟人生的哲理，逐步形成积极的人生态度和正确的价值观。感受各具特色的民风民俗，认识中华文化的丰厚博大，吸收民族文化智慧；尊重多样文化，吸取人类文化的营养。受到革命传统教育和革命人生观的启蒙教育。

课程目标：

    1、认识6个生字，会写13个生字。正确读写词语。 2、有感情地朗读课文，能背诵自己喜欢的段落。 3、领悟按游览顺序进行叙述的写作方法，积累语言。

计划课时数：40

计划互动直播课堂数：25

课程公告

通知：请大家预习下一单元的内容，课上会让大家自由结组讨论，请同学们课下做好预习。

编辑

学习进度 ◀ 1/3 ▶

 李梓萌
完成课程51.61%

 戴妍
完成课程19.35%

图 7-21　查看课程页面

（二）在线备课

在线备课模块主要为教师具体的备课工作提供支持，包括课前的导学、教学课件、相关学习资源、教学活动设计、教学视频等具体内容。考虑到不同教学经历、知识背景教师的实际需求，我们在平台中提供了一键式备课和进阶式备课两种方式，前者为教师的备课提供了一整套预设的流程与资源，教师可以直接点击生成具体内容，主要面向新手教师和在该学科缺乏足够教学经验的教师；进阶式备课在为学生提供预设流程的同时为他们提供了更多的自主选择，供他们针对自身教学需要进行自主设置，主要面向具有丰富学科教学经验的教师。这两种备课方式的具体内容及对比如表 7-1 所示。

教师在进行具体课时教学内容的备课工作时，可以依据系统匹配的教学目录直接进行备课，也可以针对需要添加新的子目录或知识点，与之前的目录形成新的关联并逐级展开备课工作，具体如图 7-22 所示。垄上数字学校教师的授课形式设计专门的本地课堂、城乡混合的课堂、专门的异地课堂，因此考虑到他们之间的差异，系统在教师备课之前需要他们选择教学模式与备课类型，然后生成他们所需要的备课内容，具体页面如图 7-23 所示。当然，教师也可以通过自主设置对课前导学、教学课件、相关学习资源、学习活动设计等模块的相关资源与具体内容进行适当调整，以形成更加适合该班级学生的教学资源。

表 7-1　一键式备课与进阶式备课

备课模式	课时内容	资源来源及原则
一键式备课	课前导学 教学课件 相关学习资源 学习活动设计 教学视频	自动从资源中心查找本课时下最热门（所谓最热门即阅读人次最多的资源）的对应资源，进行自动匹配，生成本课时的课前导学、教学课件、相关学习资源、学习活动设计、教学视频。每个课时内容选择一个资源对应即可
进阶式备课	课前导学	教师可以从三个地方选择课前导学：文件管理，教学资源中我的资源模块，本地。课前导学一个课时只能添加一个。课前导学包括学习目标、重难点提示及学习指导。
	教学课件	教师可以从三个地方选择教学课件：文件管理、教学资源中我的资源模块、本地。教学课件一个课时只能添加一个。
	相关学习资源	教师可以从三个地方选择相关学习资源：文件管理、教学资源中我的资源模块、本地。相关学习资源可以添加多个。
	学习活动设计	教师可以从三个地方选择教学课件：文件管理、教学资源中我的资源模块、本地。学习活动设计一个课时只能添加一个。
	教学视频	教师可以从四个地方选择教学视频：文件管理、教学资源中我的资源模块、网络、本地。教学视频一个课时可以添加多个

图 7-22　在线备课页面

添加课程内容
×
教学模式
同步互动混合课堂
同步互动专递课堂
传统多媒体课堂
备课模式
进阶式备课
一键式备课
添 加
取 消

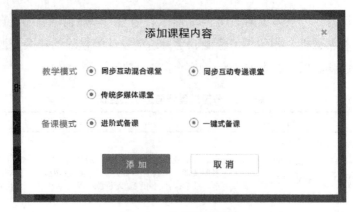

图 7-23　教师备课页面

（三）题库管理

题库管理是对教师常用试题的汇总与管理，方便教师进行日常练习、考试题目的选择与发布。该页面主要包括题目的导入、预览、删除等功能，具体如图 7-24 所示。教师可以查看目前题库的具体信息并对其进行编辑和删除等操作，也可以导入新的题目，不断丰富题库内容，服务教学。题目的类型包括单选题、多选题、概念题、画图题、计算题、简答题、判断题、填空题和综合题等，可以满足不同学科教师的实际需要。

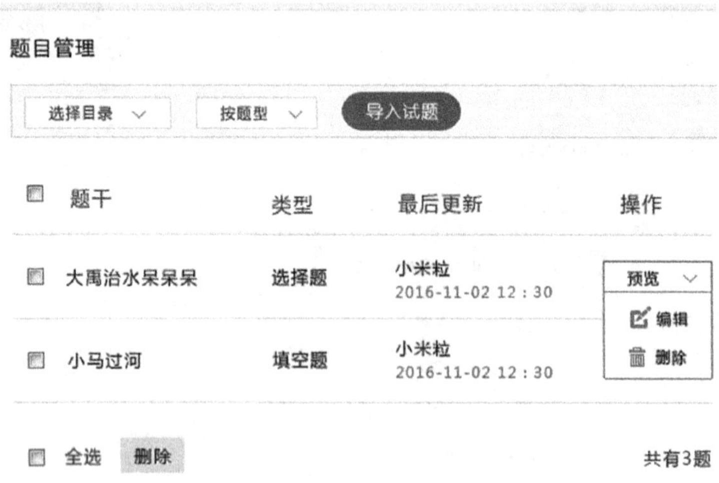

题目管理
选择目录
按题型
导入试题
题干
类型
最后更新
操作
大禹治水呆呆呆
选择题
小米粒
2016-11-02 12：30
预览
编辑
删除
小马过河
填空题
小米粒
2016-11-02 12：30
全选
删除
共有3题

图 7-24　题库管理页面

（四）布置课时作业、练习

布置课时作业与练习页面主要是帮助教师在线为学生布置学习任务而设计的。在该页面中，教师可以从目前题库中选择具体内容添加进来组成课时作业与练习，也可以新建作业并添加具体的作业内容，具体设计如图 7-25 所示。教师作业内容确定保存后就会添加到课时安排中去供相应班级学生查阅和练习。布置课时作业与练习的设置可以帮助教师充分整合平台现有题库及自身资源，提高他们的工作效率，同时可以丰富作业的内容与形式，方便学生在课下通过网络随时获取作业或练习内容并展开学习活动。

图 7-25　布置作业页面

（五）备课资源管理

备课资源管理是对教师备课常用资源的统一管理，方便教师利用资源进行备课。该页面主要包括课时文件和备用资源文件两部分，具体页面如图 7-26 所示。其中，课时文件中存放了教师所教学科备课过程中使用的所有资源，教师可以对

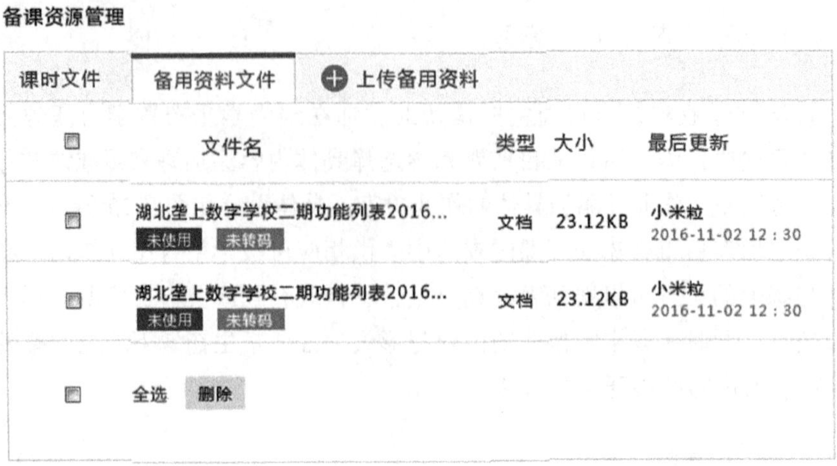

备课资源管理

	文件名	类型	大小	最后更新
☑	湖北垄上数字学校二期功能列表2016... 未使用　未转码	文档	23.12KB	小米粒 2016-11-02 12 : 30
☑	湖北垄上数字学校二期功能列表2016... 未使用　未转码	文档	23.12KB	小米粒 2016-11-02 12 : 30
☑	全选　删除			

图 7-26　备课资源管理页面

其进行查看、编辑、删除等操作；备用资料文件允许教师针对自身需要上传相关的课程资源。在教师实施备课的过程中，他们可以使用系统直接匹配的数字资源，也可以直接从自己的备课资源中进行选择，丰富课堂教学的内容与形式。

四、教学资源模块

教学资源模块是为教师提供的各类数字资源的集合，帮助他们更好地实施教学。该模块与备课资源管理不同，它包含的数字资源种类、数量更为广泛，而备课资源管理中只涉及教师备课过程中使用的资源。教师教学资源管理模块中的资源与总校的教学资源直接关联，即可以实时获得总校提供的各类教学资源。不同的是，教师空间中的教学资源还与教师的个人信息关联，进而为他们提供相关的服务。在该模块中，教师不仅可以直观地获得当前最热资源、最新资源的相关信息，还能够通过分类检索快速获取自己想要的数字资源。同时，他们可以对资源进行管理，主要包括我的上传、我的下载、我的收藏和我的订阅，具体页面如图 7-27 所示。其中，"我的上传"支持教师将自身的优质数字教育资源上传到平台上，在经过后台审核后便可与他人共享，这可以不断丰富平台的数字资源类型与数量，促进优质资源的共建共享；"我的下载"主要是帮助教师对自身下载资源的管理，方便他们进行查看或进行编辑与存储等工作；"我的收藏"是教师对有价值资源的收藏，但只是以资源列表的形式呈现其基本信息，如果想使用还需要进行下载；"我的订阅"是针对教师的订阅信息为他们实时推送需

图 7-27 教学资源页面

要的数字资源。总体来说，教师数字教育资源模块在实现平台资源整合的基础上方便教师快速获取所需资源，帮助他们进行资源的管理，同时可以在鼓励教师上传资源的过程中促进区域数字教育资源的共建共享。

第四节 垄上数字学校校园端教师
授课平板功能设计

课堂教学是教育教学活动实施的主要途径，是决定学生学习效果的关键。因此，为帮助教师有效实施教学，提高学生参与课堂活动的积极性，进而提高教学效果，我们设计了垄上数字学校的教师授课平板，帮助教师更好地控制课堂教学。该平板主要提供了我的课程、互动课堂、教学评价、在线答疑、我的班级、教学质量分析、学生个人成长记录、消息、笔记、共享课程和个人中心等模块，涉及课中教学实施与课后学习辅导，还包括对学生成长过程的跟踪观察。同时，考虑到垄上数字学校中教师多种教学模式同时使用的特点，我们在设计中也充分体现了本地多媒体课堂教学、同步互动混合课堂、同步互动专递课堂等不同类型课堂教学的实际需要，从而更好地满足教师教学与学生学习的实际需要。

一、首页

教师授课平板主要帮助教师更好地实施课堂教学。因此，授课平板的首页主要考虑方便教师实施教学，及时了解学生学习进度或实时开展相关工作。教师通过登录进入自己的授课平板空间后，可以直观地看到自己的课表安排、课程、笔记、班级等基本信息，可以点击链接直接开始上课，可以查看教学评价、教学数据分析等，实时了解教学实际情况，可以查看自己在线时长、评阅作业数量、解答学生问题情况、在线备课情况和在线阅读情况等信息，也可以查看共享课程、课外阅读或其他教学资源，具体页面如图 7-28 所示。

图 7-28　教师授课平板首页

二、我的课程模块

我的课程模块是对教师目前所教课程的总体呈现，方便教师随时查看所教授课程的具体内容，并根据上课班级发布课时内容，具体页面如图 7-29 所示。在该页面中，教师可以直观地看到本学期自己讲授的各门课程及其发布的最新公告。他们可以点击查看课程页面获得更加详细的课程信息，包括课程基本信息、知识点列表、学生的在线问答等，同时教师可以直接将课时内容发布出去，供学生进行学习使用。

图 7-29　我的课程页面

三、互动课堂模块

互动课堂主要用于教师的课堂教学，其主要目的是促进师生、生生之间的交互，提高学生课堂学习的参与度，进而提高他们学习的积极性和主动性。该模块主要包括两个方面的内容：一是电子白板；二是随堂练习/测试。

（一）电子白板

电子白板作为一种新型的课堂教学信息化的多功能产品，将传统的黑板、计算机、投影仪等多种设备的功能于一身，正在逐渐成为课堂教学的主流技术。除了教学内容呈现、板书等基本功能之外，电子白板还能有效促进师生之间的课堂交互，有效提高学生的课堂参与度。因此，将授课平板与电子白板相结合，不仅可以帮助教师通过赋予学生不同的操作权限，更好地控制课堂教学的节奏，还能够通过屏幕分享将自己的教学内容分享给所有同学，或者在某个学生回答问题、展示的过程中将其屏幕分享给其他同学，从而使全班同学参与其中，使学生实时专注课堂教学内容。如图 7-30 所示，电子白板的使用实现了教师授课平板、学生学习平板与屏幕展示的有机结合，不仅可以方便教师向学生端或者屏幕直接推送教学资源，还能有效促进师生、生生之间的交互，促进学生的课堂参与，提高学生学习的主动性与积极性。

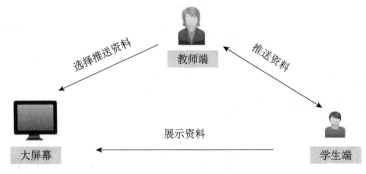

图 7-30　基于授课平板与电子白板的课堂交互

（二）随堂练习/测试

随堂练习/测试主要是帮助教师在课堂中实时检验学生对知识点的掌握情况而设定的。它不仅可以帮助教师及时获取来自学生的学习反馈，还能在很大程度上帮助学生集中注意力，提高课堂教学效果。在完成某一知识点或一节课的讲授之后，教师就可以通过授课平板直接将题目发送给班里的所有学生，学生通过自己的学习平板接收内容，做完之后将答案提交上去。在学生进行答题的过程中，教师可以实时监控学生的完成情况，包括已完成练习人数的统计、正在进行中的人数统计、尚未开始练习的人数统计等，具体页面如图 7-31 所示。其中，在已完成的练习人数统计中，教师可以直观地看到每一位同学的头像、姓名、第一次提交的时间以及正确率，点击进入可以查看其练习的具体解答情况，包括他们错题的数量及其具体表现，在此基础上确定其对知识点的掌握情况；在正在进行中的人数统计中，教师也可以看到每一位同学的具体信息，对他们存在的困难给予适当指导。同时，对于尚未开始练习的同学，教师可以及时了解他们存在的问题或再次提醒其进行练习。

在学生完成练习/测试题目之后，教师就可以进入课堂练习统计页面，直观地看到全班学生练习/测试的统计信息，具体如图 7-32 所示。在统计分析中，横坐标为题号，纵坐标为做错的学生人数，错题明细则标明了每道题出错的具体学生。这不仅可以帮助教师了解班级学生的整体学习情况，还能准确了解每一位同学的具体情况，进而针对学生的反馈信息适当调整授课的内容和进度。需要注意的是，为保证练习/测试统计的准确性，该模块仅对本课程第一

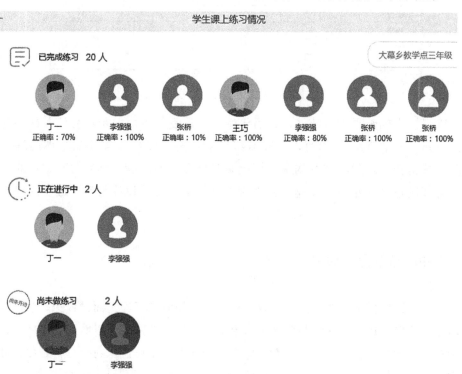

图 7-31　学生课上练习页面

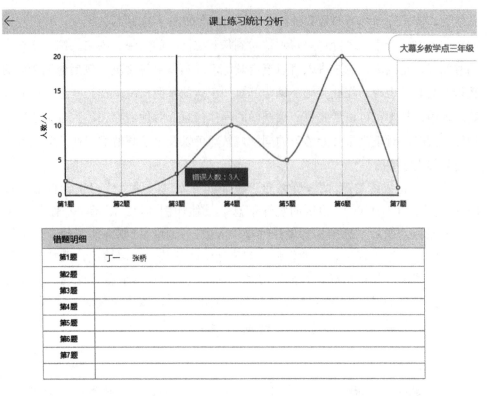

图 7-32　课上练习统计分析页面

次练习提交的结果进行统计，之后学生可以反复作答，但是不会计入最终的统计分析。在课下，教师可以按照班级或者课程查看学生集体或个体的练习情况，分析他们对教学内容的掌握情况并明确存在的问题，然后针对学生的实际学习情况适当调整教学安排，并为接下来教学活动的设计与教学进度的确定提供参考。

四、教学评价模块

教学评价模块主要是为方便教师对学生的作业进行评价而设置的，包括学生作业的查看、评阅、统计与管理等内容。在这里，教师既可以看到自己所教课程所有班级学生的作业情况，查看具体某一作业的详细信息，包括待评、已评和代交，可以直接点击评阅按钮开始作业的评阅，也可以查看已评作业的学生作答情况，具体页面如图 7-33 所示。

图 7-33　教学评价页面

（一）作业评阅

在作业评价页面中，教师可以点击某一项作业查看该作业的具体情况，包括待评价学生列表、已评价学生列表和暂未交作业的学生列表，具体页面如图 7-34 所示。在待评价的学生列表中，教师可以点击进入查看学生的作业详情并进行批阅；在已评价页面，教师可以查看某个学生作业的具体情况，也可以查看该作业学生整体的统计信息；在暂未交作业的学生列表中，教师可以提醒学生按时将作业提交上来。

（二）作业完成质量统计

作业完成质量统计主要是帮助教师了解各项作业的学生完成情况，进而针对学生作业判断其是否掌握每个知识点的具体内容，在此基础上确定接下来的教学安排。在该页面中，教师可以通过饼状图直观地看到整体上学生作业优、良、差的百分比，通过错题情况统计查看每一道题的学生回答情况，包括错误的学生数量以及对应的具体学生明细，这类似于课堂随堂练习/测试统计分析，具体页面如图 7-35 所示。如果教师同时教授多个班级的课程，那么他们不仅可以查看该课程某项作业所有班级的完成情况，也可以查看某个班级内学生的整体完成情况。

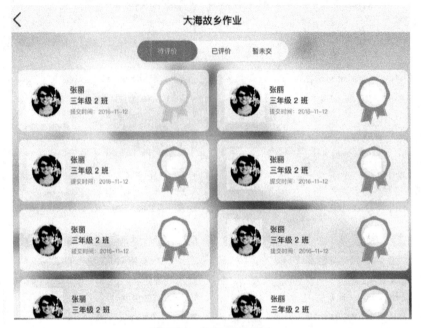

图 7-34　作业评阅页面

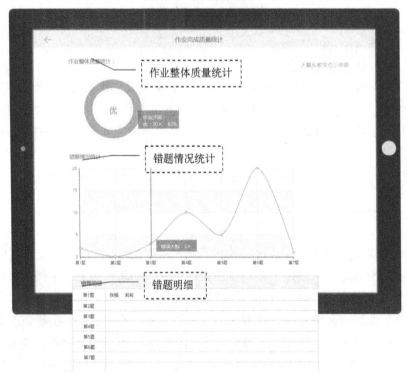

图 7-35　作业完成质量统计页面

五、在线答疑模块

在线答疑模块主要服务于教师的在线交流，方便教师在课下随时随地通过移动设备为学生解答疑问，具体页面如图 7-36 所示。在在线答疑模块中，教师可以直接查看学生的"最新提问"，包括每个学生提问的时间、具体问题、其他同学的讨论情况等，也可以点击"我要回答"直接解答学生的问题。同时，教师也可以通过"最新回答"直接查看学生对不同问题的实时讨论情况并给予适当指导。在线答疑作为帮助教师在课下实时给予指导与帮助的空间，可以保证学生课下自主学习活动的顺利有效开展，是提高学生自主学习效果与积极性的重要内容，这一点在各类移动设备逐渐进入儿童学习生活的今天显得尤为重要。

图 7-36　在线答疑页面

六、我的班级模块

我的班级主要呈现教师所教授班级的基本信息，包括班级成员和班级动态两个方面的具体内容，不仅可以使教师及时了解每位学生的具体信息及班级学生的作业完成情况，也可以方便他们与班级学生进行沟通和交流。

（一）班级动态

班级动态是对教师所教授班级学生或其他班级教师最新动态消息的提取，方便他们及时了解班级内不同学生的具体学习情况及其他教师的动态消息。该页面主要是以消息列表的形式呈现，例如，某一位学生完成了某一课时中某个模块（包括课前导学、教学课件、相关学习资料、学习活动设计、教学视频等）内容的学习，或者某一位学生完成了某一课时的作业或练习等。在教师动态方面，他们可以查看其他教师备课、布置作业、布置练习的具体信息，以了解其他班级的学习进度。

（二）班级成员

班级成员主要是班级学生的列表，具体页面如图 7-37 所示。在班级成员列表中，教师可以点击某一个学生的头像直接查看其具体信息，包括学生基本信息、个人学习成长记录（如本学期作业、练习的质量分析以及历史情况分析等），也可以直接向学生发消息。该页面的设计不仅可以方便教师对班级学生的管理，还能帮助他们实时了解学生的最新发展情况和各个阶段的成长记录，使他们全面了解学生的学习与发展情况，并针对不同学生的实际需求给予个性化支持。

图 7-37　班级成员页面

七、教学质量分析模块

　　教学质量分析模块主要是帮助教师及时了班级学生的学习情况，以此为依据分析自身的教学质量。这其中主要包括学生作业分析和练习分析两部分，即从学生的作业和练习情况分析教师自身的教学质量。教学质量分析不仅可以帮助教师了解班级学生的整体学习情况，还能够方便他们准确定位班级内每一位学生的个人偏好及个人成长信息，包括本学期各科作业质量分析、历史作业综合质量分析；本学期各科练习质量分析、历史练习综合质量分析等，将其推送给学生，使学生准确了解自身的学习情况以及需要重点关注的内容，进而有针对性地开展自主学习活动。

（一）作业分析

　　了解班级学生对课程中每个知识点的掌握情况就可以了解学生学习过程中存在的问题，进而针对需要适当调整教学计划，不断满足学生的发展需要。作业分析页面可以呈现教师所教授班级学生对课程中各个知识点的具体掌握情况，即呈现课程所有知识点及每个知识点学生所完成的优、良、差等级的人数及其所占比例，具体页面如图 7-38 所示。同时，教师可以按学生掌握情况（优、良、差等不同等级）进行排序，这样就可以直观地看到所教课程中学生对各个知识点的掌握情况，准确定位学生掌握较弱的知识点。在了解学生基本学习情况之后，教师就可以根据学生的实际需要进行有针对性的辅导，帮助他们巩固所学知识，进而更好地掌握每个知识点的具体内容。

图 7-38　作业分析页面

（二）练习分析

与作业分析类似，练习分析也是以班级和课程为单位进行统计的。不同的是，练习分析是按照学生的正答率进行统计的，即统计每个学生每次练习的正确率，按照 100%、80%～99%、60%～79%、60%以下等区间进行分段统计，方便教师了解更加详细的信息。在该页面中，教师可以选择某个班级学生查看其在某门课程中各个知识点的练习情况，包括课时的列表、每个区间学生的人数及其所占比例，具体如图 7-39 所示。同时，教师可以选择 100%、80%～99%、60%～79%、60%中的某一个区间进行正序或倒序排列，从而准确地分析该课程中每个知识点的学生掌握情况，确定学生课程学习中存在的主要问题，进而适当调整教学安排。

图 7-39　练习分析页面

八、消息模块

对教师来说，与班级学生或其他教师的实时交流可以帮助他们更好地开展教学活动、教研活动，及时解决问题，从而大大提高工作效率。尤其是在教育信息化逐步深入及各类移动得到广泛应用的今天，这一方面更为重要。消息模

块就是为方便教师与班级学生或其他教师随时交流而设计的，具体页面如图 7-40
所示。该模块与 QQ、微信等社交软件类似，具有即时性。不同的是，我们将
即时消息功能与教师的教学平台相结合，可以方便他们与其他教师进行教学内
容的沟通或资源的共享，或者与学生讨论他们的学习情况，帮助他们解答疑难
问题等。在该模块中，教师可以查看的消息包括系统消息、教师消息和班级学
生消息三个方面：首先，教师可以实时查看系统推送的基本消息，保证他们平
台操作的正常运行及各项数据的安全；其次，教师可以通过与其他教师的实时
沟通讨论教学安排，分享优质的教学资源，共同探讨疑难的教学问题等，相
互学习，共同提升自身能力，不断改进教学效果；最后，教师可以实时与班
级学生进行交流，拉近他们与学生之间的距离，及时了解学生的实际需要并
给予适当帮助，同时及时指出他们成长过程中存在的问题，保证每个学生健
康成长。

图 7-40 消息页面

九、笔记模块

对教师来说，每节课的教学任务都很多，他们需要做的是在全面讲授的基础上对疑难问题和学生存在困难的地方进行有针对性的重点解释。因此，帮助教师对课程教授中每个课时的重点、难点内容进行实时记录和存储就显得非常重要。笔记模块就是为方便教师随时对所教课程的具体内容及其详细信息进行记录和管理而设计的，具体页面如图 7-41 所示。与学生的笔记不同，教师的笔记主要帮助教师记录教学过程中的重点、难点，方便他们在授课过程中有针对性地开展教学活动。教师在课前备课或授课完成之后都可以对课时内容进行记录，这其中可以是自己教学过程中需要注意的重点内容，也可以是教学之后发现学生存在的主要问题。在"我的笔记"页面，教师就可以看到自己所记录的所有内容及其详细信息。这些笔记以学科和知识点的形式呈现，方便教师实时了解自身教学过程中需要注意或者重点关注的内容，不断改进教学安排。

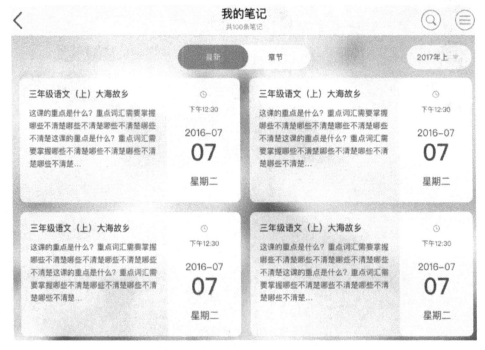

图 7-41　笔记页面

十、共享课程模块

共享课程的设置可以让区域内的教师了解其他教师的优秀课程，达到相互学习和共同发展的目的，具体页面如图 7-42 所示。在这一模块，共享课程主要是提取与教师用户属于同一个教学联合的所有教师发布的课程及学校管理员设置的公开课程。教师可以学习者的身份查看或学习这些课程。

图 7-42 共享课程页面

十一、个人中心模块

个人中心模块主要涉及对个人信息的管理，包括信息的查看、编辑、修改等内容。具体页面中，"个人中心"包括的菜单有用户头像设置、修改登录信息、修改密码、查看完整个人信息、使用帮助、设置、退出等，具体页面如图 7-43 所示。用户可以点击具体菜单查看或编辑其对应的相关内容。

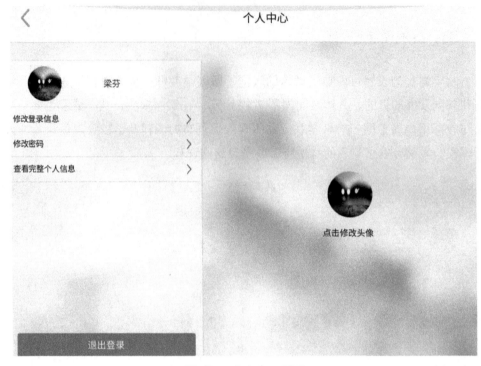

图 7-43   个人中心页面

第五节   垄上数字学校校园端学生
学习平板功能设计

  对于伴随着网络技术、信息技术及各类移动设备成长起来的新一代学生来说，他们无时无刻不在接触电脑、手机等数字技术，已经习惯利用各类现代设备获取资源或与同学、老师进行交流，喜欢趣味化、情境化的自主学习空间。因此，考虑到当前学生的个性化需要，我们在垄上数字学校的校园端设计了学生学习平板，在为他们参与教师课堂教学活动提供支持的同时，帮助他们在课下针对自身需要进行个性化学习，并为其提供适当的引导和支持。鉴于这一现实需要，垄上数字学校的校园端学生平板主要包括课程、作业、问答、笔记、班级、学习质量分析和个人中心等模块。

一、首页

　　学生学习平板的设计主要是为了满足当前学生个性化学习需要，帮助他们更好地参与教师的课堂教学并在课下针对自身需要开展自主学习活动。因此，学生学习平板需要考虑到学生课前预习、课中参与教学活动及课后复习等方面的实际需要，帮助学生实现全面健康发展。在学习平板的首页，需要呈现服务学生学习的核心功能，方便他们直接查看相关信息或展开学习活动，具体页面如图7-44所示。在学生登录账号之后，不仅可以看到自己的基本信息，进行签到操作，还能直观地看到自己参与的课程、教师布置的作业、参与的问答等方面的基本信息与最新状态，及时完成相关的学习任务。同时，他们也可以查看班级消息或自己的课程表，获取课外学习资源，查阅自己学习过程中记录的笔记内容及自身练习/测试过程中得到的学习质量分析等，对自己的学习情况进行准确定位，在此基础上有针对性地安排自身的学习活动。

图 7-44　学生学习平板首页

二、课程模块

课程学习模块是学生目前参与所有学科课程的列表，包括课程公告、课程简介、继续学习、在线答疑等内容，是支持学生学习活动开展的重要保证，关系到他们课前、课中和课后各个阶段的学习活动，具体页面如图 7-45 所示。课前，学生可以通过课程模块查看教师发布的课程公告，按照教师安排预习发布的课时内容；在教师授课过程中，学生可以在该模块中查看教师推送的课时内容，完成随堂练习/测试，提高他们课堂学习的效果；课后，学生可以在该模块复习老师发布的课时内容，如果遇到问题也可以直接向老师或其他同学提问，方便他们及时解决教学问题，提高课下自主学习的效率。

图 7-45 我的课程页面

（一）课程简介

课程简介是对某一门课程的基本介绍，包括课程的基本内容介绍、学生需要达到的学习目标、计划的课时数、计划的互动直播课时数等方面，从整体上向学生介绍其所学各门课程的具体信息。课程简介模块的设置可以方便学生及时了解所学课程的基本信息，对自身学习该课程时需要注意的问题、需要达到的学习目标等进行整体把握，这不仅可以方便他们在课程学习前对自身的课程学习过程进行整体规划，也有利于学生在学习过程中不断审视自身的学习情况，进而适当调整自身的学习规划与学习目标，逐渐提高课程学习的效果，促进自身知识与技能的发展。

（二）开始学习/继续学习

开始学习/继续学习是学生进行课程内容学习的主要体现。学生在点击进入某一门课程的学习页面后，他们可以看到该课程对应的课时目录，并针对自己的需要选择课时内容进行学习。为方便学生灵活选择学习内容并有效开展学习活动，该页面的左侧呈现具体的课程内容，右侧则包括课时目录、提问和笔记，方便学生随时切换学习内容，或者针对自己的需要向老师提出疑问，参与讨论，抑或是记录重要的学习内容，具体页面如图 7-46 所示。

图 7-46　开始学习/继续学习页面

（三）提问

在学生进行自主学习的过程中，难免会遇到各式各样的困难或疑问，影响他们学习活动的持续进行。因此，为保证学生自主学习活动的顺利推进，我们在学生的课程学习页面提供了学生在线提问的功能，具体页面如图 7-47 所示。在该页面中，学生不仅可以进行具体课程内容的学习，还可以在学习的过程中通过屏幕右侧的提问空间随时向老师提出问题，及时得到老师的指导和帮助。同时，他们也可以在该页面中查看同学的提问或者参与同学提出问题的讨论，共同解决学习过程中遇到的疑难问题。从这一层面来说，提问功能的设计不仅可以帮助学习者及时解决自身学习过程中遇到的疑难问题，还能促进师生、生生之间的实时交互，提高学生自主学习的效率与积极性。

图 7-47　提问页面

（四）笔记

做笔记是学生学习过程中需要做的一项重要工作，这不仅可以帮助他们在学习过程中更好地集中注意力，还能把握并记录重要知识点，有助于他们牢固地掌握所学内容。因此，为了提高学生学习效果，方便他们学习过程中记录学习内容，我们在学生课程学习页面提供了笔记功能。基于这一功能的支持，学生就可以在学习过程中随时记录他们的学习重点与难点，这既可以是文字形式的笔记，也可以针对需要插入图片，学习完成之后将笔记保存，具体页面如图 7-48 所示。学生记录的笔记直接在学习平板的首页进行显示，学生可在复习或者其他需要的时候点击进入查看自己学习过程中记录的具体内容。

图 7-48　笔记页面

（五）随堂练习/测试

学生学习平板模块的随堂练习/测试对应教师授课平板的随堂练习/测试模块。即当教师在教学过程中向学生推送练习或测试题目后，学生就可以在自己的随堂练习/测试页面中及时接收到教师推送的相关题目，点击进行相关题目的练习与测试。在利用学习平板进行随堂练习/测试的过程中，他们还可以实时查看班级内其他同学的练习/测试作答情况，包括已完成的同学列表、正在进行中的同学列表及尚未进行的同学列表等，进而了解班级同学的学习进度，具体页面如图 7-49 所示。

　　随堂测试/练习可以方便学生及时了解自己对课程内容的掌握情况，即当学生做完题目并提交给老师之后，他们就可以在自己的随堂/测试页面看到自己所作题目的具体信息，包括正确的题目与错误的题目，还可以看到班级其他同学在每道题上的解答情况，具体页面如图 7-50 所示。这种课堂练习统计分析的呈现不仅可以让学生快速直观地获取自身知识掌握的具体信息，还能清晰地了解其他同学的表现，在此基础上分析自身存在的问题并有针对性地展开自主学习活动。该结果只是对班级学生第一次作答情况的统计，记录了他们对知识点的初次掌握情况。但是，学生也可以在课程结束之后随时进入该模块查看自己在学习各个课时内容过程中遇到的问题，反复作答相关练习或测试题目，有针对性地巩固所学内容尤其是存在疑问的知识点。

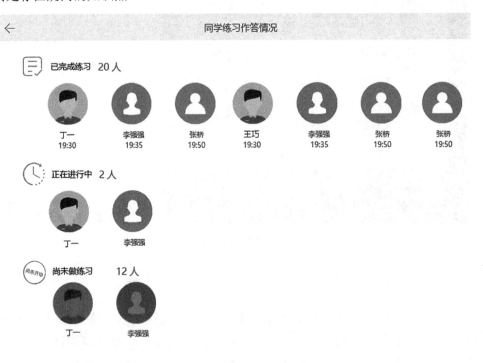

图 7-49　同学练习作答情况

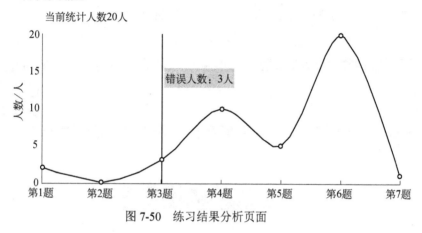

图 7-50　练习结果分析页面

三、作业模块

在教师布置课程作业之后，学生应该就可以直接查看教师布置的具体作业内容并作答。作业模块就是为实现这一功能而提供的，即帮助学生及时接收教师推送的作业安排，通过移动设备随时进行作业或练习，在完成练习之后可以查看教师的批阅情况，查看其他同学的作业提交情况以及班级作业完成质量的统计等信息。因此，作业模块涉及学生作业操作的所有功能，将学生课下获取教师作业、作答、提交、得到教师反馈的漫长过程进行一体化呈现，不仅可以方便他们及时获取作业信息、班级其他同学的作业情况及教师反馈，还能帮助他们进行作业的规范化管理与安全存储。

（一）在线作业

在线作业页面是为满足学生通过移动设备实时获取并完成教师布置作业而设计的。在该页面中，学生可以在作业列表中选择某一课程作业直接获取具体内容，并依次进行相关内容的作答。为方便学生及时获得学习反馈，教师在布置作业的同时提交作业的具体答案并与每个题目进行匹配。这样，每当学生做完一道题目就能及时获得该题目的作答情况，如果出现错误也可以看到正确答案并改正，帮助他们更好地巩固相关内容，具体页面如图 7-51 所示。在线作业给学生提供了较大的自主性，他们可以在完成部分内容后选择下次回答并退出，也可以一次做完所有题目并将其提交给老师。这种灵活的作业安排可以增加学生学习过程中的自主性，帮助他们充分利用碎片化的时间进行学习。

图 7-51　我的作业页面

（二）答题卡

答题卡以作业题目列表的形式呈现，方便学生从整体上了解自己在某次作业中的表现情况，这与在线作业中显示具体内容及答案的形式存在一定差别。对于教师直接给出答案的客观题，学生可以在作答完成之后直接查看自己的回答情况；对于需要教师评阅的主观题目，学生也可以随时在答题卡页面直观地看到教师的处理状态。需要注意的是，答题卡页面只是从整体上呈现学生某次作业的作答情况及教师的评语状态，并未直接显示具体的作业信息，具体页面如图 7-52 所示。学生要想了解某一道题目的存在问题需要点击相应题号进行查看，这其中包括题目内容、自己的作答情况、题目答案或者教师的评阅信息等。

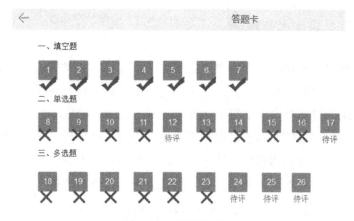

图 7-52　答题卡页面

（三）同学提交作业情况

同学交作业情况主要是呈现班级学生的作业提交情况，包括已交作业的学生列表、正在作业中的学生列表及尚未开始做作业的学生列表，具体页面如图 7-53 所示。因此，学生可以随时点击某一课程作业查看班级其他同学的作答情况，了解其他同学的作业进度，包括已提交学生的人数、姓名、提交时间、正在作业过程中的学生人数、姓名及其进度等，进而对自身作业及学习情况进行准确的定位，督促他们按时完成作业。

图 7-53　同学提交作业情况页面

（四）作业完成质量统计

作业完成质量统计是关于班级内学生对某一课程作业整体完成情况的统计，可以方便学生在分析自身作业完成情况的基础上了解班级其他学生对课程内容掌握的整体情况，进而对自身学习质量进行准确定位。为全面、直观地呈现班级学生对课程作业的完成情况，该页面提供了作业完成的整体质量统计和错题情况统计两种类型。在作业整体质量统计中，学生可以看到目前教师已经评阅的学生总数，以及优、良、差不同等级学生的数量及其所占比例，方便学生从整体上了解班级学生对相关内容的掌握情况，进而对自身的学习质量进行定位，具体如图 7-54 所示；在错题情况统计中，他们可以看到班级内同学在每一道题上的作答情况，即每一道题的错误人数，具体页面如图 7-55 所示。这可以帮助他们对具体作业内容及存在问题进行定位，从而了解自己单次作业中在班级整体内的表现及对具体知识点内容的掌握情况。

作业整体质量统计：

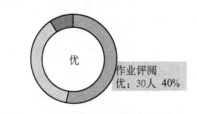

图 7-54　作业整体质量情况页面

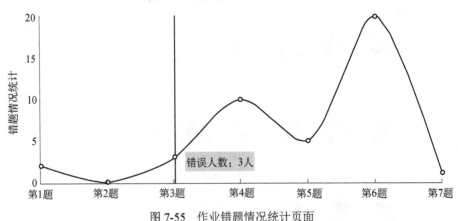

图 7-55　作业错题情况统计页面

四、问答模块

学生平板中的问答模块主要是帮助学生对自身参与问答题目的管理。该页面中汇集了学生在各门课程中提出的所有问题及参与回答的所有问题，可以帮助他们查看具体内容。这其中不仅包括学生在课程学习过程中提出的问题，也包括他们在课下自主学习中提出的各类问题或参与其他同学提出的问题讨论等。在"我的问答"页面，用户可以看到最新提问和最新回答两种分类，他们可以直接通过相应的问题列表查看具体内容，包括提问、回答等，具体页面如图 7-56 所示。同时，也可以通过筛选、检索或排序等操作获取自己需要查看的问题内容。在查看具体问题的过程中，他们可以了解老师或其他同学的解答，也可以回答同学提出的问题，方便师生、生生之间的实时沟通。

图 7-56　我的问答页面

五、笔记模块

学生在进行课程学习的过程中可以随时针对自己的学习需要记笔记。他们在学习同一课程的不同课时以及不同课程内容的过程中，会积累大量的笔记内容，这时对这些笔记进行分类管理与统一存储就变得非常重要。笔记模块就是为方便学生管理、查看并存储他们学习各门课程中所记录笔记内容而设计的，具体页面如图 7-57 所示。在进入该模块后，学生默认看到的是他们记录的最新笔记的列表，他们可以点击查看具体内容并针对需要进行相应的编辑操作，同时也可以通过章节列表查看其他知识点学习过程中的笔记内容。此外，他们也可以通过学期的选择查看自己以前所记的笔记内容，或者通过筛选、检索等操作查看某一类或一条笔记内容。将学生笔记功能整合到学生的学习平板当中，不仅方便他们在学习过程中随时记录重点、难点内容，还能在笔记的管理与存储过程中方便学生随时随地通过移动设备查看自己的笔记内容并展开碎片化学习，帮助他们有针对性地巩固所学内容。

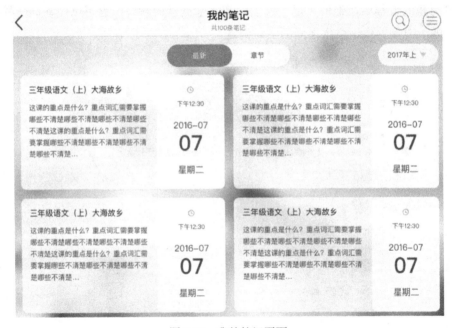

图 7-57　我的笔记页面

六、班级模块

对处于小学、初中、高中的学生来说，行政班级是他们参与学校活动的主要形式与单位，对学生的成长具有重要作用。因此，在进行学生学习平板设计的过程中，除了基本的学习支持以外，还需要将学生与他们所在的班级建立联系，方便班级内学生之间以及学生与教师之间的沟通交流和相互理解。因此，在班级模块，我们主要呈现学生所在班级的基本信息，方便学生及时了解班级同学的学习情况及最新动态，包括同学在学习课程内容、完成课堂练习/测试、完成课程作业等方面的表现。总体来说，该模块除了班级的基本信息之外，还包括班级成员动态及班级成员列表两个主要方面。

（一）班级动态

班级动态主要呈现学生所在班级成员最新的学习动态，方便他们及时了解其他同学的学习情况与具体进度，进而督促他们进行学习。该模块默认呈现的是学生所在班级成员的最新动态，方便学生及时查看最新消息，包括每一位同学完成课时内容学习、查看某类学习资源、完成练习/测试、完成教师布置作业及其所获等级等。同时，如果他们需要查看其他时间的班级动态，也可以通过具体时间的选择进行定位，具体页面如图 7-58 所示。除了班级学生的学习动态之外，学生还可以查看教师的最新动态，包括教师课程教学内容的发布、教学资源的推送、练习/测试或作业内容的发布等，使他们及时了解教师的教学安排，并针对教师指导调整自身学习进度并及时完成相关作业或练习。

图 7-58　班级动态页面

（二）班级成员

班级成员是学生所在班级全部学生及相关任课教师的列表，具体页面如图 7-59 所示。该页面不仅是对学生所在班级成员的具体呈现，方便他们查看每位成员的具体信息，更重要的是可以帮助他们随时与老师或班级内其他成员进行沟通。学生如果需要与某一任课教师或某一位同学进行交流，直接点击该成员的姓名或者头像即可向他们发送消息。那么相应的成员就可以在个人首页或班级页面实时查看消息内容。因此，班级成员页面在显示班级成员基本信息的同时，也可以实现即时消息服务，帮助学生随时与任课老师或班内其他同学进行交流，及时解决学习或生活上遇到的各种问题，促进班级成员的共同成长。

图 7-59 班级成员页面

七、学习质量分析模块

对学生来说，及时了解自身的学习情况及其存在的问题是非常重要的，这在注重学生自主学习及个性化发展的今天尤为关键。学习质量分析模块就是为帮助学生分析他们在各门课程中的学习情况而设计的，主要包括作业分析和练习分析两个部分，即通过对他们作业和练习情况的统计帮助学生全面准确地了解自己在每个知识点方面的掌握情况，并通过班内其他同学的知识掌握情况对自身学习质量及存在的问题进行精准定位，进而有针对性地展开个性化的自主学习。

（一）作业分析

作业分析页面是对学生所在班级学生作业情况的整体统计，主要包括两个：各学科作业情况统计柱状图和所有课程作业趋势表，帮助学生直观地看到班级整体的作业情况，并对自身学习情况进行准确定位，具体页面如图 7-60 所示。在本学期各学科作业质量分析柱状图中，横坐标表示语文、数学、英语等不同学科，纵坐标表示优、良、差等级人数所占的百分比，即通过柱状图表示班级内每门课程学生的作业等级情况并进行对比；在所有课程历史作业综合质量分析趋势图中，横坐标表示具体学期，纵坐标为某年度班级学生所有课程作业优、良、差等级的百分比，方便学生从整体上直观地了解班级同学在一段时间内作业完成的变化趋势。在默认情况下，该页面显示的是班级成员所有学科作业完成情况的整体统计，他们可以通过科目选择了解其中某一科目的具体情况及其变化趋势。对班级整体作业情况的统计可以帮助学生准确了解其他同学在各学科中的作业完成情况，并通过自己的作业完成情况对自身学习进行准确定位，发现学习过程中的优势与不足，不断改进自身的学习。

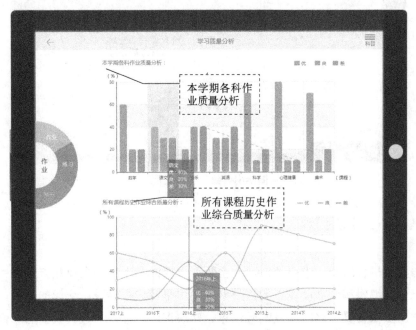

图 7-60　作业分析页面

（二）练习分析

与作业分析类似，练习分析也分为本学期各科课程练习质量分析和所有课程历史练习综合质量分析两类。学生可以查看班级成员在所有课程学习中的练习情况，也可以通过特定科目的筛选了解他们在某一课程上的练习情况，具体页面如图 7-61 所示。不同的是，练习分析不是按优、良、差等级，而是按学生练习的正确率进行统计。同时，练习统计记录的是学生在课程学习中对所有知识点的第一次掌握情况，有助于他们更好地了解自己在课堂教学活动参与中的具体表现，分析自己在授课过程中出现的问题与有待改进的方面，不断提高课堂学习效果。

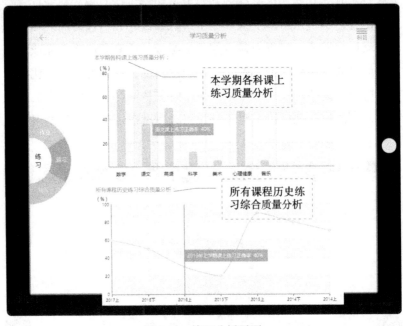

图 7-61　练习分析页面

八、个人中心模块

与其他平台的个人中心类似，学生学习平板的个人中心主要是方便学生对自身信息进行编辑和管理而设置的，是学生使用平台进行学习、交流的基础，具体包括学生头像设置、修改登录账号信息、修改密码、查看个人完整信息、修改并完善信息，使用帮助、设置、退出等操作，具体如图 7-62 所示。在系统为学生分配账号的过程中只提供了学生的基本信息，其中更为详细的信息需要学生在个人中心进行完善。同时，在学习过程中，如果个人信息存在变更的情况，学生需要在个人中心进行及时修改，保证其个人信息的准确性。

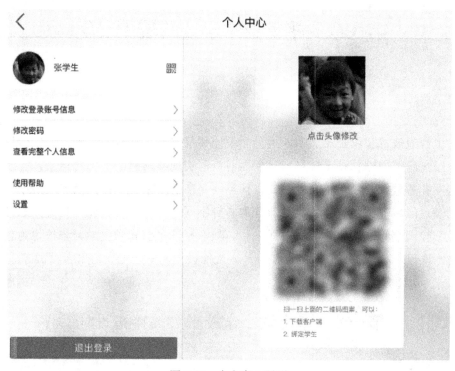

图 7-62　个人中心页面

第八章 垄上数字学校的技术实现

平台的技术实现是在前期原型页面设计和整体技术架构的基础上，以确保整个系统良好扩展性、稳定性和安全性为前提，实现其内容的动态化呈现，打通平台各项业务数据，满足不同用户的操作需要。在垄上数字学校的技术实现中，主要为满足区域内教师、学生、教育管理者等不同用户的实际需要，将前期总校、分校、校园端管理后台、教师备课平台、教师授课平板和学生学习平板等内容进行技术实现，具体包括平台的接口设计、性能设计、安全设计与平台测试等。

第一节 垄上数字学校平台的接口设计

垄上数字学校所涉及的接口设计主要为移动端与应用服务器之间的接口，为应用层协议接口，使移动端完成与应用服务器的各种请求交互并获得相关信息。在进行垄上数字学校的业务接口设计过程中，主要涉及三个方面的问题：一是业务接口规范组成，即 APP 与应用服务器之间通信与交互的方式或途径；二是业务接口协议的格式，包括数据存储格式和数据编码格式等；三是平台中主要接口的具体功能要求，即总校和分校各功能点的接口功能要求。

一、业务接口规范组成

（一）基于 TCP 实现数据链路通信

在垄上数字学校的接口设计中，我们运用传输控制协议（transfer control

protocol，TCP）承载相应的数据链路通信方式。它是一种面向连接、可靠、基于字节流的传输层通信协议，可以屏蔽其下层（应用 IP 等协议构建的系统）不可靠的传输，并向位于其上层（应用层）的程序提供可靠的点到点传输服务。[①]总体来说，TCP 作为当前最常用的一种网络协议，其报文主要由首部和数据两部分组成。其中，首部一般由 20～60B 构成，但这一长度是可变的；数据部分是可选的，即有些 TCP 报文段不含数据，这类报文一般用于确认和控制信息。

TCP 为应用层提供面向连接的可靠的字节流传输服务，主要表现在以下五个方面。

1）字节流数据传输，即 TCP 为应用程序传递 8 位构成的字节流。通信双方中的一方将字节流放到 TCP 连接上，同样的字节流就会在 TCP 连接的另一端出现。

2）面向连接和确认/重传的可靠传输机制，即两个使用 TCP 的应用在进行数据的交换之前需要先建立一个用发送方和接收方的 IP 地址和端口号标识的 TCP 连接。TCP 通过 3 次握手来保证在两个通信的应用进程之间建立可靠的连接。

3）全双工数并发数据流通信，即 TCP 中收、发双方可同时接收和发送数据段，在通信中实现双向并发数据流。

4）差错控制机制，即 TCP 将保证其首部和数据两部分中的校验和，以检查数据在传输过程中是否发生变化。如果收到报文中的校验和不一致，接收方就知道数据在传输过程中发生了错误，此时 TCP 将丢弃该报文，并向报文的发送方发送一条否定的信息，让其知道出现错误并重新发送该报文。

5）流量控制机制，即限制 TCP 的发送端发送接收端缓冲区所能容纳的数据范围的数据。[②]

（二）APP 与应用服务器之间的数据链路通信方式

总体来说，APP 与应用服务器之间通过 TCP 承载的 GPRS、Edge、W-CDMA、TD-SCDMA、WIFI 等数据链路通信方式进行交互。

1. GPRS

通用分组无线业务（general packet radio service，GPRS）是在现有 GSM 系统基础上发展起来的一种新型分组数据承载业务，即在 GSM 网络基础上叠加一个

---

① 郭文夷，姜存理. C#. NET 框架高级编程技术案例教程[M]. 北京：清华大学出版社，2015：150.

② 孙光明，王硕. 网络设备互联与配置教程[M]. 北京：清华大学出版社，2015：17-21.

新的网络而建成的逻辑实体。[①]它是一种无线网络通信技术，也是移动服务商提供的一种服务。与以往在频道传输的方式不同，GPRS 不仅具有更高的传输速率，而且以封包式来进行传输，进而利用传输资料单位来计算使用者所负担的费用，降低了用户的使用价格。此外，GPRS 可以提供点到点服务（PTP）和一点到多点的服务（PTM），与原有的 GSM 拨号方式的电路交换数据传输方式相比，还具有实时在线、高速传输等优势。[②]在各行业领域对无线网络应用需求不断提升的今天，GPRS 以其高分辨率、直观、快速、可靠的传输机制等优势迅速成为当前无线通信应用的主流方式。

2. EDGE

增强数据速率 GSM 演进技术（enhanced data rate for GSM evolution，EDGE）主要是在 GMS 系统中采用了一种新的调制方法（多时际操作和 8PSK 调制技术），被认为是一种能够进一步提高移动数据业务传输速率和从 GMS 到 3G 过渡的重要技术。EDGE 对 GSM/GPRS 系统的提升主要体现在两个方面，一是高速电路交换数据业务（high speed circuit switched data，HSCSD），即 enhanced circuit-switched data（ECSD），另一个是 GPRS 分组业务的增强，即 Enhanced GPRS（EGPRS）。其中，ECSD 能够用不同的速率支持和音频调制解调器、ISDN 业务的交互工作，主要应用于视频业务等；EGPRS 沿用 GPRS 的业务概念，但是通过定义新的 QoS 参数空间来反映比普通 GPRS 更高的比特率。[③]EDGE 充分利用了现有的 GSM 资源，仅需对现有网络软硬件进行较小的改动就可以实现运营商面向移动用户的视频电话、电子邮件、网页浏览等高速率数据业务员服务，降低了大量改动或增加硬件带来的难度。[④]

3. W-CDMA

带宽码分多址（wideband code division multiple access，W-CDMA）是一种 2G 蜂窝网络，使用的部分协议与 2G GSM 标准相一致。它作为一种利用码分多址复用方法的宽带扩频 3G 移动通信空中接口，采用连续导频技术，能够支持高速移动终端。总体来说，W-CDMA 具有四个方面的特征：一是采用精确的发送

---

① 赵亮，黎峰. GPRS 无线网络在远程数据采集中的应用[J]. 计算机工程与设计，2005，26（9）：2552-2554.

② 刘国锦，刘新霞. GPRS 无线数据传输技术的应用[J]. 信息化研究，2010，36（2）：1-3.

③ 王磊，董晖. EDGE 技术发展综述[J]. 电信科学，2001，17（3）：9-12.

④ 啜钢，王文博，常永宇，等. 移动通信原理与系统[M]. 北京：北京邮电大学出版社，2015：275-276.

功率控制，保证了较高的频谱利用率，同时使用较宽的频带，可以实现在一个载波上更多用户，增加系统容量；二是可以实现在相邻小区使用同一频率，避免了频率分配管理带来的麻烦；三是采用 Rake 接收等技术，提高了基站的接收性能，因此可以降低移动台的发送功率；四是通过宽频带提高传输速率，并实现在低速业务与高速业务混合存在情况下的有效服务。[①] 与第二代移动通信制式相比，它具有更大的系统容量、更优的话音质量、更快的数据传输速率、更高的频谱效率等优势。

4. TD-SCDMA

时分同步码分多址（time division-synchronous code division multiple access，TD-SCDMA）是我国提出的第三代移动通信标准。它具有多方面的特点和优势：首先，TD-SCDMA 采用 TDD 双工方式，便于频谱划分并且能够更好地满足不断发展的移动多媒体业务及其非对称特性的需求；其次，TD-SCDMA 利用 DS-CDMA 技术，采用 TDMA 和 CDMA 混合多址方式，有助于实现对无线资源的合理分配并提高利用效率；最后，TD-SCDMA 采用联合检测、上行同步、智能天线和接力切换等先进技术，具有较强的抗干扰能力。[②] 此外，它在对业务支持的多样性、频谱灵活性、频谱利用率高以及低成本性等方面还具有明显的优势。

5. Wi-Fi

Wi-Fi（wireless-fidelity）又被称为无线局域网技术（WLAN），是一种允许电子设备连接到无线局域网的技术，通常使用 2.4G UHF 或 5G SHF ISM 射频，为当前智能手机、平板电脑、笔记本电脑的网络连接提供了方便，成为当前无线通信领域最具发展前景的技术之一。总体来说，Wi-Fi 具有三个方面的特点和优势：一是依靠无线电波传输和接收信号，覆盖范围广；二是传输速度较快，符合个人和社会信息化快速发展的需要；三是设置相对简单，进入门槛低。[③] 此外，Wi-Fi 借助"热点"发送电波，无须像传统有线网那样进行网线的布局，适合用户移动办公的需要。

---

① 正村达郎. 移动通信技术及应用[M]. 贾中宁，程钦，陶为戈，译. 北京：科学出版社，2008：113-114.
② 田锦，田甜，李国华，等. 新一代移动通信工程[M]. 北京：清华大学出版社，2015：62-63.
③ 顾玲芳，姚林，顾鸿虹. 大学计算机基础 Windows 7+Office 2010[M]. 北京：中国铁道出版社，2014：235.

二、接口协议格式

在数据包格式方面，考虑到数据解析速率等方面的因素，我们在接口协议方面采用了 JSON 数据格式。它主要包括两种形式，一是对象形式，即无序的"'名称/值'对"集合；二是数组形式，即值的有序集合。[①]同时，我们采用一种通用字符集转换格式 UTF-8 进行编码。

（一）数据包格式采用 JSON 数据格式

总体来说，传统的基于 XML 的异构数据交换具有良好的数据存储格式，可扩展性和自描述性较强，并且具有高度结构化等特点，因此成为目前各系统间和系统内部信息共享的有效手段。但是，XML 也存在着数据冗余性高、解析速度慢、浏览器不兼容等方面的问题，影响了数据在网络传输中的速度，也为其在客户端的解析带来了很大麻烦。[②]JSON 是一种由特定字符组成不同含义的轻量级的数据交换格式，具有自我描述性和层级结构。它作为存储和交换文本信息的语法表示，是专为浏览器端的语言 JavaScript 所设计的，类似于可扩展标记语言（extensible markup language，XML）。不同的是，它不像 XML 描述那样有太多冗余的内容，简化了格式，能够减少数据量，加快访问速度，同时具有强大的数据描述能力，不仅能够表示 String、Boolean、Number 等常见的数据类型，还可以表示数据组以及其他一些更为复杂的对象。

平台中异构系统之间的信息数据一般需要借助网络进行融合，即通过互联网将异源分布的资源数据按照特定数据格式进行传输，在此基础上对数据内容进行解析并以特定方式予以呈现。[③]在异构系统之间，由于作为常见的数据传输方式的 XML 存在冗余标记较多、数据传输效率较低等问题，我们需要采取可以有效减少数据格式中冗余标记的 JSON 格式封装所有数据，以进一步提高系统访问速度。相对于流行的 Xmill、Xpress 等 XML 数据压缩技术，JSON 可以通过 JavaScript 对象直接进行解析，最终在浏览器端进行利用和呈现，从而大大简

---

① 高静，段会川. JSON 数据传输效率研究[J]. 计算机工程与设计，2011，32（7）：2267-2270.

② 张沪寅，屈乾松，胡瑞芸. 基于 JSON 的数据交换模型[J]. 计算机工程与设计，2015（12）：3380-3384.

③ 陈玮，贾宗璞. 利用 JSON 降低 XML 数据冗余的研究[J]. 计算机应用与软件，2012，29（9）：188-190.

化解压缩的过程。[①]同时，JSON 没有结束标签，具有更快的读写速度，并且能够使用内建的 JavaScript eval（）方法进行解析、使用数据组结构、不使用保留字等等。如果使用 XML 封装数据，不仅需要读取 XML 文档，还需要使用 XML DOM 来循环遍历文档，读取值并将其存储在变量中；如果使用 JSON 封装数据，我们只需要读取 JSON 字符串并用内建的 eval（）方法对其进行处理。[②]

（二）采用 UTF-8 编码

UTF-8（UCS transformation formal，8-bit encoding form）是一种通用字符集转换格式。它是针对 Unicode 的一种可变长度字符编码，可以用来表示 Unicode 标准中的任何字符，并且保证其编码中的第一个字节仍与 ASCII 相融，使原来处理的 ASCII 字符的软件无须修改或只需进行少部分修改便可以继续使用，降低了操作复杂性，因此逐渐成为网页、电子邮件以及其他存储或传送文字的应用中优先选取的编码形式。UTF-8 使用 1～4 个字节就可以为每个字符进行编码。一般情况下，一个 US-ASCII 字符只需 1 个字节进行编码（Unicode 范围为 U+0000～U+007F）；带有变音符号的希腊文、西里尔字母、拉丁文、阿拉伯文、希伯来文、叙利亚文、亚美尼亚语等字幕则需要 2 个字节进行编码（Unicode 范围为 U+0080～U+07FF）；中日韩文字、中东文字、东南亚文字等其他语言的字符包含了大部分常用字，则需要使用 3 个字节进行编码，其他极少使用的语言字符则需要使用 4 个字节进行编码。[③]UTF-8 编码也是使用数字编号，但是没有 255 这一上限，它将每个 Unicode 标量值分配给特定长度为 1～4 个字节的无标记字节序列的 Unicode 编码格式。

UTF-8 是一到四字节的序列，连接了一个统一的码标量值，具有以下几个方面的特点。第一，将 U+0000 到 U+ 007F（ASCII）的 UCS（universal character set）字符简单地编码成从字节 0x00 到 0x7F（ASCII 兼容性），这使得包含 7 位 ASCII 字符的文件和字符流对于 ASCII 和 UTF-8 来说就具有了相同的编码。第二，将大于 U+007F 的 UCS 字符编码成一个若干字节的序列，其中的每一个都有最有意义的位组，这样就可以避免 ASCII 字节（0x00-0x7F）出现在其他任何的

---

① 韩敏，冯浩. 基于 JSON 的地理信息数据交换方法研究[J]. 测绘科学，2010，35（1）：159-161.

② 张硕，罗阿理. 基于 Android 平台的天文观测信息集成系统[J]. 计算机应用，2014（s2）：339-343.

③ 麦廷琼. 从零开始学 Eclipse[M]. 北京：中国铁道出版社，2010：314-315.

字符中。第三，多字节序列中的首字节代表是一个非 ASCII 字符，它通常在 0xC0 到 0xFD 范围内，并指出后面用来表示这个字符的字节数量。这样，多字节序列后面所有字节都会在 0x80 到 0xBF 范围内，容易进行同步，同时使编码过程摆脱状态的限制，大大削弱了丢失字节产生的影响。第四，能对所有可能的 2^{31} 个 USC 代码进行全部编码。[①]

三、接口功能要求

在接口功能要求方面，垄上数字学校对不同管理内容的具体模块要求也存在差异。总体来说主要包括总校的接口功能要求和区域分校的接口功能要求。其中，总校的接口功能要求包括教务管理、教学管理和技术支持三个方面，分校的接口功能要求主要表现为教务管理这一方面。

（一）总校接口功能要求

1. 教务管理模块的接口功能要求

在教务管理模块，总校的接口功能要求主要体现在以下四个方面。

1）通知管理，需要与 APP 应用对接，传输相关的通知信息，包含的接口主要有：APP 教师端查看通知列表接口，家长查看待确认通知接口，查询已经收到的通知接口，家长查看通知接口，查询未查看通知人员数量接口，查询未查看通知人员列表接口，校园端发送通知公告接口等。

2）分校管理接口，主要是与分校平台对接，用于传输分校信息。

3）人员管理接口，主要是与分校平台对接，用于传输学生信息，包括用户同步信息接口和绑定 IM 信息接口。

4）课表信息接口，用于与分校平台对接，以传输各学校课表信息。

2. 教学管理模块的接口功能要求

在教学管理模块，总校接口主要体现在与分校平台进行对接，传输相关的教学数据，以方便对总校范围内所有教学数据的统计分析与统一管理。在该模块中，设计的接口主要体现在用户管理和课程管理两个方面。

---

① 南波，贺亮，高传善. 网络会议的文字还原[J]. 计算机应用与软件，2004，21（8）：66-68.

1）在用户管理方面，涉及的接口主要包括登录用户统计接口和用户总数接口两种；在课程管理方面，涉及的接口主要包括新增课程数接口、新增课时数接口、视频观看数接口、课程总数接口等。

2）教学管理模块的接口是为满足总校与区域分校之间的对接与数据传输，是总校进行数据分析、数据监测和科学决策的基本前提与基础。

3. 技术支持方面的接口功能要求

在技术支持方面，总校接口功能要求主要体现在以下四个方面。

1）公告管理相关接口，主要是与 APP 应用对接，传输公告信息，包括的接口有 APP 端获取公告、APP 端查询公告详情、校园端获取公告列表和校园端查看公告详情四类。

2）广告管理相关接口，主要是与 APP 应用对接，传输公告信息，包括的接口有 APP 端获取首页页面广告列表、APP 端获取资源页面广告列表、资源中心获取广告列表、应用中心获取广告列表。

3）资源中心接口，主要是与校园端、APP 应用对接，传输资源信息，包括的接口主要有获取资源分类列表、获取指定分类的资源列表、获取资源类别的子列表、获取指定资源的详细信息、收藏指定的资源到用户的收藏中、取消收藏资源、判断用户是否收藏该资源、获取用户收藏所有资源、资源点赞与取消、获取用户下载资源列表、获取资源中心推荐资源、资源搜索、资源下载、第三方接口调用等。

4）第三方应用中心接口，主要是与第三方应用中心进行对接。

（二）分校平台接口功能要求

分校平台接口功能要求主要体现在教务管理方面，具体表现为。

1）通知管理接口，主要与 APP 应用对接，传输相关通知信息，包括的接口有 APP 端获取通知列表、APP 端查看待确认通知、APP 端查看已经收到的通知、APP 端查询未查看通知人员数量及人员等。

2）学校管理接口，主要与校园端对接，传输学校信息，涉及的接口有获取学校信息和获取学校详细信息等。

3）班级管理相关接口，主要与校园端对接，传输班级信息，涉及的接口有根据学校 ID 获取班级列表、查询班级详情等。

4）联合体管理接口，主要与校园端、APP 应用对接，传输联合体信息。

5）人员管理接口，主要与 IM 平台对接，传输人员信息，设计有用户新建、验证、查看、查找、更新、删除等接口，好友添加、查看、查找、更新、删除、请求、接受、拒绝等接口，圈子新建、查看、查找、更新、删除、迁移等接口，IM：消息、通知、群组、单聊、群聊等接口。

6）课表管理接口，主要与校园端、APP 对接，传输课表信息，涉及的接口有根据登录 ID 查询课程表、根据班级 ID 获取课程表、查询后两节课（家长端）、查询后两节课（教师端）等。

7）考勤管理接口，主要与校园端、APP 对接，传输用户考勤信息，涉及的接口有家长端获取学生考勤、根据班级获取考勤情况、根据班级获取具体考勤情况等。

8）教材版本管理接口，主要与校园端、APP 对接，传输教材信息。

9）学期管理接口，主要与校园端、APP 对接，传输学期信息。

第二节　垄上数字学校平台的性能设计

性能部署是垄上数字学校技术实现的一个重要方面，主要包括平台部署设计、数据集中存储资源设计、平台框架和软件的选择等内容。其中，平台部署设计主要包括发布机、负载均衡、Web 服务器、Redis 服务器集群、数据库系统和共享文件系统等；数据集中存储设计主要是为避免分散数据部署造成的问题，提高平台数据管理的安全性、科学性、统一性与规范化，方便管理人员和普通用户操作；平台框架和软件的选择主要包括 Web 服务器/反向代理、客户端 JS 开发、脚本语言、去中心化的分布式缓存、搜索引擎框架、数据库、分布式文件系统等相关内容的选择。

一、平台部署设计

系统部署针对垄上数字学校教育云平台的横向扩展部署模式下构成一个服务集群，主要包括发布机、负载均衡、Web 服务器集群，Redis 缓存集群、数据库系统和共享文件系统等内容，具体如图 8-1 所示。

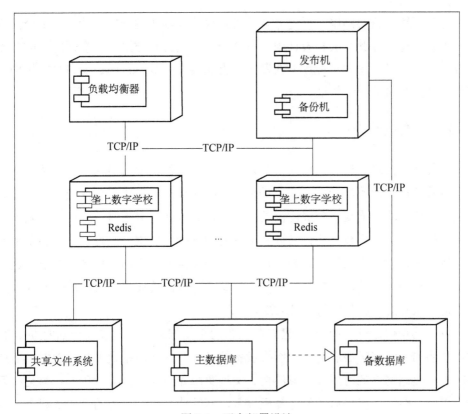

图 8-1 平台部署设计

（一）发布机

一般情况下，健全的数据中心必须做好容灾备份，最常见的如双机热备（也可认为是最小组成单位的集群），一台作为主服务器来支撑系统完成正常的业务逻辑，另一台作为实时备份服务器，避免只有一台数据服务器且发生故障时导致服务中断。随着网站访问流量的不断增加，大多网络服务都是以负载均衡集群的方式对外提供服务。随着集群规模的扩大，原来基于单机的服务器管理模式已经不能够满足我们的需求，新的需求必须能够集中式地、分组地、批量地、自动化地对服务器进行管理，能够批量化地执行计划任务。于是发布服务器应运而生。

在发布服务器上通过安装一些比较优良的软件，可以实现对服务器的分组，对于不同的分组可以分别定制系统配置文件、计划任务、满足集群环境下程序代码的批量分发和更新等配置。有了发布服务器这种集中式的服务器管理服务，我们就可以高效地实现大规模的服务器集群管理，将被管理服务器和发布服务器分布在任何位置，只要网络可以连通就能实现快速自动化的管理。此外，平台采用横向扩展架构，因此在架构设计中，每个应用角色都是通过集群实现的，会有多个服务器。为了方便发布程序，在发布机上安装发布脚本，通过发布脚本达到一键部署到多个服务器的效果。

（二）负载均衡

随着网络技术的迅速发展及其在人们生活、工作、学习中的广泛普及，各类平台接受的访问量不断增加，需要平台的运维人员充分考虑平台性能，提高服务质量与效率，这就需要用负载均衡技术来解决。因此，对于服务区域基础教育均衡发展的垄上数字学校来说，它涉及区域内的教师、学生、教育管理者、学生家长、普通浏览者等不同用户，为平台的性能与负载能力提出了更高的要求。这其中不仅包括服务学校内部教师、学生、教育管理者的校园端平台，还包括为区域用户提供服务的区域分校与省级总校。

负载均衡（load balance）建立在现有网络结构之上，提供了一种廉价、有效、透明的方法来扩展服务器与网络设备的带宽，加强网络数据处理能力，增加吞吐量并提高网络的可用性与灵活性。实现负载均衡需要两类设备，一类是服务器，也就是给用户提供服务的计算机设备，其性能是负载均衡的重要依据之一；另一类是分配器，主要是根据用户及服务器本身的各种情况并利用一定的算法进行调动和分配工作，以提高由服务器整体所构成的平台的稳定性和响应能力。[①]负载均衡是整个架构中较关键的部分，是实现整个架构的基础，它会根据一定算法来分发用户请求，避免单台应用服务器负载过大。通过此方案，可以根据服务器压力增减节点，实现横向扩展架构。

（三）Web 服务器集群

在当前网络用户迅速增长与网络服务不断普及的今天，客户机数量与密集性任务迅速增加，这为来自浏览器的信息请求提供服务的 Web 服务器提出了越来越高的要求，也使得 Web 服务器的性能逐渐成为影响网络服务质量的重要因素。总体来说，单个的 Web 服务器处理能力非常有限，会在很大程度上影响用户的网络访问。相比之下，Web 集群服务器则具有可扩展性、高可靠性和负载均衡性等特

---

① 薛军，李增智，王云岚. 负载均衡技术的发展[J]. 小型微型计算机系统，2003，24（12）：2100-2103.

点，为 Web 服务器系统带来了新的解决方案。作为通过高速局域网互联的多台 Web 服务器，在用户的 HTTP 请求被均衡地、透明地分配到集群中具体的服务器上时，Web 服务器集群就可以完成请求响应过程，并将响应结果返回给用户。[①]

Web 服务器集群是平台大多数服务部署的目标机群，提供平台主要对外的服务。该集群可以根据系统实际压力的变化，动态地增减服务器。在集群系统中，需要根据用户的数量、访问时间等信息合理安排服务器数量以提高系统的性能和效率，避免服务器过少造成的用户长期等待，同时要避免服务器过多、长期处于闲置状态而造成的资源浪费。[②]Web 服务器集群在一组计算机上运行相同的软件并将其虚拟成一台主机系统为客户端提供服务。从客户的角度来看，整个 Web 服务器集群就像是一个单独的服务器，因此需要使用多服务器的分布式结构，同时具备一个统一的集群地址并保持良好的通信状态。[③]

（四）Redis 缓存集群

用户在访问网络的过程中，既需要高度的读写访问支持，同时也具有少量数据存储的需求，这就是 Redis 缓存的核心价值。Redis（remote dictionary server）是一款开源、高性能的键—值存储，而不仅仅是简单的键—值数据模型。它支持字符串、链表、集合、有序集合和哈希表等多种数据类型，同时还可以实现不同方式的排序功能。[④]但是，单 Redis 服务器的内存管理能力有限，使用过大内容的 Redis 又会使得服务器的性能急剧下降，如果服务器发生故障则会在更大范围内影响业务。

因此，为了在保证安全性、可用性的基础上尽可能提高 Redis 的缓存性能，我们可以考虑 Redis 网络集群的设计方案。Redis 集群是一个分布式、容错的 Redis 实现，它的功能是普通单击 Redis 所能使用的功能的一个子集。Redis 集中不存在中心节点或代理节点，其中每一个节点都是互联的，并且利用二进制协议优化传输速率和带宽。它主要用于缓存系统中的热点数据，提高系统的访问速度。提高用户体验 Redis 集群的主要特点为，需要较大的内存，内存响应速度要求较高，CPU 要求较低，是垄上数字学校平台部署过程中需要关注的一项重要内容。

① 郭成城，晏蒲柳. 一种异构 Web 服务器集群动态负载均衡算法[J]. 计算机学报，2005，28（2）：179-184.

② 郑洪源，周良，吴家祺. WEB 服务器集群系统中负载平衡的设计与实现[J]. 南京航空航天大学学报，2006，38（3）：347-351.

③ 吴家祺. WEB 服务器集群系统的设计与实现[D]. 南京：南京航空航天大学，2005.

④ 邱书洋. Redis 缓存技术研究及应用[D]. 郑州：郑州大学，2015.

（五）数据库系统

数据库系统是由组织、动态地存储大量关联数据、方便用户访问的计算机软件、硬件以及数据资源所组成的系统。[①]它是整个架构的核心，特点为 CPU 和内存要求较高，MySQL 作为主备并行服务器技术来保障数据库的可靠性，可以独立运行。当某个服务器发生硬件或软件故障时，另一台服务器上的数据库可以继续提供服务，对用户没有影响。

总体来说，数据库系统脱胎于文件系统，但是引入了 DBMS，与文件系统相比还是存在很大差异的，主要表现在四个方面：一是数据的结构化，原因在于数据库系统中的数据是面向整体的，数据内部有一定的结构性，且数据之间的联系也是按照一定的结构描述出来的；二是面向整体的数据库系统能够被多个用户共享使用，从而避免了数据的冗余，同时也提高了其扩充性；三是数据库系统提供二级映像功能，这使得数据既具有物理独立性，又具有逻辑独立性；四是数据库系统在数据库建立、运用和维护时都会对数据进行统一管理和控制，以保证数据的安全性与完整性。[②]

传统的数据库系统是作为数据管理的主要手段出现的，主要用于事务的处理。在数据挖掘和大数据分析逐渐产生并受到重视的今天，数据库系统需要整合数据库技术、统计分析、人工智能、机器学习等多种技术，通过跨学科交叉研究实现对数据的自动归类、分析、管理与精准服务。

（六）共享文件系统

随着当前用户平台使用的普及及其对资源需求的不断增加，平台建设过程中的大规模用户支持越来越重要。其中，如何保证同一文件或资源满足不同访问终端的用户快速浏览与使用的需求也变得越来越紧迫。因此，在平台建设过程中，需要充分考虑异地文件共享问题，以满足大量终端用户的需求。共享文件系统可以处理用户上传的文件资源，对这些资源进行统一的管理与分配，并向用户提供文件系统访问接口，可以有效应对 Web 集群环境访问文件的限制问题。

在进行垄上数字学校的建设过程中，需要考虑平台所要满足的区域内、区域间教师、学生、教育管理者等不同用户的信息浏览与资源使用需求，因此应该充

---

① 陆黎明，王玉善，陈军华. 数据库原理与实践 [M]. 北京：清华大学出版社，2016：6-7.

② 纪澍琴，于雪晶. ACCESS 2010 数据库程序设计[M]. 北京：中国水利水电出版社，2016：5-6.

分考虑共享文件系统的设计问题。从使用者的角度来说，共享文件系统可以使我们几乎不用考虑网络传输、访问细节等方面的问题，就像访问本地文件一样可随时对其他服务器中相关文件进行访问。总体来说，共享文件系统具有三个方面的特点：一是实现异构平台下的文件共享，即满足不同平台下多个用户对同一文件的共享需求；二是广泛的连接性，即能够适应复杂的网络环境，满足用户不同环境下的访问与使用需求；三是内部资源的整合，即可以将内部的磁盘整合成统一的存储池，以卷的方式提供给不同的用户，同时允许应用程序打开一个异地文件，并能够在该文件的某一个特定的位置上开始数据的读写操作。[①]

二、数据集中存储资源设计

在进行平台数据存储的设计过程中，如果选择分散部署，不仅会降低数据资源的总体利用率，加重业务数据的管理负担，还容易影响数据存储与应用系统之间的紧密联系，降低平台的安全性，加重平台维护负担。因此，对于面向大规模复杂用户的垄上数字学校平台来说，在其搭建过程中考虑数据资源的集中存储显得尤为重要。

（一）数据集中存储的优势

数据集中存储即将平台所有业务数据从业务系统当中独立出来，作为一个整体统一存储于独立的存储设备当中。同时，为了保证数据安全及数据管理的规范化，还需要针对平台数据类型和用户权限实施统一的数据备份与数据保护等管理策略。

总体来说，与数据分散部署相比，集中数据存储具有以下方面的优势。

第一，进行数据集中存储可以使管理人员直接在集中存储设备上对所有业务数据进行统一的存储规划和管理，从而优化海量数据的存储与管理能力，提高数据的规范性与可管理性。

第二，数据集中管理可以满足所有业务数据与应用系统的空间共用，并针对实际业务需求不断优化系统之间的资源存储配置结构，进而大大提高存储资源的利用率，降低数据存储资源的建设成本。

① 孙丽丽，王伟峰. 网络存储与虚拟化技术[M]. 北京：北京航空航天大学出版社，2016：81.

　　第三，将数据集中存储体系与应用系统服务器体系完全独立开来，避免应用服务器软硬件环境调整给业务数据安全带来的风险，提高平台的数据保护性能。

　　第四，促进应用系统之间的数据共享，同时在建立备份业务系统与集中存储体系之间关系的基础上为系统业务的连续性提供有效保障。

（二）数据集中存储资源设计

　　在进行垄上数字学校的数据集中存储资源设计过程中，需要考虑服务器负担、数据传输速率等方面的问题。因此，我们考虑利用 SAN（区域存储网络）技术建成数据集中存储系统。总体来说，SAN 存储网络由服务器（主机）、存储设备（磁盘阵列）组成，所有这些设备都连接到光纤通道交换机上。SAN 技术能够将数据传输的额外负担转移到存储设备和 SAN 上，从而在很大程度上减轻服务器的负担。数据集中存储系统建构的示意图如图 8-2 所示。

　　数据集中存储的设计需要考虑多个方面的问题：一是配置四控高端存储，保证可用容量不小于 155T，用于存放数据库及虚拟文件；二是配置两台 48 口光纤

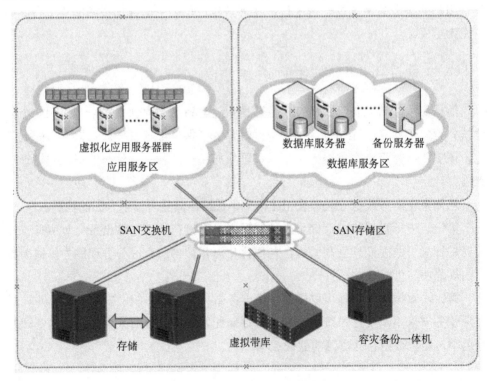

图 8-2　数据集中存储系统建构示意图

交换机，用于连接相关的服务器和光线存储；三是为各个数据服务器及虚拟化应用服务器配置 2 块光线通道卡（HBA 卡），用于连接光线存储网络；四是利用以上设备，组建 SAN 存储区域网络，同时需要根据实际的应用需求进行存储空间的合理分配，实现数据的集中存储，从而有效规避信息孤岛。

三、平台框架和软件选择

垄上数字学校平台开发的运行框架及其对应的功能和版本号如表 8-1 所示。其中，Nginx 是一个轻量级、高性能的 HTTP 和反向代理的服务器，不仅占用内存少，而且具有较强的并发能力。JQuery 是一个轻量级的 JavaScript 框架。它不需要进行安装，使用时直接将该 js 文件用<script>标记链接到自己的页面中即可，同时能够使用户的 html 页保持代码和 html 内容分离，只需定义 id 即可，而无须再在 html 中插入一系列 js 调用命令。PHP（Hypertext Preprocessor）是一种开源脚本语言，它吸收了 Java、C 语言等特点，几乎可以支持所有流行的数据库和操作系统，同时还能更快速地执行动态网页。Redis 是一个高性能的键—值数据库，它支持链表、字符串、集合、有序集合等多种数据类型。Solr 是一个采用 java5 开发、基于 Lucene 的高性能全文搜索服务器，它可以对外提供类似于 Web-service 的 API 接口，提供了比 Lucene 更为丰富的查询语言，在实现可配置、可扩展的同时对查询性能进了优化。MySQL 作为一个开源的关系型数据库管理系统，使用的 SQL 语言是用于访问数据库的最常用标准化语言，同时具有体积小、速度快、总体拥有成本低等方面的优势。Syfomy 是一个基于 MVC 模式的面向对象的 PHP5 开发框架，允许在 Web 应用中分离事务控制、服务逻辑和表示层。Varnish 主要提供反向代理服务，它与一般服务器软件类似，分为 master 进程和 child 进程，前者读入命令、进行初始化并监控 child 的进程，后者分为若干线程进行工作。MFS 作为一个具有容错性的网络分布式文件系统，把数据分散存放在多个物理服务器上，并以统一的资源形式呈现给用户。

表 8-1　平台开发运行框架、软件的相关信息

开发运行框架、软件	功能	版本
Nginx	Web 服务器/反向代理	1.0.x Stable versions
JQuery	客户端 JS 开发、运行库	1.4
PHP	脚本语言	5.3.17+

续表

开发运行框架、软件	功能	版本
Redis	去中心化的分布式缓存	2.8.4
Solr	搜索引擎框架	5.1.0
MySQL	开源数据库	5.0+
Syfomy2	Web 开发框架	2.3.0+
Varnish	反向代理服务	
MFS	分布式文件系统	
第三方私有云 IM 及推送组件		

第三节　垄上数字学校平台的安全设计

垄上数字学校是以互联网为依托，集教学、学习、管理于一体的综合服务平台，服务于区域内大规模教师、学生、教育管理者及家长，在利用网络优势实现服务便捷化的同时要承担广泛互联环境下潜在的安全隐患。因此，为了确保平台业务数据的安全与各项功能的正常运行，提高用户使用的流畅性、安全性与稳定性，必须进行系统化的安全设计，形成完善的安全机制以有效应对网络平台使用过程中可能产生的各种异常情况。

一、垄上数字学校平台安全建设的目标与原则

要保证平台的整体安全，需要从多方面进行整体性的安全分析，包括系统中可能出现的各种危害及其相互关系，系统中人、环境、设备等各个要素以及它们之间的相互关系，用于控制或避免某种危害发生的各种可行措施或软硬件设备，当危害或安全问题出现时需要立即采取的可行措施，以控制或减少安全问题造成的危害等。总体来说，系统的安全机制涉及网络、数据库、主机等和业务应用系统的安全能力。垄上数字学校安全建设的目标主要就是为保证其可靠运行，同时保障其与相关子系统与应用之间的网络安全连接，满足合法的数据请求，避免危险数据的入侵。一般情况下，平台安全建设的目标主要包括可用性、完整性和保

密性等。

（一）可用性

可用性指的是网络信息可以被授权用户访问并按需使用的特性。也就是说，垄上数字学校这一服务区域教师、学生、教育管理者等用户的综合化教育服务平台应该在用户授权访问的情况下为其提供相应的服务，满足合法用户或实体的需求。需要注意的是，要保证垄上数字学校的正常运行，满足正常授权用户或实体的操作需要与使用需求，不仅要考虑开放网络环境下的用户正常操作，而且不能忽视网络部分受损或需要降级使用时为授权用户提供及时有效服务的需要。因此，平台的可用性还需要满足身份识别与确认、访问控制、路由选择控制、审计追踪、业务流控制等方面的要求。

（二）完整性

完整性主要是指要保证信息在存储或传送的过程中不会被未经授权的用户、实体等改变的特性，以确保信息的完整统一。例如，避免用户在没有经过授权的情况下删除或修改信息内容等。因此，我们需要保证系统网络信息尤其是控制信息在存储或传输过程中不会被偶然或恶意的修改、删除、伪造、插入、乱序等破坏和丢失。作为一个服务于区域基础教育均衡发展的教育云平台，垄上数字学校涉及不同区域内的教师、学生、教育管理人员等不同用户，他们在扮演着不同角色的同时，还拥有着各自的专门权限。在进入平台实施相关操作之前，用户首先要进行相应的身份认证，使平台及时验证用户的身份并在其访问数据与应用系统之间建立联系，在保证平台数据安全的同时满足用户的正常应用需求。

（三）保密性

保密性是指网络信息不被泄露给未经授权的用户、实体或过程，即平台的各项应用只能为授权用户提供使用服务，而避免将平台重要数据信息泄露给非授权的个人或其他实体。在一个开放的网络环境中，平台的保密性与用户验证性尤为重要。尤其是对于垄上数字学校这样面向各类不同用户的综合性服务平台更是如此。一方面，垄上数字学校服务于区域内的不同教师、学生、教育管理者等，不仅要为他们提供教学、学习、管理等方面的服务，还需要保证他们的数据安全，避免个人信息、机构数据的泄露。另一方面，对于垄上数字学校本身来说，它还涉及一系列平台运行数据。这使得有效的保密措施成为平台本身安全性和可用性的前提。因此，维持平台的保密性，确保没有经过授权的用户实体或进程非法获取平台数据，维护平台本身及其合法用户的数据安全，这些都是垄上数字学校安全设计中需要重点考虑的。

二、垄上数字学校平台的安全设计

具体来说，平台安全设计主要就是以其本身的应用需求为基础，以建构系统安全、网络安全为重点，建立以平台各项业务应用为核心的网络安全系统，从而保证平台各项业务的应用安全。其中，应用平台安全设计主要包括用户角色与权限设置、平台访问策略设计、系统监控与日志记录等；网络安全设计主要涉及防火墙、访问控制、安全检测、加密通信、负载均衡设计等内容；数据安全设计主要是为保证用户数据和平台数据安全，维持平台的安全稳定运行，主要涉及数据备份、存储和转码、加密、TPL 技术等操作。

（一）应用平台安全设计

应用平台安全是垄上数字学校平台安全设计的一个重要内容，主要涉及以下几个方面的操作。

第一，按角色划分用户并分配相应的权限。垄上数字学校是一个区域范围内的综合化教育服务云平台，涉及总校管理员、分校管理员、中心校教师、教学点教师、学生、家长等不同用户。因此，为保证平台的有序运行，垄上数字学校需要按照用户的角色为他们分配权限，实现用户、角色、权限之间的相互关联，规定只有被授权的操作系统用户才能操作应用服务器和数据服务器上相应的目录和文件，这可以在保证平台数据安全的情况下将功能和应用分配给相应的用户，满足他们的使用需要。

第二，针对用户角色和权限设计访问控制策略，据此控制操作人员对应用系统的信息访问和修改操作。例如，当一个教师用户进入系统之后，其需要在经过用户登录验证信息之后为他们关联相应的数据信息，既要满足他们备课、授课、发布与批改作业、答疑、上传与使用教学资源等操作，查询、修改、增加、删除个人权限范围内的数据，同时避免他们对权限范围外数据的操作。

第三，对系统访问和使用进行监控，记录系统的访问日志。

第四，及时进行日志记录。垄上数字学校教育云平台提供了完整的日志服务功能，对系统内用户以及系统内部的各项操作、内容、结果等做日志，同时提供日志审计功能和查询、统计、分析等各项服务，使平台运维管理人员随时了解平台的运行情况。

（二）网络安全设计

网络安全的设计主要是为防止网络环境方面的意外对平台业务运行和相关数据安全造成的影响。总体来说，在进行垄上数字学校网络安全的设计过程中，我们主要考虑了四个方面的内容。

第一，在网络设计上使用 VPN 和防火墙，提供网络安全保障，防止网络中的非法访问和恶意攻击。

第二，实施访问控制、攻击监控、安全检测、加密通信等一系列措施，同时提供入侵检测功能，对用户访问和连接等进行监控，对非法的访问和可疑的连接及时采取措施，包括实时报警、自动阻断通信连接或执行用户自定义的安全策略等，在满足合法用户有效应用的同时保证平台的业务与数据安全。

第三，根据不同的信息安全等级和不同的用户群体，将网络接入划分为不同的域并加以管理。

第四，通过负载均衡双击设置提高各节点网络的性能与可靠性，并在系统与外部系统的连接处设置防火墙，隔离外部的网络，针对外部系统和人员对系统不同的访问需求配置相应的访问策略，有效拦截外部非法 IP 地址的访问和攻击，保障系统的接入安全。防火墙可以采用双机热备份的方式，进而通过提高服务器的可靠性、网络可靠性、磁盘可靠性、应用程序可靠性等达到维护系统高可用性的要求。

（三）数据安全设计

在网络用户迅速增加形成的大数据时代，数据安全的设计显得越来越重要，其主要目的是通过严格的控制和操作权限检查，保证系统不受非法使用或越权使用，从而维护平台的运行秩序和数据安全。

平台数据安全设计需要遵循三个方面的原则：一是全面性，主要指备份数据对象的全面，其中包括配置参数、普通数据和应用程序等内容的备份；二是多样性，主要指备份类型的多样，其中包括短时间内的逻辑备份和容灾备份等；三是高效性，指的是备份需要在不影响平台正常运行的情况下进行，同时备份与恢复的周期也要尽可能快速，以免影响用户的正常使用。

在具体的数据安全设计方面，垄上数字学校提供教育云视频、教育云文档的存储和转码服务，教育云的数据存储采用加密、防嗅探、防下载、防盗链等技术，数据传输采用的则是独创的 TLP 技术，以保证数据的安全性。总体来说，TLP 技术的使用具有三个方面的优势：一是防止攻击者利用伪装地址或者身份来发送报文；二是可以保证数据报文的完整性，从而确保数据报文在网络传输的过程中不会发生变化；三是确保报文的内容在传输过程中不会被读取，避免为授权方非法读取报文内容。

平台严格区分只读和可写权限的限制。对于数据库用户系统将严格限制使用者，并且应用服务器上配置的访问数据库的用户的密码以密文存储，提供统一的密钥管理机制，统一管理和定期下发。同时，用户数据与第三方系统对接采用 OAuth 协议。OAuth 协议可以为用户资源授权提供一个安全开放的标准，保证数据传输过程中不会暴露用户名、密码信息等，从而确保用户数据安全。

此外，数据备份是数据安全设计的重要内容，也是垄上数字学校安全设计的一个重要方面。它主要是为保证系统数据具有较高的安全性，同时有效应对紧急情况和防止系统的突发异常，保证系统拥有可靠的抵御风险能力，从而有效维持平台的正常运行。总体来说，备份设计操作主要包括备份策略设置、备份方式设置、备份对象设置和备份数据恢复等内容。其中，备份策略设置主要是针对不同功能模块的处理特点或不同数据的安全性要求来设置相应的备份策略（如系统配置日志的增量备份、系统配置数据的定期备份等）；备份方式设置是针对备份要求设置数据库备份、文件系统备份、自动化备份等不同的备份方式；备份对象设置主要是设定需要备份的对象，包括具体的数据表、日志、文件等；备份恢复的设置需要结合备份对象和备份方式的不同进行相应的设置。

第四节　垄上数字学校平台测试

在云平台完成基础的开发工作之后，需要通过测试了解各项功能与性能及其对用户需求的满足情况，垄上数字学校的建设也是如此。作为一个区域基础教育均衡发展综合化服务平台，垄上数字学校的平台测试主要包括两个方面：一是通过功能测试了解平台的特征与可操作性，以确定它们是否满足设计的需求；二是通过性能测试了解平台的执行效率、资源占用、稳定性、安全性、可靠性、兼容性和可扩展性等方面的具体情况。这两个方面的测试都需要实现业务压力和使用场景的有机结合。

一、测试内容

（一）功能测试

功能测试需要根据产品需求规格说明书和测试需求列表，验证平台各项功能的实现是否符合其建设的需求规格，通常采用黑盒测试法，主要以验证输入输出信息是否符合平台规格说明书与需求文档中有关功能需求的规定为目标。总体来说，垄上数字学校功能测试主要检验三个方面的问题：一是功能实现是否满足用户需求和系统设计需要；二是输入能否正确接收和正确输出结果；三是是否存在不正确或遗漏的功能点。针对这些内容，我们在进行垄上数字学校的功能测试过程中主要涉及正确性与异常功能测试、安全性与兼容性测试以及平台接受度测试等方面的内容。

1. 正确性与异常功能测试

正确性与异常功能测试主要是了解垄上数字学校各模块与具体功能点的业务处理情况。其中，正确性测试主要检测系统能否按照正确的方式、流程执行和处理用户请求，从而检测相关联的各个子系统在平台正常运行状况下的协调运行情况。异常功能检测则是了解在出现异常情况时系统能否及时进行异常定位并进行正确处理，相关联的各个子系统在异常情况下能否保持协调运作并形成闭合环路，从而有效处理异常问题并维持平台各项功能的正常运行。

总体来说，垄上数字学校平台的正确性与异常功能检测的核心就是了解平台各项功能及相互之间的关联是否正确，以确保对区域内不同用户的有效服务，主要涉及链接测试、表单测试、导航测试等具体内容，即测试每一个链接是否如既定指示的那样到达相应界面，测试用户在向服务器提交注册、登录、信息变更等信息时，系统能否准确测试信息的正确性、完整性并迅速处理用户请求等。它涉及平台基本功能和业务流程的测试，是垄上数字学校功能测试的一个重要方面。

2. 安全性与兼容性测试

安全性与兼容性测试涉及平台安全与用户服务，以确保垄上数字学校平台数据与用户数据的安全性及其在不同环境下对用户的有效服务。其中，安全性测试包括多个方面的内容，例如通过登录检查口令的有效性与尝试登录次数的有效性等；尝试进行角色以外的操作，确保权限设置的有效性；查看当一个终端在制定时间段内没有鼠标和键盘输入时是否会出现黑屏或自动退出功能，以防止非法用户的使用；以普通用户身份登录服务器来访问数据库中的磁盘文件，查看能否直接访问，或者查询这些文件访问权限的设定是否具有安全保障；进行数据传输以测试其过程的安全性，等等。

兼容性测试主要考虑当前不同用户终端设备的多样化操作系统需要，确保平台在 Windows、Unix、Linux 等不同操作系统中都能正常运行，满足不同用户终端设备的正常使用。同时，浏览器这一 Web 客户端最核心的组件，其对 JavaScript、Java、CSS、HTML 等语言都有不同的支持。因此，除操作系统的兼容性之外，还需要进行浏览器兼容性的测试。

3. 平台接受度测试

对垄上数字学校这一为服务区域基础教育均衡发展的综合平台，不仅需要满足区域内教师、学生、教育管理者等不同用户的实际需求，还要尽可能地提高用户体验，从而不断提升平台的应用效果与服务效能。因此，通过用户试用了解他们对垄上数字学校平台的感知体验，测试其感知有用性和感知易用性方面的情况，以测试平台的用户接受程度并针对反馈进行及时调整，也是垄上数字学校功能测试的一项重要内容。

Davis 教授在 1989 年首次提出了技术接受模型（technology acceptance model，TAM），用以解释信息系统低使用率的相关问题，[①]可以作为我们进行垄上数字学校平台用户接受度测试的重要依据。该模型包括感知有用性和感知易用性两个结构因素。其中，感知有用性是用户主观上认为平台或系统对提升其学习或工作绩效的程度，即平台是否对用户有用；感知易用性则是用户主观上认为使用某一平台或系统时付出的努力程度，即平台是否易于用户使用，具体如图 8-3 所示。

---

① 边鹏. 技术接受模型研究综述[J]. 图书馆学研究，2012（1）：2-6.

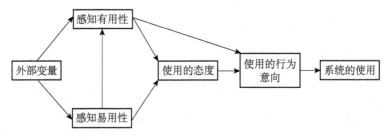

图 8-3　技术接受模型

信息技术的使用情况由人的使用行为意向决定，而人的使用行为意向又由使用态度和感知有用性决定，使用态度同时受感知有用性和感知易用性的影响，感知易用性和感知有用性又同时受外部变量的影响。因此，在测试教师、学生、教育管理者等不同用户对垄上数字学校的使用意向时，就需要对平台的感知有用性、感知易用性和相关外部变量进行详细调查，以不断调整和完善平台，更好地满足用户使用需要。

（二）性能测试

性能测试主要对响应时间、事务处理速率和其他与时间相关的需求进行评测和评估，目标是测试性能需求是否都已满足。通过对系统日志分析、开发模拟业务模块程序并结合专业性能测试工具来提供针对批处理业务的性能测试服务，出具测试报告，包括其执行效率、资源占用、稳定性、安全性、兼容性、可靠性和可扩展性等方面的具体内容。在对垄上数字学校进行性能测试时，需要将模拟平台运行的和使用场景结合，在此基础上测试系统的性能能否满足平台正常运行时的各项性能要求，并对出现的问题模块进行及时修正，确保平台的性能和使用效果。鉴于此，平台的性能测试需要包括连接速度测试、负载测试和压力测试等方面的具体内容。

1. 连接速度测试

用户连接速度关系到用户获取信息或资源的效率，直接影响用户的感知体验。尤其对为区域用户提供教学、学习、管理等各项服务与多样化教与学资源支持的垄上数字学校来说，其连接速度的测试尤为重要，它不仅要满足用户及时获取信息的需要，还要满足他们随时随地获取资源或数据并开展教学、学习、管理等各项活动的需要。用户连接到 Web 应用系统的速度会根据上网方式的变化而变化，包括电话拨号、宽带上网等。同时，在用户进行不同的操作时，其等待的时间也是有很大差异的，如打开一个网页、查看一条消息、观看一个视频、下载一条资源、发表一个状态、提交一项作业等。

在这一过程中，不仅需要测试用户对各类应用请求的访问时间，避免时间过长对用户造成的不良影响，而且需要避免超时长限制与响应速度过慢而导致的用户登录信息的提前退出。因此，进行连接速度测试，保证用户在尽量短的时间内获得请求反馈，避免响应过程对他们学习、教学、管理等工作造成的影响，从而提高平台使用效率和用户感知体验，是垄上数字学校平台性能测试的重要内容。

2. 负载测试

对于服务区域大规模教师、学生和教育管理者等用户的垄上数字学校来说，不得不考虑在线人数不断增加为应用系统造成的反应缓慢甚至系统瘫痪等方面的影响，以保证平台对大量用户的正常服务，这就需要进行负载测试。负载测试主要通过模拟生产运行的业务负载和使用场景组合来测试系统的能力是否满足指标要求。也就是说，这种测试主要是在特定的运行条件下验证系统的能力状况。[①]

我们可以通过使用测试工具模拟出 Web 服务器所承受负载条件下的访问负荷，通过不断施加压力（增加模拟用户的数量）的方式来测试服务器在不同负载条件下对用户请求的响应时间与数据吞吐量、系统占用资源等，从而检验系统的特性和行为，在此基础上发现平台可能存在的内存泄露、性能瓶颈等潜在问题，并据此寻找产生这些问题的性能点，不断改善平台性能，在保证平台服务质量的基础上，满足大规模并发用户和最大同时在线用户数等需求，提供最大服务级别。[②]

3. 压力测试

压力测试是在强负载（大量并发用户、大数据量）下进行的测试，即通过平台在负载处于峰值状态的性能情况来发现系统中某项功能可能存在的隐患，据此对其进行优化处理。一般来说，压力测试将按照数据库系统层和用户界面层两个层次来进行。

---

① 施寅生，邓波，唐乐乐，等. 基于 TTCN-3 的 Web 应用负载测试方法[J]. 清华大学学报（自然科学版），2011，51（S1）：1460-1463+1471.

② 翁雷雷，蔡皖东，姚烨. Web 应用系统负载测试加压策略研究[J]. 计算机应用，2012，32（10）：2973-2976.

数据库系统层的压力测试主要是通过压力测试工具模拟大量用户使用系统时会对数据库系统产生的并发操作的压力，在不断重复这一过程的基础上为数据库系统的调试优化提供依据。总体来说，数据库系统测试的目标主要是解决数据库系统的性能问题及其使用不当造成的性能问题，并根据压力测试结果以及用户对系统的响应速度、处理能力等方面的要求，在综合考虑系统稳定运行需要、历史数据对系统负载上升的估计等方面要求的基础上，为用户提交一份数据库系统的资源规范方案。

用户界面压力测试的目标主要是解决用户界面服务器的性能问题以及开发不当造成的用户界面服务器的性能问题等，并根据压力测试的结果和用户对系统的响应速度、处理能力等方面的要求，在考虑系统稳定运行需要和历史数据对系统负载上升的估计等方面的要求基础上，为用户提交一份用户界面服务器的资源规划方案。

二、垄上数字学校的平台测试流程

垄上数字学校的平台测试主要包括测试的需求分析、测试计划、测试设计、测试开发、测试执行和测试评估六个阶段。

（一）需求分析

测试需求分析的目的是明确应该测试什么，即明确测试需求，其核心是平台的质量，主要是从应用需求、系统需求等方面进行分析，输出产品测试的特性。

（二）测试计划

测试计划主要是根据软件需求说明中的功能要求和性能指标，定义相应的测试需求，界定测试范围与内容，制定测试策略与方法，明确测试环境并安排包括测试人员、测试时间、测试资源等在内的整个测试计划。

（三）测试设计

测试设计主要是将测试计划中定义的测试需求进行分解、细化以形成若干个测试用例并覆盖全部测试需求，满足测试开发与执行的需要。

（四）测试开发

测试开发就是设计、编写测试所需的一系列辅助程序、测试脚本的过程，包括自动测试脚本、模拟的驱动模块和桩模块、产生测试数据的策划功能等内容的编写。

（五）测试执行

测试执行主要是按照用例设计的测试场景来运行测试脚本和应用程序，记录测试结果并发现问题，手机测试执行过程中的性能数据等。

（六）测试评估

测试评估主要是分析测试用例的结果，并根据评估策略对测试用例进行评估，在此基础上对整个平台进行能力、性能等方面的综合评估，进而提出相应的改进意见，对平台进行修正与完善。

第九章 垄上数字学校建设应用——咸安实践

垄上数字学校平台建成以后，我们选取湖北省咸安区作为首个实验区进行了实践应用。平台在 2015 年上半年完成部署，范围涉及咸安城区、乡镇中小学及 30 余个乡村教学点。在这一过程中，我们以垄上数字学校咸安分校为依托，开展信息化促进区域基础教育均衡发展的实践探索，帮助区域学校尤其是乡村薄弱学校及教学点开齐、开好国家规定课程，进而促进城乡基础教育的均衡发展。经过两年多的实践探索，目前咸安数字学校的应用已成为常态，在促进咸安区基础教育均衡发展方面也取得了显著的成效。

第一节 湖北省咸安区基础教育均衡发展
现状与问题分析

咸安区作为湖北省东南部的地区，拥有复杂多样的地势，这决定了不同地区经济发展的不均衡，也带来了基础教育发展的不均衡。为了帮助该区域实现基础教育的均衡发展及城乡教育教学质量的整体提升，我们首先需要对该区的基本情况进行调研，分析区域内不同学校的基础教育发展情况，在此基础上总结咸安区基础教育均衡发展现状及其存在的问题，进而针对问题确定方案并展开实践探索。

一、湖北省咸安区基本情况

咸宁市咸安区位于湖北省东南部，地处幕阜山系和江汉平原的过渡地带，地势东南高、西北低，呈阶梯状分布。其中，东南部和西南部为幕阜山系的北翼余脉，表现为低山区。山脉之间沟壑纵横，峰峦起伏，大小山丘数以万计。中部和东部地区多为丘陵，垄岗、残丘相间，脉络较为明显。北部、西部、西北、东北等地表现为平原，地势平坦，河网密集。这里的地形包括平原、丘陵、低山和岗地等，地形高低差异较大，地貌形态多种多样，导致区域差异明显。

咸安多样化的地势与地貌特征也直接影响着当地经济发展、人口分布以及教育发展。总体来说，北部、西部、西北和东北的平原地区经济发展相对较好，人口密度较高。但是对于东南部和西南部的山区地带来说，经济发展相对落后，人口密度也相对较低，导致区域内学生的人数相对较少。因此，学校分布较为稀疏，且完全小学数量较少，多数为不完全小学（教学点），每个班级的学生人数较少。这些教学点属乡镇完全小学管辖，经费相对较少，硬件设施落后，教师数量也偏少，一般为一个教师负责一个年级的所有课程，在很大程度上影响了教育教学质量。

二、湖北省咸安区教学点发展现状

根据咸安区教育局提供的统计数据，咸安区 2012—2013 学年度教学点总数为 39 个，可供调研组分析的实际教学点数为 30 个，目前咸安区教学点教师总数为 45 人，其中有 20 个公办教师，教学点学生人数为 773 人。咸安区教学点学生总数与教学点总数的比例为 26∶1，教学点教师总人数与教学点总数的比例约为 3∶2，教学点学生与教师的比例约为 17∶1，参加"薄改"计划的教学点数为 0。其中咸安区教学点教师年龄在 40 岁以下仅为 6.67%，40～50 岁的为 24.44%，50 岁以上的为 68.89%；从咸安区教学点教师学历情况分布来看，中专以下的为 13.33%，中专为 73.34%，大专以上的为 13.33%，具体情况如表 9-1 和表 9-2 所示。

表 9-1　咸安区教学点教师年龄分布表

年龄	40 岁以下	40～50 岁	50 岁以上
人数（人）	3	11	31
比例（%）	6.67	24.44	68.89

表 9-2　咸安区教学点教师学历情况分布表

学历	中专以下	中专	大专以上
人数（人）	6	33	6
比例（%）	13.33	73.34	13.33

调查组在对咸安区桂花镇五爱小学、桂花镇盘源教学点、坳下教学点、刘祠小学、常收小学蔡桥教学点、高湾教学点等地进行实地走访获知，咸安区的教学点的学生人数一般在 18～30 人，每个教学点的教师人数是与该教学点的年级数相等的，即平均一位老师负责一个年级，所开设的课程一、二年级一般有语文、数学、音乐、美术、体育、劳动，三、四年级还包括英语课。在与教学点的教师访谈中获知，与通山县相比，咸安区教学点的开课情况较为乐观，但仍然存在问题，尤其是英语、美术、体育和音乐等课程因为师资受限，仍然不能进行正常教学。以坳下教学点为例，该教学点学生总人数为 18 人，其中一年级 11 人，二年级 7 人，有 2 名公办教师，分别为 58 岁和 59 岁，有 3 间教室和 2 间教师宿舍，目前并没有任何信息化基础设施。在课程开设上，一年级与二年级开设的课程主要有语文、数学、音乐、美术、体育。尽管课程开设上基本符合国家义务段课程设置要求，但是从与教师的访谈中可知，音乐、美术和体育课其实是不能正常授课的，音乐课只是采用跟唱的方式学几首歌，美术课只是教孩子画些简单的图，体育课就让孩子自己在院子里玩，这些课程对于两位年迈的教师来说是非常困难的。

三、湖北省咸安区基础教育均衡发展问题

偏远乡村的教学点作为咸安区基础教育的一个重要组成部分，是制约咸安基础教育均衡发展的关键因素。总体来说，这些教学点存在的问题较为普遍，一是师资短缺、开不齐课、开不好课；二是留守儿童与单亲家庭儿童比例较高，学生心理健康堪忧。

（一）师资匮乏，教学点开齐课、开好课难以实现

目前，师资短缺是农村教学点的普遍现象，也是制约其教学质量提升的关键因素。从整体的调查中也可以看出，整个咸安区有 30 余个教学点，学生 700 多人，仅有 40 余名教师，且教师年龄偏大，学历水平普遍较低。在走访中我们

发现，每个教学点的学生总数在 18～30 人，教师人数约为该教学点的年级数，即平均每位教师负责一个年级的所有课程（包括语文、数学、英语、音乐、美术、体育、劳动等），有的教师甚至要负责多个年级的课程。表面上看，这些教学点已经基本开设了国家义务教育阶段规定的所有课程，但是由于教师专业素质的限制，英语、音乐、美术、体育等很多学科的教学工作仍然无法正常开展。可见，师资匮乏、开不齐课、开不好课仍然是目前咸安区教学点面临的普遍问题。

（二）留守儿童与单亲家庭儿童比例较高，学生心理健康堪忧

父母是孩子最好的老师，家庭教育是儿童人生当中的第一课。因此，在儿童思想道德建设与心理健康发展的过程中，家庭教育一直都占据着重要地位。近年来，流动人口越来越多，很多家庭都把孩子留给老人双双出去打工，尽管一些家庭有母亲一人在家，但是她们整天忙于家务与农活，很难保证家庭教育。同时，由于外出打工影响因素较多，很多家庭出现破裂，单亲家庭比例不断上升，严重影响了儿童的身心健康。曾经在一个教学点的课间，我和孩子们一起聊天，当问到"你们有什么困难需要我帮助"的时候，刚才生龙活虎的孩子突然安静下来，其中一位小朋友指着旁边瘦弱的同伴说："她想她的妈妈，她已经两年多没见到她的妈妈了。"这只是农村留守儿童中的普通一员。在缺少家庭教育和父母关爱的情况下，儿童的身心健康成长受到了极大的威胁，也为学校教育带来了更大的压力，影响了教学效果。

第二节　垄上数字学校平台的部署与培训

在垄上数字学校的总校、分校、校园端核心功能基本设计、开发完成之后，平台进行了测试和完善，随后在湖北省咸安区进行了部署，并对该地区的教育管理者和城乡教师进行了集体统一培训与个别化指导，以帮助他们更好地了解垄上数字学校的整体结构、各模块功能，从而更好地利用平台开展教育教学活动。

一、平台部署

垄上数字学校咸安分校服务咸安实验区乡村薄弱学校（教学点）及乡镇中小学。因此，鉴于涉及教师、学生、教育管理者等用户的数量及操作的便捷性，我们选择在当地教育云进行部署，由当地教育云提供云机房服务。在平台部署的过程中，共分配了 5 台机架式服务器用于垄上数字学校教育云平台咸安分校的运行。服务器配置的具体信息为：①处理器：Xeon E7-8870；②内存：64G（或32G）；③主板：c612；④硬盘空间：1TB（或 3TB）。机房分配出口带宽为 100M 独享带宽，最大能够支持 1 万人同时访问，支持并发量 1321。

二、平台培训

为了方便垄上数字学校在咸安的应用推广，研究团队组织专门人员对咸安区中心校、教学点教师以及相关教育管理者进行了统一培训，并针对用户类型编写了相应的用户使用手册，对平台定位、用户权限、平台功能及相关操作步骤进行了详细说明，方便用户的学习和使用。

（一）针对用户类型撰写用户使用手册

为了适应垄上数字学校的整体建设规划及咸安区教育教学活动开展的需要，我们根据管理者、教师和学生的使用权限和各模块核心功能撰写了《分校管理员使用手册》《教学点教师使用手册》《中心校教师使用手册》《学生使用手册》。其中，《分校管理员使用手册》主要是对分校管理者的管理权限及其核心操作模块进行详细说明，包括教务管理、教学管理和学校管理三大模块，其中教务管理又涉及通知公告、人员管理、班级管理、考勤、课表等内容。《中心校教师使用手册》主要是介绍教师尤其是以中心校主讲教师身份可以在平台上进行的具体操作及其功能权限，包括平台登录、空间首页、教学准备、教学实施、教学评价、资源中心和应用中心等模块的详细介绍。《教学点教师使用手册》是教学点教师作为同步互动混合课堂、同步互动专递课堂的辅助教师以及本地课堂教学的主讲教师在平台拥有权限及相关模块操作的说明，包括教学实施、教学评价、资源中心和应用中心等内容。《学生使用手册》主要是对他们利用垄上数字学校平台参与教学活动、完成作业、进行自主学习等方面的功能与操作进行了详细说明，包括平台登录、空间首页等基本内容介绍及我的课程、我的作业、课外学习、课外读物等核心功能模块的说明。

（二）分阶段、分类别组织用户培训

为了让教师、管理者等不同用户在全面了解平台整体架构与功能的基础上有效利用平台开展教育教学活动，我们通过平台整体介绍与分类用户指导两个阶段来开展垄上数字学校的用户培训。首先，将咸安区相关教育管理者、中心校教师、教学点教师组织到一起，向他们介绍垄上数字学校建设的缘起与目的、整体构想、机构架构、服务内容、功能结构等，让他们从对垄上数字学校形成整体的正确的认识，了解垄上数字学校对他们未来开展教育教学活动的辅助作用，并从整体上了解各个模块的具体功能及其用户使用权限。在他们对垄上数字学校形成整体认识之后，按照用户角色进行分组培训，包括教育管理者、中心校教师、教学点教师等。在这一具体培训过程中，首先由培训教师对该用户的操作权限及具体功能模块依次进行介绍和操作演示，让用户在直观了解操作流程的基础上对平台的使用形成更加深入的认识，在此基础上让他们进行具体操作，并通过相应的任务操作来熟悉各模块的使用。为了方便用户更好地掌握平台的使用方法并对他们的问题给予及时指导，我们通过网络建立了专门的讨论空间，方便教师之间的相互讨论以及对他们存在的问题进行及时反馈。目前，平台的两轮培训已经完成，垄上数字学校咸安分校正式在咸安地区运行使用。

第三节　垄上数字学校平台的创新应用

考虑到当前咸安区偏远乡村教学点师资短缺、开不齐课、开不好课等实际问题，我们以垄上数字学校为依托，建立了垄上数字学校咸安分校，并针对该地区的实际情况进行了一系列开齐课、开好课的实践探索。

一、开齐课实践

针对教学点目前存在的语文、数学等主要课程教学质量不高，音乐、美术等课程难以开齐、开好的问题，我们可以在垄上数字学校中提供多媒体课堂、同步互动混合课堂以及同步互动专递课堂等不同的课堂形式并进行实践探索。其中，多媒体课堂主要通过现有的优质教育资源为教学点教师的本地教学（语文、数学等）提供支持，同步互动混合课堂教学和同步互动专递课堂教学则是为解决目前教学点音乐、美术、英语等课程开不齐而开展的。

（一）多媒体课堂教学

多媒体课堂教学建立在资源共享的基础上，引入各类优质教育资源，帮助农村教学点和薄弱学校的教师丰富课堂教学内容和形式，从而更好地开展教学。在双轨数字学校中，教学点本地教师可以通过网络资源、多媒体课件或直播课堂等形式获取资源，并通过多媒体设备呈现资源，开展教学活动，具体活动如图 9-1 所示，现场教学如图 9-2 所示。这种教学模式可以实现多样化优质教育资源向农村教学点的输送，为教师本地课堂教学提供重要补充，即将丰富的优质数字化教育资源应用到自身的语文、数学、科学等课程的讲授当中，从而更好地开展课堂教学。同时，为了更好地满足区域教育的特点和发展需要，我们还鼓励本地教师参与数字化教育资源的建设，通过高校教师、中小学一线教师与企业的协作共同建立覆盖课前、课中、课后三个阶段的本地化数字课程，以期为教师的课堂教学与学生的自主学习提供优质的资源支持。

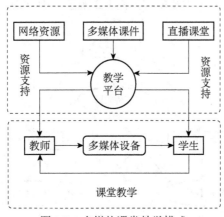

图 9-1　多媒体课堂教学模式

图9-2　多媒体课堂教学现场

（二）同步互动混合课堂教学

同步互动混合课堂教学是指利用网络实现城乡的互联，使中心校主讲教师所在的"本地课堂"与教学点辅助教师所在的"直播课堂"之间实施全程同步课堂教学实况的输送，并实现本地课堂与异地课堂师生、生生之间的交流，真正促进优质教育教学资源共享的一种教学形式。即针对农村教学点开不齐课、开不好课的问题，选择城市中心学校优秀教师进行授课，通过宽带网络向周围 M 个教学点同步直播，并支持各教学点与中心校之间的课堂互动，以帮助教学点开展音乐、美术、英语等学科的教学工作。在这种形势下，中心校主讲教师同时为本地学生和对接教学点学生上课，开展教学活动，教学点辅助教师则负责维持课堂秩序，组织并辅导相应的自主学习活动，这不仅可以将城市优质师资引入农村教学点，还能改变传统资源点播中学生作为听众被动接受知识的缺陷，实现教学点学生与异地学生及主讲教师之间的实时互动，具体形式及内容如图9-3所示，教学现场实景如图9-4所示。

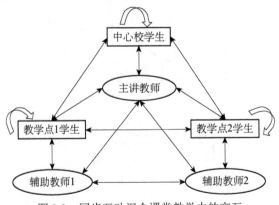

图9-3　同步互动混合课堂教学中的交互

图 9-4 同步互动混合课堂教学现场

（三）同步互动专递课堂教学

同步互动混合课堂需要教师在中心校和多个教学点之间同时展开教学，很难兼顾本地学生和教学点学生的学习需要，更难以照顾教学点学生的差异，在一定程度上影响了教学效果。同时，教师兼顾本地学生和教学点学生的学习活动，难免会遇到很多课堂突发事件。因此，课堂教学秩序的维持，也成为影响同步混合课堂教学的重要因素。同步专递课堂教学则可以在一定程度上缓解上述问题。与同步互动混合课堂类似，同步互动专递课堂教学也是中心校主讲教师负责对接教学点的课堂教学工作，并实现城乡师生之间的交互，如图 9-5 所示，教学现场实景如图 9-6 所示。不同的是，在同步互动专递课堂教学中，主讲教师所在的本地课堂中并没有学生，即教学对象仅仅是对接教学点的学生。一方面，同步互动专递课堂可以将城市中心校优质师资引入教学点，并实现主讲教师与教学点学生之间的双向交互；另一方面，它可以使主讲教师针对教学点学生的实际情况进行专门的教学设计，从而更好地适应教学点学生的认知特点、知识基础和学习需要。

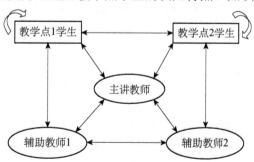

图 9-5 同步互动专递课堂教学中的交互

图 9-6　同步互动专递课堂教学现场

总体来说，多媒体课堂教学可以作为教学点教师进行语文、数学等课程讲授的重要形式，丰富课堂教学内容，但美术、音乐、英语等课程专业教师缺乏，单纯利用多媒体资源仍然无法达到开齐、开好的目的；同步互动混合课堂可以将城市中心校优质师资引入教学点并实现城乡师生、生生之间的双向交互，但在照顾学生差异、安排教学活动、维持课堂纪律等方面尚显不足；同步互动专递课堂虽然可以在一定程度上避免同步互动混合课堂的缺陷，提高教学点学生的学习效果，但是中心校主讲教师长期面对无学生的空旷教室进行课堂讲授，容易影响自己的情绪和课堂发挥。因此，每种课堂组织形式都有其优势与不足，需要将多媒体课堂教学、同步互动混合课堂与同步互动专递课堂有机结合，这样既可以将优质数字化课程引入教学点，丰富传统本地课堂的教学内容与形式，提高教学效果，也能够实现城市优秀教师向教学点的引入，保证教学点英语、美术、音乐等课程的正常开设，提高农村教学点的教学质量，推动区域内义务教育的高位均衡发展。

二、开好课实践

多媒体课堂教学、同步互动混合课堂与同步互动专递课堂的有机结合不仅可以帮助教学点教师更好地开展语文、数学等学科的教学，还能实现城市中心校优质师资向教学点的输送，帮助教学点开齐音乐、美术、英语等课程。但是，如何在开齐课的基础上帮助教学点开好课，仍然是值得思考的问题。为此，在进行混合式教学模式探索的同时，我们还可以通过城乡牵手与家校共建促进城乡教师、学生的交流及家庭教育与学校教育的有机结合，帮助学生实现全面健康成长。

（一）城乡教师牵手

同步互动混合课堂与同步互动专递课堂的开展不仅需要中心校主讲教师的讲授，还需要教学点辅助教师的配合，包括课前准备、课堂纪律的维持、自主学习活动的组织以及课下作业的安排与督促等。城乡教师及时充分的沟通与交流，是提升同步混合课堂与同步专递课堂效果的重要因素。为此，我们以同步课堂为中心，建立了连接城市中心校主讲教师与农村教学点辅助教师之间的实践共同体，使他们通过网络或面对面的形式针对同步课堂中的问题展开讨论。一方面，城乡教师牵手可以帮助教学点教师及时进行课前准备，发现同步课堂教学中存在的问题，并通过讨论与实践解决问题，逐渐提高同步课堂效果；另一方面，城乡教师牵手还能使他们在交流过程中实现隐性经验知识的传递与习得，促进城乡教师的共同发展。图9-7为咸安区马桥镇南门小学教师共同体研讨现场。

图9-7　咸安区马桥镇南门小学教师共同体研讨

（二）城乡学伴牵手

同步互动混合课堂不仅可以帮助教学点开齐英语、美术、音乐等课程，还能实现城乡师生、生生之间的双向交互。因此，为充分发挥同步互动混合课堂的这一优势，我们开展了城乡学生结伴牵手的活动，即在上课之前让城乡学生通过交互设备进行沟通和交流，在课堂中通过协作学习活动共同完成教学任务，在课下也能交流彼此的学习和生活。图 9-8 为咸安区马桥镇南门教学共同体学生牵手活动现场。这种城乡学生牵手的活动可以使农村教学点的学生与城市中心校的学生结为朋友，不仅能够提高城乡学生的学习积极性，还有助于提升他们的人际交往能力与合作探究能力，促进其知识、技能与情感的共同发展。同时，城乡孩子的牵手活动可以使相互帮助，即农村孩子可以帮助城市孩子更好地了解农村的新鲜事物，城市孩子则可以帮助农村孩子了解城市、开阔视野，最终在相互学习中共同成长。

图 9-8　咸安区马桥镇南门教学共同体学生牵手活动

（三）家校牵手

针对教学点留守儿童比例高，家庭教育薄弱，儿童思想道德建设与心理健康发展堪忧的现状，我们在双轨数字学校中建设了亲子桥，以实现家校共建，促进农村教学点留守儿童与父母之间的沟通与交流。图 9-9 是咸安区大幕乡蔡桥教学点儿童正在通过家校牵手设备与原在外地打工的父母交流。在这里，我们为每个教学点都免费安装可视电话，实现外出打工父母与学生、教学点的互联。一方面，家校共建可以使教学点的孩子随时与远在他乡打工的父母进行亲情沟通，感受父母的关爱，从而健康快乐地成长；另一方面，家校共建可以保持学校与家庭之间的实时沟通，让家长通过可视设备随时看到孩子在学校中的学习与生活情况，最终实现家庭教育与学校教育有机结合下学生的身心健康成长。

图9-9　咸安区大幕乡蔡桥教学点家校牵手

三、全媒体适切性资源建设

随着现代信息技术、网络技术、多媒体技术等先进技术的不断发展，智能手机、平板电脑、笔记本电脑等众多先进设备已经融入了人们生活、学习和工作，与传统的媒体形态共同构成了全媒体的环境，为人们提供了多样化、个性化的资源服务。在教育领域，全媒体的发展也为教与学提供了多样化的资源支持。因此，对农村教学点来说，提供基于全媒体的优质教学资源也是促进教学点开齐课、开好课的重要方面。需要注意的是，虽然灵活生动、图文并茂、动静结合、形式多样的全媒体资源能够有效提高学习者的学习兴趣，但是由于个体学习、生活经历以及地域文化等方面的差异，其对全媒体资源的需求也是不同的。因此，优质的全媒体资源应该充分考虑其对用户的适切性。同时，大数据分析实现了对不同用户的精准定位，进而为其实时推送适配资源。

（一）建设适合区域教育发展的优质数字教育资源库

在利用全媒体促进教学点开齐课、开好课的探索中，充分考虑区域的实际教育的需求与学生特点，设计真正满足教学点师生需要的适切性资源也是非常重要的。一方面，对不同地区的学校来说，其经济基础、社会文化、生活传统等对教育都会产生很大的影响，这决定了再优质的资源都不可能适应所有地区的教育教学需要，因此建设适合区域教育发展的数字教育资源库，实现优质教育资源的本地化。另一方面，基于垄上数字学校的混合式教学虽然能够将城市的优质师资引入教学点，帮助教学点开齐薄弱课程，但是要提高教学点语文、数学等主干课程的教学质量，仍然需要平台为教师尤其是教学点教师提供优质的数字教育资源作为辅助。本地资源最终是服务区域内教师教育教学需要的，因此其建设也应该充分发挥一线教师的主动性和积极性，这不但可以提高资源与教师需求的切合度，还能使他们在参与中实现信息技术与学科教学的有效融合。资源的建设方式有很多，可以是汇聚国家、省市、师范院校或国内外教育机构提供的各类基础教育资源，在此基础上针对地方教育教学实际进行二次开发，可以是由当地教育部门牵头组织开展教研活动，在这一过程中实现优质资源的建设与汇聚，同时也可以建立相应的机制鼓励当地优秀教师自主成立资源开发小组，使他们在教学实践中探索真正适应自身教育教学需要的优质资源并在区域内进行共享。

（二）针对师生需要实现优质数字教育资源的适配推送

随着信息技术的发展和网络技术的深入应用，资源的共享变得越来越普遍。教师和学生可以在网上检索到他们想要的各类资源。但是，这些资源数量多且种类复杂，使他们在检索和筛选过程中浪费了大量时间，也为资源的使用带来了不便。尤其农村教学点的教师和学生的信息技术应用能力较弱，在资源的检索和选择上面临的困难更为严峻。因此，垄上数字学校不仅要为教师和学生提供优质的数字教育资源，还要针对不同用户的需求为之提供适配推送服务，从而大大减少教师和学生活动资源的时间和精力的浪费，提高教学效果。为达到这一目的，在进行垄上数字学校的建设过程中，应该充分利用数据挖掘和大数据分析技术实时挖掘并记录不同教师和学生用户的行为信息及考试、作业情况等方面的基本信息，在此基础上分析他们的兴趣爱好与实际需求，进而对其教学或学习所需的资源进行精准定位，建立用户需求与数字资源之间的关系模型，然后针对他们的需求为之实时推送适切性的数字教育资源，帮助他们在降低资源检索压力的同时及时得到自身所需的优质数字教育资源，从而提升教学或学习的效率。

建设适切性的全媒体教学资源既是响应《国家中长期教育改革和发展规划纲要（2010—2020 年）》中"加快教育信息化进程，加快数字化教育资源建设"的号召与《湖北省教育信息化发展规划（2014—2020 年）》相关精神的重要决定，也是促进教学点开齐课、开好课的有效途径。充分利用高校、政府、企业与中小学协作的优势，形成高校教师指导、中小学教师主导、技术人员协作与政府支持的全媒体适切性资源开发模式，使高校学科教学论教师、信息技术专家、一线学科教师以及企业技术人员共同探讨信息技术与学科课程有效融合的最佳方法和全媒体适切性资源建设的实施方案，在充分发挥各自优势的基础上，建成真正适合教学点教师教学与学生学习需要的全媒体资源。

第四节　垄上数字学校平台的应用成效

从 2014 年上半年开始，协同中心研究人员与当地教育主管部门共同开展实验区建设，并于 2015 年上半年正式开通垄上数字学校咸安分分校，在此基础上开展教师培训，开展多样化教学模式探索，建设数字化优质资源，跟踪观察学生成长，探索并总结信息化促进咸安区基础教育均衡发展的有效策略与方法。经过三年多的实践探索，目前已经形成了具有咸安特色的"一体、双核、四驱"模式，大大改善了当地教学点的教育教学状况。

一、形成了"一体、双核、四驱"的"咸安模式"

在实践过程中，我们以数字学校为依托，开展信息化促进区域基础教育均衡发展的一系列探索，形成了具有咸安地区特色的模式，即依托虚实一体的咸安数字学校，创新政府、高校和企业多方协同机制，以主干学科建设、多层次教师全员培训、数字化教师打造、云环境下的学生成长观测记录四大工程为驱动，实现信息技术与教学的创新应用，形成了可持续发展与改进的教学新常态，全面促进区域义务教育的均衡发展。

（一）一体

"一体"指的是垄上数字学校咸安分校（也称为咸安数字学校）的建设，即依托咸安数字学校开展信息技术促进农村教学点开齐课、开好课的实践探索。经过一年多的努力，目前的咸安数字学校已形成县域整体、县城中心、镇点结体、体体联片的形式，即以县域为整体，以县城为中心，通过一个城镇中心校与对接教学点形成一个教学共同体，多个教学共同体联成片，共同组成县域内的双轨数字学校。从咸安数字学校的建设来看，学校规模也从最初以咸安碧桂园外国语小学、浮山中小学和二号桥小学为中心校的三个教学共同体发展成现在的十余个教学共同体，覆盖全区所有农村教学点。在这里设有专门的决策机构——理事会，校长由咸安区教育局局长担任，总体负责数字学校的整体管理工作，下设教务管理部、教学管理部、学生管理部、师资培训部和后勤保障部等共同管理相关事务，保证了城市中心校与农村教学点活动的正常开展。

（二）双核

"双核"指的是多方协同与应用创新，即"政府主导、高校合作、市场推动、学校参与"的协同机制建设和"体制机制、应用创新"的创新机制发展。一方面，引入高校的先进理论、公司的先进技术，并通过政府的资金与管理支持以及城乡一线教师的主动参与，构建了高校、政府、企业、中小学多方协作的有效模式。另一方面，制定了《咸安数字学校章程》等规章制度，创设了负责咸安区教育信息化推进的"专家咨询委员会"，为区域内相关方案的制定、应用的推进等提供专业建议，确保了咸安数字学校的常态化运行，促进了跨越城乡的同步课堂与专递课堂的有效开展，实现了城乡教师、学生的共同发展。在探索信息技术促进区域义务教育均衡发展的实践过程中，我们以此为核心突破口，为地方主干课程建设、同步课堂开展及城乡教师专业发展等方面工作的开展提供了重要保障。

（三）四驱

"四驱"即地方优质主干课程建设、全员教师多层次培训、数字教师培养和学生成长跟踪观察。首先，在驱动信息技术与学科教育深度融合方面，研究团队与咸安区一线教师共同研讨，建设本地化数字教育资源。实现了资源汇聚、资源征集与自主开发的有机结合。其次，在驱动区域内教师队伍整体信息化素养提高方面，我们开展了包括中小学校长、城区骨干教师和乡镇全员教师在内的多层次培训，提高了全区教师及相关领导者的信息化意识与信息化教学和管理能力。再次，在驱动信息化环境下教师课堂教学行为的整体性变革方面，我们通过集中培训、案例探讨、现场观摩、总结反思与课例设计等多种形式，打造了一支在全区范围内具有示范引领作用的数字教师骨干团队。最后，在对全区范围内不同年级、不同层次的 500 名学生进行长期跟踪观察的基础上，不断调整实施方案，逐步改进教与学的模式与方法。在四大工程的驱动下，全区教育信息化工作稳步推进，城乡师生、生生之间的活动持续展开，区域教育尤其是农村教学点和薄弱学校的教学质量得到了有效提升。

二、教学点教学状况明显改善，区域基础教育发展稳步推进

垄上数字学校建设的一个重要任务就是突破传统数字教育资源共享的局限性，实现城乡优质师资的共享，进而帮助教学点开齐、开好国家规定课程，促进区域基础教育优质均衡发展。近年来，研究团队在咸安区的实验与实践给区域内30 余个教学点带来了重大变化，在促进教学点学生学习兴趣提升、教师信息化教学能力提升、教学点"开齐课、开好课"，以及留守儿童身心健康发展等方面取得了显著成效。

（一）教学点学生的学习兴趣明显提升

数字学校的建设在实现城乡优质师资共享的同时，也促进了城乡教师、学生之间的沟通交流，对师生发展尤其是教学点教育教学状况的改进产生了重要影响。经过调查发现，同步互动混合课堂和同步互动专递课堂开设后，分别有 51%和 41.2%的农村教学点教师非常赞同或比较赞同"农村教学点学生视野开阔了，知道的东西更多了"，87.1%的农村教学点学生认为"自己的学习兴趣更浓了"，

有 53.4%的农村教学点教师非常赞同"教学点学生更喜欢提问，好奇心更强了"。很多教学点学生家长表示，自从同步互动课堂开展以来，孩子可以和城里的小伙伴一起上课，学习的积极性提高了许多。

（二）教师信息化教学能力显著提升

实践过程中，我们一直坚持校本培训和校外培训、集中培训和自我研修相结合，连续三年开展教师信息化能力培训。同时，鼓励城乡教师以同步互动课堂为纽带开展常态化的交互与实践活动，让他们通过实际教学中发现问题、探究问题、解决问题来提升信息化教学能力。目前，城乡教师的信息化教学能力得到了显著提升。其中有 30%的教师达到优秀水平，50%的教师达到良好水平，仅 10%的教师因基础较差或未完成作业没有完全掌握培训内容。中心学校主讲教师普遍熟练使用教学中常用的工具，并且能够有意识地将信息技术和教学有机结合起来；教学点教师也已基本掌握如何配合中心学校主讲教师进行辅助教学，并能熟练使用多媒体设备和数字化资源开展教学活动。

（三）教学点"开不齐课、开不好课"问题得以根本缓解，学生大幅回流

同步混合课堂与同步互动专递课堂的开展实现了城市学校优质师资向农村教学点的牵引，帮助教学开齐了英语、美术、音乐等薄弱课程，大大提升了学生的学习兴趣。通过调查发现，目前咸安区农村教学点课程开齐率达 100%，质量达标率 98%以上。这种措施不仅得到了实验区教育行政部门的高度认可，也得到了城乡教师和家长的高度认同，学生的满意程度达到 90%以上。随着教学点教育教学状况的改善，学生回流现象明显，刘祠教学点从 2014 年的 62 人增长到 2016年的 78 人，桃花尖教学点从 2014 年的 35 人增长到 2016 年的 52 人，整个咸安区近 30 个教学点，人数从 2014 年的 352 人增长到 481 人，增长率超过 36%以上。在各地教学点学生普遍减少的情况下，咸安区教学点学生大幅回流，这是对当地教学点教学教育教学质量的最大肯定。

（四）农村留守儿童与父母沟通的机会明显增多

家校"亲子桥"的建设建起了学校教育与家庭教育之间的桥梁，更促进了留守儿童与外地打工父母之间的充分沟通与交流，使他们可以像其他同学一样随时

感受到来自远方父母的关爱。调查中发现，分别有 35% 和 29.4% 的农村教师非常赞同或比较赞同"教育信息化实施后，留守儿童与父母沟通更方便了"，59.7% 的留守儿童非常赞同"目前与父母通过电话、网络联系的次数明显增多了"。据蔡桥教学点负责人介绍，该教学点有位自闭症倾向的留守儿童，整天不说话，而如今仿佛变了一个人，喜欢和父母沟通了，也主动和同学们一起玩耍了。这是解决乡村留守儿童心理健康问题迈出的重要一步，也是促进教学点教育教学质量提升的重要方面。

垄上数字学校的总校、分校、校园端等层面的设计与开发工作基本完成之后，我们于 2015 年上半年开始在湖北省咸安区进行实验与实践，取得了良好的效果。2016 年 9 月，又完成了在四川省凉山州泸沽湖镇小学、四川省西昌民族中学等地的布置。经过两年多的时间，平台在促进实验区基础教育均衡发展上取得了显著成效。同时，其本身也在针对用户反馈进行不断更新与迭代，以为更多地区基础教育均衡发展提供优质服务。此后，平台逐步面向湖北省恩施州、崇阳县、来凤县、吉林省白山市、长白县、四川省布拖县、盐源县等地进行应用推广。